FACULTÉ DE DROIT DE PARIS.

THÈSE

POUR

LE DOCTORAT

SOUTENUE

PAR G.-ALBERT PETIT,

Avocat à la Cour Impériale de Paris

PARIS,

CHARLES DE MOURGUES FRÈRES, SUCCESSEURS DE VINCHON,

Imprimeurs-Éditeurs de la Faculté de Droit de Paris,

RUE JEAN-JACQUES ROUSSEAU, 8

1868

FACULTÉ DE DROIT DE PARIS.

DES INJURES ET DE LA DIFFAMATION EN DROIT ROMAIN.

DES FORMALITÉS SPÉCIALES PRESCRITES PAR LA LOI POUR LA PUBLICATION DES JOURNAUX OU ÉCRITS PÉRIODIQUES EN DROIT FRANÇAIS.

THÈSE

POUR LE DOCTORAT

SOUTENUE

le jeudi 23 juillet 1868, à neuf heures,

Par G.-Albert PETIT,
Avocat à la Cour impériale de Paris.

Président : M. COLMET-DAAGE, Doyen.

Suffragants : MM. PELLAT, GIRAUD, DUVERGER, Professeurs. LÉVEILLÉ, Agrégé.

Le Candidat répondra aux questions qui lui seront faites sur les autres matières de l'enseignement.

PARIS,
CHARLES DE MOURGUES FRÈRES, SUCCESSEURS DE VINCHON,
IMPRIMEURS-ÉDITEURS DE LA FACULTÉ DE DROIT DE PARIS,
Rue J.-J. Rousseau, 8.

1868.

4408

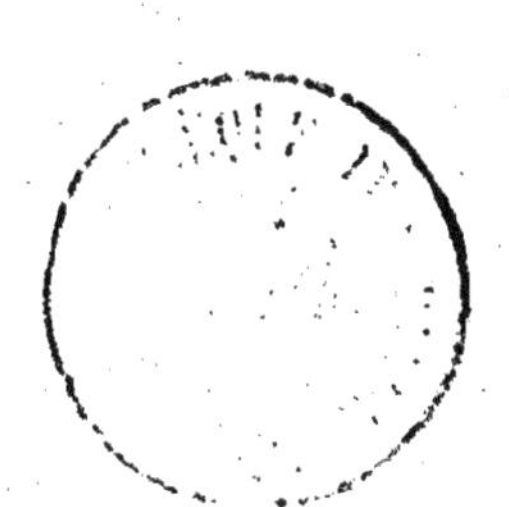

A M. le général BERTIN DE VAUX.

DROIT ROMAIN.

DES INJURES ET DE LA DIFFAMATION.

(Inst. Just., lib. IV, tit. IV; Dig., lib. XLVII, tit. X; Cod., lib. IX, tit. XXXV et XXXVI.)

AVANT-PROPOS.

Lorsqu'on étudie le cœur de l'homme, lorsqu'on essaye de sonder le mystérieux enchainement des sentiments qui l'agitent, on est malheureusement forcé de reconnaître que les passions mauvaises sont un puissant mobile des actions humaines. Parmi ces mauvaises passions, la haine, la jalousie, l'envie, la colère, la vengeance, jouent le plus grand rôle et nous poussent sans cesse à commettre des actes coupables aux yeux de la loi ou tout au moins condamnables au point de vue philosophique et chrétien. Ces actes peuvent varier à l'infini, mais, le plus souvent, ils prendront une forme déterminée soit de médisance, soit d'injure, soit de violence, soit de diffamation.

Théophraste a défini la médisance « une pente secrète de l'âme à penser mal de tous les hommes, laquelle se manifeste par des paroles. » — La médisance est sans doute une mauvaise action, un manquement aux devoirs de la morale; mais celui qui médit échappe au châtiment légal; il n'est justiciable que de sa conscience. Le législateur aurait imposé aux juges une tâche trop lourde s'il les avait chargés de punir ceux qu'on appelle en termes familiers *les mauvaises langues.*

Pour admettre l'existence d'un délit punissable, les lois pénales ont toujours exigé que le fait répréhensible prît un caractère plus accentué et devînt une injure, ou une voie de fait, ou une diffamation, actes évidemment coupables que les jurisconsultes de tous les temps ont signalés à la répression des lois et que les codes de toutes les nations qualifient et punissent.

Chez les peuples barbares, dans les sociétés primitives, l'injure et la violence seront plus fréquentes. — Chez les peuples dont les mœurs sont adoucies, dans les sociétés plus policées, j'allais dire plus polies, les sentiments de haine, de colère, d'envie, de jalousie prendront plutôt pour se manifester des voies tortueuses et détournées. Aussi voyons-nous les délits de diffamation se multiplier chez les nations où la civilisation est avancée ; la calomnie devient alors entre les mains des méchants une arme d'autant plus redoutable que ses coups sont plus imprévus et plus difficiles à parer. — Lorsque les peuples, usés par l'excès même de la civilisation, arrivent à leur âge de décadence, alors que les lois tombent dans le mépris, que, par suite, l'anarchie et le désordre deviennent maîtres d'une société chancelante, alors reparaissent, comme aux temps de barbarie, les délits de grossières injures, de violence, et de voies de fait.

L'histoire de Rome nous offre le tableau de ces trois phases ; à cet égard le témoignage des historiens est confirmé par les monuments de la législation et par ce qui nous est resté des lois romaines sur l'injure et la diffamation. Ce sont ces lois que nous allons interroger, persuadé que sur cette matière, comme sur tant d'autres, la doctrine des jurisconsultes romains peut fournir à nos législateurs modernes plus d'un enseignement utile.

CHAPITRE I.

DES INJURES EN GÉNÉRAL, SELON LE DROIT DES PANDECTES.

Le mot *injuria* présente dans les textes plusieurs sens différents. Pris dans une acception générale, il signifie tout acte contraire au droit (1). Dans ses diverses acceptions particulières, le mot *injuria* est pris tantôt pour *culpa*, la faute qui produit le *damnum injuriæ* ou *injuriâ datum* (2) ; tantôt pour *injustitia*, *iniquitas*, l'injustice dont le juge ou le magistrat se rendent coupables en prononçant une condamnation *non jure* (3) ; tantôt enfin pour *contumelia*, l'outrage ou l'affront qui affectent un individu et le blessent soit dans ses droits ou sa personne, soit dans sa dignité ou sa réputation (4). C'est de cette dernière espèce d'*injuria* qu'il est question au livre IV, tit. IV des Institutes de Justinien et au livre XLVII, tit. X du Digeste (5).

---

(1) Inst. Just., De injuriis, pr.

(2) L. 5, pr., D., ad leg. Aquil.

(3) L. 1, pr., D., De injuriis et famosis libellis.

(4) L. 1, § 2, D., De injur. l. 23 id. ; l. 24 id. — Comp. Salmasius, *observat. ad jus att. et rom.*, ch. VII.

(5) L'*injuria* est un des *delicta privata* qui, d'après les Institutes, sont au nombre de quatre, savoir : Furtum, Rapina, Damnum injuriâ datum, Injuria.

Trois éléments sont essentiels en droit romain pour qu'il y ait délit d'injure (*contumelia*) : 1° la volonté de commettre l'injure ; 2° l'atteinte outrageuse portée au sujet passif du délit ; 3° l'illégalité de l'acte d'où résulte cette atteinte (1).

Nous allons étudier séparément ces trois conditions dont le concours est nécessaire pour que le délit d'injure soit réputé accompli et puisse donner naissance aux actions ou poursuites dont nous parlerons plus tard.

§ 1er.

De la volonté de faire l'injure.

L'acte outrageux ne peut être réputé injure s'il n'a pas été commis avec l'intention d'injurier. En d'autres termes, pour le délit d'injure comme pour le *furtum*, à la différence du *damnum injurià datum*, *l'animus* est un des éléments essentiels de l'infraction. C'est ce qui ressort clairement d'un texte d'Ulpien : « CUM ENIM INJURIA EX AFFECTU CONSISTAT.... *Itaque pati quis injuriam, etiamsi non sentiet potest : facere nemo, nisi qui scit se injuriam facere; etiamsi nesciat cui faciat* (2). » Nous trouvons dans Paul un passage d'où l'on doit tirer la

(1) Pothier, *Pandect.*, *Justin.*, édit. de Lyon, 1782, tom. III, tit. De injur. et fam. libel., p. 427. — Comp. Aristote, *Rhetor.*, liv. I, chap. X : « *On appelle faire injure, quand volontairement on nuit à un autre contre la défense de la loi,* » trad. de Cassandre, édit. de 1718.

(2) L. 3, § 1 et 2, D., De injur. — Comp. l. 34, pr., D.; De obligat. et action.

même conclusion : « *Injuriam patimur.... quod ex affectu uniuscujusque patientis et facientis æstimatur* (1). » Parmi beaucoup d'autres textes qui consacrent ou confirment ce principe fondamental, nous citerons un rescrit très-important des empereurs Dioclétien et Maximien, inséré dans le Code de Justinien : « *Si non convicii consilio te aliquid injuriosum dixisse probare potes; fides veri a calumnià te defendit....* (2) » Nous aurons occasion de revenir sur cette constitution qui sert de point de départ à d'intéressantes controverses lorsque nous traiterons certaines questions relatives à la diffamation.

Des textes que nous venons de citer, il résulte évidemment que l'intention d'injurier est l'élément moral du délit d'injure, soit qu'il s'agisse des injures proprement dites, soit qu'il s'agisse de diffamation écrite ou verbale (3). C'est, du reste, un principe qui a été admis non seulement par les jurisconsultes romains et par leurs interprètes, mais aussi par tous les criminalistes modernes (4).

---

(1) Pauli Sentent., lib. v, tit. iv, § 1er.

(2) L. 5, Cod. De injuriis. — Comp. Sénèque : Contumelia a contemptu dicta est : quia nemo nisi quem contempsit tali injurià notat.

(3) Grellet-Dumazeau, Trait. de la diffamation, liv. i, chap. i, sect. vi.

(4) *Ream linguam non facit nisi mens rea.* (Mundius, *Tractatus de diffamationibus.*) — *Sic* Pfankuck, *Tract. De prohib. verb. inj. retors.*; Brunnemann, *comm. ad Pandect.*; Carpzovius, *pract. nov. synop.*; J. Clarus, *pract. crim. sent.*; Vinnius, *inst. comm.*; Schneidewinus, *inst. comment*; Voët, Galli, Perezius, Corvinus, etc., etc. — *Sic* Grellet-Dumazeau, loc. cit.; Dareau, Trait. des inj.; Chassan, Trait. des délits de la parole et de l'écriture, etc., etc.

Dans son excellent *Traité de la Diffamation*, M. Grellet-Dumazeau fait observer avec raison que *l'intention de nuire* en matière d'injures ne comprend pas exclusivement le dessein de causer à autrui un dommage plus ou moins immédiat. L'intention de nuire doit être envisagée à un point de vue plus moral, plus indépendant du préjudice qui peut en résulter et de la personne qui peut en souffrir. C'est un *fait de conscience* que le droit romain désignait par l'expression de *dolus* et que ses interprètes ont exprimé par *animus injuriandi* « c'est-à-dire l'esprit de dénigrement, de malice, de méchanceté, le désir de satisfaire une mauvaise passion, un ressentiment (1). » Aussi n'est-il pas nécessaire que l'auteur de l'acte délictueux ait eu la volonté de nuire précisément à la personne qui a subi l'acte injurieux. En d'autres termes, l'intention générale de nuire est suffisante sans qu'il y ait lieu de rechercher si *l'animus injuriandi* était personnellement dirigé contre celui qui a reçu l'injure. « Sufficit generalis voluntas injuriæ faciendæ, » dit avec raison Pothier (2). Le jurisconsulte Paul donne une décision dans ce sens : « *Si injuria mihi fiat ab eo cui sim ignotus, aut si quis putet me Lucium-Titium esse quum sim Gaius-Seius ; prævalet quod principale est, injuriam MIHI facere velle. Nam certus* EGO *sum ; licet ille putet me alium esse quam sum : et ideo injuriarum habeo* (3). »

---

(1) Grellet Dumazeau, loc. cit. — Comp. M. Rein, criminal recht der Römer.

(2) Pothier, loc. cit., p. 427.

(3) L. 18, § 3, D, De injur.

Remarquons qu'il ne faut pas confondre *la volonté* avec l'*animus*. La volonté est la cause déterminante, immédiate de l'acte matériel; l'intention est le caractère moral de la volonté. Primus étant sain d'esprit commet un acte injurieux pour Secundus. Mais appréciant mal la portée et les conséquences de cet acte, Primus croit agir dans l'intérêt de Secundus. Dans ce cas, Primus a eu la volonté de faire l'acte en question, mais il n'a pas eu l'*animus injuriandi*. Il a pu causer un dommage, mais il n'a pas commis le délit d'injure, la moralité de sa volonté étant bonne. Il y aura peut-être ouverture à l'action de la loi Aquilienne, mais Primus ne sera certainement pas tenu de l'action d'injures. Quant à la question de savoir à qui incombe la charge de prouver l'intention de nuire, l'*animus injuriandi*, c'est un point que nous étudierons en parlant des actions auxquelles peut donner naissance le délit d'injure.

Des principes que nous venons d'établir, il résulte que ceux-là seuls peuvent commettre le délit d'injure qui sont *doli capaces* (1). L'action *injuriarum* ne saurait donc être dirigée contre les *infantes* ou les *infantiæ proximi*, non plus que contre les insensés. L'âge ou le manque de raison éloignent pour eux la possibilité de l'intention nuisible (2). Les anciens interprètes du droit romain ont étendu cette décision, non sans quelques restrictions,

---

(1) J. Voët, *comm. al Pandect.*, De injur. et fam. libel. — Les animaux ne peuvent être réputés auteurs d'une injure « nec enim potest animal injuriam fecisse dici quod sensu caret » Just. Inst., lib. IV, tit. 9, pr.

(2) L. 3, § 1, D., De injur. — Mais il va sans dire que les impubères et les insensés peuvent être sujets passifs du délit. Ceux-là qui ne peuvent faire une injure peuvent en recevoir même sans s'en douter. L. 3, § 2, id.

aux individus qui se rendent coupables d'actes injurieux pendant qu'il sont en état d'ivresse (1). L'*ebrius* est alors assimilé à un *furiosus*. Mais si l'ivresse peut, en certains cas, excuser ou plutôt empêcher l'accomplissement du délit d'injure, il n'en est pas de même de la colère, et, sur ce point, la plupart des interprètes du droit romain sont encore d'accord (2). C'est, du reste, ce qui nous paraît résulter très-clairement d'une constitution déjà citée, des empereurs Dioclétien et Maximien (3).

C'est donc à tort, croyons-nous, que M. J. Dormand, se fondant sur la l. 48, D., *De reg. jur.*, admet que, d'après l'opinion de Paul, toutes les injures échappées dans un moment de colère devaient être considérées comme non avenues, si on n'y persistait pas étant de sangfroid (4). M. Dormand ne s'est pas aperçu que le texte de Paul, sur lequel il se fonde, est spécial à la matière du divorce et ne saurait s'appliquer à la théorie des injures (5).

La plaisanterie, le badinage, en excluant la présomption de l'*animus injuriandi*, peuvent faire disparaître le caractère délictueux d'un acte qui, considéré en lui-même, serait injurieux. Les textes nous en fournissent un exemple. On ne doit pas, dit Ulpien, considérer qu'il y a injure,

---

(1) Voir la discussion de Voët sur ce point, loc. cit., hoc tit. § 1er. — Comp. Perezius, *prælect.*; et Corvinus, *Just. Cod. meth. enarr.* — Contrà, Mundius, loc. cit. — V. l. 11, § 2, D., De pœnis.

(2) J. Clarus, loc. cit.

(3) L. 5, Cod., De injur.

(4) Étude sur la diffamation en droit français, précédée d'un aperçu sur les injures et le libelle diffamatoire en droit romain, par M. J. Dormand, docteur en droit. Paris, 1867.

(5) Comp. Denis Godefroid, *Corp. jur. civ.*, édit. de 1626, l. 48, D., De reg. jur., note O.

lorsqu'une personne en frappe une autre en plaisantant ou en luttant « *per jocum aut dum certat* (1). » — De même, en raison des règles que nous avons exposées sur l'*animus*, celui qui tue un homme libre croyant tuer son esclave, n'est pas tenu de l'action d'injures (2); de même on ne peut dire qu'il y a injure lorsque le maître en voulant frapper son esclave atteint par mégarde un homme libre (3). Par application des mêmes principes, le magistrat dans l'exercice de ses fonctions, le maître dans l'éducation de son élève, peuvent faire des actes injurieux par eux-mêmes, sans commettre une injure dans l'acception juridique du mot, parce qu'ils sont réputés, jusqu'à preuve du contraire, n'avoir pas eu la volonté de faire injure et n'avoir agi que dans les limites du mandat qui leur est confié (4).

Enfin Ulpien cite un dernier exemple qui montre jusqu'à quel degré d'exagération les jurisconsultes poussaient quelquefois l'application de ces règles. Il s'agit du cas, où un devin (*astrologus*), interrogé sur les circonstances d'un vol, a désigné comme voleur une personne non coupable de ce crime (5). Dans cette espèce, le devin ne peut être actionné pour injures par la personne qu'il a accusée. En effet, dit Accurse, il a agi non pas dans l'intention d'injurier, mais dans l'exercice de son art. Ajoutons que si notre astrologue n'est pas tenu de l'action *injuriarum*, les constitutions impériales le condamnent

(1) L. 3, § 3, D., De injur.
(2) L. 3, § 4, id. — Mais il est tenu de l'action de la loi Aquilia.
(3) L. 4, id.
(4) L. 32, id.
(5) L. 15, § 13, id.

à la peine de mort en raison du métier illicite qu'il exerce (1).

Les principes que nous venons d'exposer font comprendre comment une infraction spécialement qualifiée par les lois comme délit particulier, sous une dénomination propre, par exemple comme *furtum* ou comme corruption d'esclave, peut constituer en même temps, à un autre point de vue, un délit d'injure, si le délinquant en commettant le *furtum* ou en corrompant l'esclave a agi *animo injuriandi* (2). Il y a alors, selon l'expression de Modestin, *plura delicta in unâ re* (3).

Celui qui repousse l'injure par l'injure est réputé agir pour sa défense légitime plutôt que dans l'intention d'injurier. Par conséquent, il ne sera point tenu de l'action injuriarum, « *Licet vim atque injuriam in continenti propulsare* » dit Perezius (4).

Telle est l'opinion de Julius Clarus, d'André Gaill, de Denis Godefroid, d'Heineccius, de Vinnius, de Cujas, etc.; ces jurisconsultes s'appuient sur des textes qui paraissent ne devoir laisser aucun doute (5). Denis Godefroid fait cependant observer avec raison, d'après Gaill, qu'il y a là une question d'appréciation pour le juge (6).

---

(1) Cod. de Malefic. et Mathemat.

(2) L. 23, D., De injur., et l. 26, id. Comp. l. 53, D. De furtis; l. 34, D., De obligat. et act.; l. 15, § 40, D., De injur.; l. 2, pr. et § 4, D., De priv. delict.

(3) L. 53, pr., D., De obligat. et act.

(4) Ant. Perezius, *Inst. imper.* tit. De injur. — *Sic* Cujas, édit. de Naples, 1722, t. VII, col. 22 et suiv.

(5) L. 18, pr.; l. 17, § 8, et l. 3, D., De injur.; l. 14, § 6, D., De bon. liber.; l. 52, § 1, D., ad leg. Aquil; l. 1, Cod., undè vi, etc.

(6) D. Godefroid, loc. cit., note B sur la l. 18, pr., D., De injur.; comp. Vinnius, loc. cit., lib. IV, tit. IV, § 1, n° 5.

Terminons cette importante matière de l'*animus injuriandi* en faisant une dernière observation : La bonne foi dans le délit d'injure n'exclut pas l'intention de nuire, l'*animus injuriandi*. Ainsi, par exemple, Primus perd un objet qui lui appartient ; convaincu à tort que cet objet lui a été soustrait par Secundus, il publie de très-bonne foi que Secundus l'a volé. Il peut y avoir diffamation, délit d'injure, car la bonne foi de Primus ne prouve nullement qu'il n'ait pas eu l'intention de porter atteinte à la réputation de Secundus.—Ainsi que le fait judicieusement observer M. Grellet-Dumazeau, la distinction à faire entre la bonne foi et l'intention de nuire porte sur ce point, que la bonne foi ne peut être relative qu'à un fait, c'est-à-dire à l'élément matériel du délit, tandis que l'intention réside dans la moralité de ce fait (1). Il faut reconnaître néanmoins que si la *bona fides* n'implique pas nécessairement l'absence *d'animus injuriandi*, elle peut au moins la faire présumer.

§ 2.

De l'atteinte outrageuse.

Pour qu'il y ait injure dans le sens légal du mot, il faut en outre qu'il y ait une *atteinte outrageuse* portée à la personne, à la dignité, à la réputation, à la propriété ou à la liberté de l'individu qui se prétend injurié (2).

A la personne..... Il s'agit ici de la personne physique, du corps; par exemple dans le cas où un homme est

(1) Grellet-Dumazeau, loc. cit.
(2) L. 1, § 2, D., De injur.—Du Caurroy, Institutes expliquées, n° 1133.

frappé, maltraité; dans le cas aussi où une personne perd la raison parce qu'on lui a fait prendre une boisson malfaisante (1).

A la dignité..... à la réputation..... Le droit romain fait ici une distinction assez subtile entre deux idées qu'il serait facile de confondre. Les expressions *dignitas* et *fama* employées par le jurisconsulte Ulpien (2) pourraient être en effet regardées comme synonymes, s'il ne résultait pas du texte même dans lequel nous les rencontrons, qu'elles se rapportent à deux sortes d'injures différentes.—Le mot *dignitas* embrasse tout ce qui touche à la condition civile de la personne, à son état dans la cité. Cette expression indique un rapport social tout de convention et d'usage entre les citoyens.—Le mot *fama* s'applique au contraire à la condition naturelle de l'individu, et implique une idée de moralité, de bonnes mœurs, d'honnêteté qui est liée aux rapports des hommes entre eux plutôt qu'aux rapports sociaux des habitants de la cité. C'est ce que Godefroid a exprimé en quelques mots de latin beaucoup mieux que nous ne pourrions le faire en une page de français. « *Dignitas ad civilem, fama ad statum naturalem et mores refertur. Aliud est dignitatem alicujus appetere, aliud famam lædere* (3). » Les textes des Pandectes nous fournissent un exemple assez curieux d'outrage à la dignité, *ad dignitatem.* Il s'agit du cas cité par Ulpien où une matrone romaine pouvait se considérer comme insultée, parce que son *comes* avait été sé-

---

(1) L. 1, § 2; l. 15, § 1 et pr., D., De injur.
(2) L. 1, § 2, id.
(3) D. Godefroid, D. l. 1, § 2, De injur., note F.

paré d'elle, ou avait subi certains outrages (1). Ulpien fait ici allusion à la coutume romaine qui interdisait aux femmes honnêtes, sous peine de déshonneur, de se montrer en public sans être accompagnées par une ou plusieurs personnes, *comites*. Les ingénus, les affranchis et les esclaves, les hommes aussi bien que les femmes pouvaient servir de *comites* et remplir cette sorte de charge privée (2). Plus la suite était nombreuse, plus la personne ainsi escortée était considérée. Quoiqu'Ulpien ne parle ici que des matrones romaines, la disposition du texte s'applique également aux jeunes filles et aux adolescents, *prætextatæ* et *prætextati*, qui de même que les femmes ne devaient sortir qu'accompagnés (3).

Les exemples d'outrages affectant la réputation *ad infamiam pertinentes*, cités par les jurisconsultes, sont beaucoup plus nombreux. Parmi les injures de cette espèce, nous rangerons tout acte présentant le caractère d'attentat aux bonnes mœurs et ayant pour but de faire oublier les lois de la pudeur soit à un homme, soit à une femme, soit à un ingénu, soit à un enfant (4). Signalons encore au nombre des injures affectant la réputation, tout acte de nature à faire peser sur un innocent le soupçon de quelque action honteuse telle qu'un vol, un adultère ou une délation (5); l'apposition illégale des scellés chez un

---

(1) L. 1, § 2; l. 15, § 15, 16, 17, 18 et 19, D., De injur.; l. 1, § 2, D., De extraord. crim.

(2) Voir Pothier, loc. cit., p. 439, note *A*; Godefroid, loc. cit., l. 1, § 2, hoc tit, note *U*.

(3) Id., note *X*. — L. 1, § 2, D., De extraord. crim.

(4) L. 1, § 2; l. 9, § 4; l. 10, D. De injur.

(5) Loi des Douze-Tables; l. 42, D., De verb. signif. l. 3, Cod., De injur.

absent (1); la persistance à suivre une honnête femme ou un enfant (*prætextatus vel prætextata*) sur la voie publique (2), etc., etc. (3).

L'acte outrageux peut aussi, avons-nous dit, porter atteinte à la propriété ou à la liberté du sujet passif du délit.

A la propriété..... *ad rem*, par exemple, lorsqu'on viole mon domicile (4); ou, lorsqu'on pénètre malgré moi sur mon terrain, soit pour y chasser (5), soit pour tout autre motif (6); ou bien encore lorsque le propriétaire de la maison située au-dessous de la mienne cherche, dans un but vexatoire, à m'envoyer de la fumée; ou bien enfin lorsque le propriétaire de la maison placée au-dessus de la mienne jette ou verse quoi que ce soit sur ma maison (7).

A la liberté..... c'est-à-dire à la liberté d'action et au libre exercice des droits de chacun. Par exemple, si l'on veut m'empêcher de vendre mon esclave (8) ou de pêcher dans la mer (9).

Dans les différentes espèces que nous venons de passer en revue, comme dans tous les autres cas d'injures, que l'atteinte soit portée à la personne, ou à la dignité, ou à la

---

(1) L. 20, D., De injur.
(2) L. 15, § 22, id.; Instit., liv. IV, tit. IV, § 1; Gaii Inst., com. 3, § 220, etc.
(3) Voir Pothier, loc. cit., hoc tit., sect. I, art. 2, § 2.
(4) L. 23, D., De injur.; Instit., lib. IV, tit. IV, § 8.
(5) L. 16, D., De serv. præd. rust.; Inst., lib. II, tit. I, § 12.
(6) L. 15, § 31, D., De injur.
(7) L. 44, D., id.
(8) L. 24, D., id.
(9) L. 13, D., id.

réputation, ou à la propriété, ou à la liberté, il n'en faut pas moins toujours pour qu'il y ait injure que l'acte soit réellement, en fait, *outrageux;* comme le dit Pothier, « *oportet ut factum ad despectum personæ pertineat.* » Que si, par exemple, Titius s'oppose à ce que l'on décerne une récompense publique à Seius, il ne sera pas tenu envers ce dernier de l'action d'injures, quoique peut-être l'intention de Titius ait été injurieuse pour Seius (1). autre chose est en effet de nuire à la réputation d'une personne, autre chose est d'empêcher qu'on lui accorde certains honneurs. Caton se croyait-il insulté parce que ses concitoyens ne lui avaient pas élevé de statue..... ! (2).

§ 3.

De l'illégalité de l'acte qui constitue l'injure.

L'exercice pur et simple d'un droit ne saurait constituer une injure, l'acte injurieux par lui-même devant en outre présenter le caractère d'illégalité, pour caractériser le délit.

Si par exemple, le magistrat ou le juge punit un

---

(1) L. 13, § 4 et 5, D., De injur.

(2) Ses amis lui demandant un jour pourquoi sa statue ne figurait pas parmi celles de tant d'autres citoyens illustres, « J'aime mieux, répondit Caton, que les honnêtes gens se demandent pourquoi je n'ai pas mérité cet honneur, plutôt que de les voir se demander, ce qui serait bien plus fâcheux, ce que j'ai fait pour l'obtenir. » (Ammien.) — De nos jours cette manière de voir est, croyons-nous, peu commune.

plaideur récalcitrant, ou prend un gage, ou fait emprisonner un accusé, il ne fait qu'user d'un *jus publicum* et ne peut être tenu de l'action d'injures (1). De même pour le créancier qui légalement fait vendre le gage de son débiteur ou opère la saisie de ses biens; pour le plaideur alléguant l'infamie d'un témoin afin d'obtenir que son témoignage soit écarté; pour le père qui, dans la limite légale, exerce sur ses enfants les droits qui résultent de la puissance paternelle, etc., etc. En effet, ainsi que nous l'enseigne Ulpien. « *Juris executio non habet injuriam.* »

Mais il peut arriver que le juge dépasse ses pouvoirs en proférant des paroles outrageuses, ou contraire aux bonnes mœurs. Dans ce cas il y aura véritablement délit d'injure. De même si un créancier vendait le gage ou saisissait les biens d'un débiteur dont la dette est éteinte, ou si un père exerçait sans raison des sévices contre l'enfant soumis à sa puissance. Dans ces différents cas, que nous citons entre beaucoup d'autres, à titre d'exemple, il y a injure car, ainsi que le dit Pothier, *factum fit non jure* (2).

---

(1) L. 13, § 1, D., De injur. — Voir la note *E*, de Denis Godefroid sur cette loi.

(2) Pothier, loc. cit., hoc tit., sectio 1, art. 1, § 3. — Voët, loc. cit., De injur., § 2.

CHAPITRE II.

DES DIFFÉRENTES ESPÈCES D'INJURES ET DE LEUR CLASSIFICATION.

On peut classer les injures de différentes manières. Par exemple, on peut prendre pour base de la division la nature de l'atteinte qui nous est portée par l'auteur de l'acte injurieux. Nous dirons alors, d'après Pothier, qu'il y a cinq espèces d'injures « ex quintuplici objecto ad quod potest injuria pertinere » (1). En effet, ainsi que nous l'avons déjà vu dans un texte d'Ulpien, l'injure peut affecter le corps, la dignité ou la réputation (2). Elle peut également affecter nos biens et notre liberté. Nous avons eu indirectement l'occasion de nous étendre sur ce mode de classification (3). Nous n'y reviendrons donc plus.

Au point de vue de leur gravité, les injures se divisent en injures graves ou atroces (*injuria atrox*) et en injures légères ou simples (*injuria levis vel simplex*).

Ulpien a caractérisé l'injure atroce. « *Atrocem injuriam quasi contumeliosiorem et majorem accipimus* » (4). Le

(1) Pothier, loc. cit.
(2) L. 1, § 1, D., De injur.
(3) Voir suprà, § 2, 1.
(4) L. 7, § 7, D., De injur.

jurisconsulte a complété cette définition en ajoutant que l'atrocité de l'injure peut résulter *ex re, ex tempore* ou *ex personâ* (1). D'après Paul, l'injure peut être atroce *loco, tempore aut personâ* (2). Enfin, d'après Justinien et Gaïus, l'atrocité de l'injure peut résulter *ex loco, ex facto* ou *ex personâ* (3).

L'injure est réputée *atrox ex personâ*, en raison de la personne sujet passif du délit, si l'acte injurieux s'adresse, d'après Ulpien et Justinien, à un *magistrat* (4), ou, d'après Paul, à un sénateur, à un chevalier, à un décurion, *vel alias spectatæ auctoritatis viro* (5).

Il est naturel, en effet, que l'injure prenne un caractère de gravité tout particulier lorsqu'elle s'adresse à l'homme revêtu d'une portion de la puissance publique. Il devait surtout en être ainsi à Rome, chez un peuple où les fonctions publiques, émanées de la souveraineté, furent entourées de respect et de considération, même dans les temps les plus orageux de la puissance démocratique (6).

Quelques jurisconsultes modernes ont soutenu que cette disposition de la loi romaine distinguait entre les injures faites aux magistrats dans l'exercice de leurs fonctions ou à l'occasion de cet exercice et les injures

---

(1) L. 7, § 8, D., De injur.
(2) Pauli Sentent., lib. v, tit. iv, § 10.
(3) Inst., lib. iv, tit. iv, § 9 ; Gaii, Inst., comm. 3, § 225.
(4) L. 7, § 8, D., De injur. *Sic* Inst., hoc tit. § 9.
(5) Pauli Sentent., lib. v, tit. iv, § 10.
(6) V. Grellet-Dumazeau, loc. cit.

étrangères à leurs fonctions. MM. Chauveau et Hélie, entre autres, ont soutenu cette opinion en citant, après Menochius, la L. 22, D., *De testam. milit.*, et la L. 42, D., *De injuriis*, desquelles on peut induire, selon eux, qu'en dehors de ses fonctions, le magistrat n'est plus qu'un simple citoyen qui ne doit plus invoquer pour sa protection que la loi commune à tous les citoyens (1). — La L. 22, *De test. milit.*, n'a, croyons-nous, aucun rapport avec le cas qui nous occupe. Quant à la L. 42, *De injur.*, elle est ainsi conçue : « *Judici ab appellatoribus convicium fieri non oportet, alioquin infamia notantur.* » La seule conclusion logique à tirer de ce texte, c'est que, sous peine d'infamie, les plaideurs doivent respect au juge, même à raison d'une sentence dont on demande la réformation par voie d'appel. Rien n'indique donc dans les textes du droit romain qui nous sont parvenus que l'injure adressée à un magistrat prît le caractère d'atrocité seulement dans le cas où ce magistrat était insulté dans l'exercice de ses fonctions ou à l'occasion desdites fonctions (2). Une telle distinction eût été, du reste, aussi contraire à l'esprit des lois romaines qu'aux mœurs du peuple romain. « A Rome, la dignité était inséparable de la personne ; toujours revêtu des insignes de sa charge, le magistrat la portait en quelque sorte avec lui : outrager l'homme, c'était outrager la robe et par suite l'autorité dont elle révélait le dépositaire à tous les yeux (3). »

---

(1) Chauveau et Helie, Théorie du Code pénal, t. 4.

(2) Voir cepend. la l. 4, Cod. De injur.; infrà, pag. 26.

(3) Grellet-Dumazeau, loc. cit. Comp. Cod. Theod. tit. De habitu quo uti.

Ajoutons que dans les pays de droit écrit où le droit romain a exercé le plus directement son influence, l'opinion que nous combattons ici, n'était nullement admise. « Lorsqu'un juge est hors de ses fonctions, dit Dareau, il ne faut pas croire pour cela qu'il ne mérite pas plus de considération qu'un simple particulier, et que l'injure à lui faite doive être traitée légèrement : partout où il se trouve, son caractère est toujours respectable lorsqu'il est connu (1). »

Les circonstances tirées de la personne, *ex personâ*, constituent également l'atrocité de l'injure lorsque c'est un ascendant ou un patron qui supporte le délit du fait de son descendant ou de son affranchi (2). Mais en dehors du cas spécial où le délit est commis par un descendant, il importe peu au point de vue de la gravité de l'injure que le sujet passif du délit soit *paterfamilias*, le titre de *paterfamilias* ne constituant pas une dignité (3).

L'atrocité de l'injure n'est pas tirée seulement *ex personâ cui infertur injuria*, mais aussi *ex personâ inferentis*. Ainsi, certaines injures qui seraient légères si elles étaient commises par un homme libre, deviennent atroces si elles sont commises par un esclave. « *Crescit enim contumelia ex personâ ejus qui contumeliam fecit*, » dit Ulpien (4). On peut admettre que parfois aussi les consi-

---

(1) Dareau, loc. cit. — Comp. Denizart, Collect. de décis. — *Sic* Grellet-Dumazeau.

(2) Inst., lib. IV, tit. IV, § 9.

(3) Voir la note de Vinnius au § 9 du tit. De injur. des Institutes ; Gaii, Inst., com. 3, § 225.

(4) L. 17, § 3, D., De injur.

dérations tirées *ex personâ cui infertur injuriâ* s'ajoutaient à celles qui étaient tirées *ex personâ inferentis*, pour constituer l'atrocité de l'injure. Nous en trouvons un exemple dans Gaius : L'injure légère faite à un sénateur devient atroce si l'agent actif du délit est un homme de basse condition (1).

L'injure est atroce *ex re* ou *ex facto*, nous disent Justinien et Gaius, lorsque la personne insultée a été battue, frappée de verges ou blessée. La gravité de l'injure résulte alors tout aussi bien de l'importance de la blessure que de la partie du corps où elle a été portée, par exemple lorsqu'on a été frappé aux yeux. D'après Vinnius et d'autres auteurs, qui se fondent sur un passage de Libanius, on doit aussi considérer comme atroces *ex facto*, toutes les injures résultant de libelles diffamatoires (2).

Les considérations tirées du moment où le délit a été commis, *ex tempore*, peuvent également constituer l'atrocité de l'injure ; par exemple, d'après Paul, lorsque l'injure a été faite pendant le jour, *interdiu* (3). Ou bien, d'après une loi du Code, lorsque l'injure a été faite à un prêtre, tandis qu'il était revêtu des ornements sacerdotaux (4).

---

(1) Gaii, Instit., com. 3, § 225. — Remarquons ici une contradiction entre ce passage de Gaius, d'après lequel l'injure faite à un sénateur ne devient *atrox* que par le fait des circonstances tirées *ex personâ inferentis injuriam*, et un passage précité de Paul, d'après lequel on doit croire que l'injure faite à un sénateur est *atrox* par le seul fait des considérations tirées de la qualité de sénateur.

(2) Vinnius, C. loc. cit. tit. De injur., § 9; Comp. Libanius orat. 2, ad Theod.

(3) Pauli Sent., lib. v, tit. iv, § 10. La disposition de ce paragraphe, comprise dans un sens trop absolu, nous semblerait bien rigoureuse.

(4) L. 4, Cod., De injur.

L'atrocité de l'injure résulte *ex loco*, si le délit est commis en public, au théâtre, sur le forum, ou en présence du préteur (1). Ulpien dit, il est vrai, au Digeste, que dans ces quatre derniers cas, l'injure est *atrox ex tempore*. Mais il suffit de rapprocher le texte d'Ulpien du texte des Institutes et des passages de Paul et de Gaius, où se trouvent cités les mêmes exemples, pour remarquer que le mot *tempore* est mis dans le Digeste à la place du mot *loco* (2).

Telles sont les diverses causes d'aggravation qui peuvent donner à l'injure le caractère de l'*injuria atrox*. Quintilien les a résumées dans un passage que nous voulons citer, car il nous paraît de nature à jeter une certaine lumière sur ce point assez obscur de la législation romaine. Dans ce passage, Quintilien fait ressortir, avec infiniment d'art et d'habileté, le parti qu'un avocat expérimenté peut tirer des circonstances au milieu desquelles le délit a été accompli. « Atrocitas crescit ex his quid factum sit, a quo, in quem, quo animo, quo tempore, quo loco, quo modo : quæ omnia infinitos infractus habent. Pulsatum querimur : de re primum ipsâ dicendum : tum si senex, si puer, si magistratus, si probus, si bene de republicâ meritus. Etiam si percussus sit a vili aliquo contemptoque : vel ex contrario a potente nimium, vel ab eo a quo minime oportuit. Et si die forte solemni, aut iis temporibus, cum judicia ejus rei maxime exercerentur, aut in sollicito civitatis statu. Item in theatro, in templo, in con-

---

(1) Inst., lib. IV, tit. IV, § 9 ; Pauli Sent., § 10 ; *sic* Gaius ; Ulpien, l. 7, § 8, D., De injur.

(2) Voir Godefroid, loc. cit., l. 7, § 8, note *N*. — Comp. Cujas ; *sic* Pauli Sent., lib. V, tit. IV, § 8.

cione. Crescit invidia et si non errore nec irâ : vel etiam si forte irâ, sed iniquâ, quod patri affuisset, quod respondisset, quod honores contra peteret : et si plus etiam videri potest voluisse quam fecit. Plurimum tamen affert atrocitatis, modus, si graviter, si contumeliose : ut Demosthenes ex parte percussi corporis, ex vultu ferientis, ex habitu invidiam Midiæ quærit » (1). Il n'est pas inutile de comparer ce passage de l'*Institutio Oratoria* aux différents textes de loi que nous venons de commenter, pour se rendre compte des diverses considérations, tant légales que morales, qui devaient éclairer la sagesse du juge dans l'appréciation de l'atrocité de l'injure et le guider dans l'estimation du dommage causé par le délit.

La distinction entre l'*injuria atrox* et l'*injuria levis* avait dans la pratique une quintuple utilité :

1° D'après les principes du droit civil pur, l'injure adressée à un esclave ne l'atteint pas lui-même, elle atteint son maître « *Servis ipsis nulla injuria fieri intelligitur.* » Mais le maître ne peut exercer l'action d'injures que dans le cas où « *quid atrocius commissum fuerit et quod aperte ad contumeliam domini respicit* » ; par exemple, si l'esclave a été frappé de verges (2). Si l'esclave a été seulement insulté verbalement ou frappé d'un coup de poing, il n'y a lieu, d'après le droit civil pur, d'exercer aucune action.

Nous aurons du reste occasion de revenir bientôt sur l'injure faite à l'esclave d'autrui ;

---

(1) Quintiliani, *Institutio oratoria*, lib. vi, cap. i.

(2) Inst., lib. iv, tit. iv, § 3 ; Gaii, Inst., comm. 3, § 222 ; l. 8, Cod., De injur.

2° L'action *injuriarum* ne peut être intentée par un affranchi contre son patron, qu'autant que l'affranchi se plaint d'avoir reçu une injure atroce (1). « *Licet enim patronis mediocriter castigare libertos* (2). » Le préteur rejetera donc la demande d'*un esclave de la veille* se plaignant de ce que son patron l'a un peu malmené (pulsaverit), ou l'a corrigé, ou lui a adressé des paroles outrageantes (3). Il devra l'accueillir au contraire, si l'affranchi a été blessé, frappé de verges, ou fouetté;

3° L'enfant *sui juris* n'est recevable dans l'action *injuriarum* dirigée contre son ascendant, que dans le cas d'injure atroce (4) ;

4° Au temps de Gaius, c'était en général le préteur lui-même qui estimait l'injure atroce et qui, en fixant la somme pour laquelle était fait le *vadimonium*, indiquait la même somme dans la formule (5).

5° La condamnation est plus forte dans le cas d'injure atroce que dans le cas d'injure simple, d'où il peut résulter que dans le cas d'une injure adressée à un *filius-familias*, le coupable soit condamné plus sévèrement en tant qu'il a insulté le fils, moins sévèrement en tant qu'il

---

(1) L. 7, § 2, D., id.—Comp., l. 2, pr., Cod., De obseq. parent. præst.

(2) 60 Eclog., 21, c. 9.

(3) Esclave de la veille... Il y a dans le texte de la l. 7, § 2 : « *Heri servum, hodie libertum.* » C'est une locution passée pour ainsi dire en proverbe et que l'on trouve fréquemment employée dans les auteurs. Perse se sert même de l'expression « hesternus servus » littéralement esclave de la veille.

(4) L. 7, § 3, D., De injur.; l. un., Cod., De emendat. propinq.

(5) Gaii, Inst., com. 3, § 224; comp. Inst., lib. IV, tit. IV, § 7, et coll. leg. mosaic., tit. II.

a insulté le père; si par exemple, le fils remplissait quelque fonction de magistrature (1).

Une sixième différence résulte peut-être de la loi 9, § 3, D., *De Injur.* Cette loi porte que lorsqu'un esclave commet une *injure atroce*, si le maître est présent, on poursuit ce dernier par une action noxale; *mais qu'en l'absence du maître, le délinquant est livré au magistrat pour être fouetté* (2). Ne peut-on pas conclure de ce texte, par un argument *a contrario*, que dans le cas d'injures légères, cette manière expéditive de procéder n'était point admise, et que l'on devait attendre le retour du maître pour agir noxalement contre lui ?

D'après Schulting (3), il aurait existé jusqu'à l'époque de Caracalla une autre différence entre l'injure atroce et l'injure simple, l'injure atroce ne se poursuivant pas civilement jusqu'à cette époque et donnant lieu seulement à une action criminelle. Mais cette conjecture, fondée sur un rescrit de Caracalla mentionné par Ulpien (4), est détruite par Gaius (5).

Nous avons vu que les injures peuvent être classées : 1° d'après la nature de l'atteinte portée; 2° d'après la gravité de l'acte injurieux. Elles peuvent aussi se diviser d'après la manière dont le délit nous atteint, en in-

---

(1) L. 30, § 1, et l. 35, D., De injur.—Nous verrons plus loin que souvent l'injure faite à un fils de famille rejaillit sur le père et donne naissance à deux actions.

(2) Comp. Pauli Sent., lib. v, tit. iv, § 20 ; l. 17, § 2 et 3, D., De injur.

(3) Schulting, *ad Sent. Pauli*, tit. v.

(4) L. 7, § 6, D., De injur.

(5) Gaii, Inst., com. 3, § 224.

jures directes et en injures indirectes, *quæ per nosmetipsos et quæ per alium patimur* (1). Nous verrons bientôt, en effet, lorsque nous traiterons de l'action *injuriarum*, que l'injure faite à une personne rejaillit parfois sur une ou plusieurs autres, et que le délinquant peut ainsi être tenu de plusieurs actions pour un seul acte delictueux.

Enfin il est une dernière classification fondée sur le mode d'accomplissement du délit. L'injure peut être faite *re*, *verbis* ou *litteris* (2); on peut se rendre coupable du délit d'injure ou par un acte, ou par de simples paroles, ou par un écrit. Selon Voët, on peut aussi commettre le délit d'injure *consensu* (3). Cette opinion, rejetée par Pothier, ne nous paraît pas admissible. Voët nous explique bien que celui-là se rend coupable d'injures *solo consensu*, qui charge une autre personne ou lui persuade par un moyen quelconque de commettre l'injure. Mais, dans ce cas, que se passera-t-il? De deux choses l'une : ou le délit n'aura pas été commis par l'individu qui en avait été chargé, et alors il n'y aura injure ni par le fait du mandant ni par le fait du mandataire; ou bien l'acte injurieux aura été accompli. Le mandataire, l'auteur immédiat de l'injure, sera alors tenu en raison de son délit. Le mandant, l'auteur indirect de l'infraction, sera également poursuivi pour *la même injure*. En d'autres termes, il n'y aura,

(1) Pothier, loc. cit.

(2) Ὕβρις γὰρ οὐ μόνον ἡ ἐν λόγῳ, ἀλλὰ καὶ ἡ κατὰ πᾶν ἔργον αἰσχρόν. Eustath. Comm. sur l'Odyssée. — Comp., l. des Douze-Tables.

(3) Voët, loc. cit., De injur.

dans cette espèce, qu'une seule injure, donnant naissance à deux poursuites contre deux personnes (1). Le mandant sera donc tenu de l'action d'injures pour un délit commis soit *re*, soit *verbis*, soit *litteris*, et non pas *consensu*.

Certains interprètes du droit romain ne reconnaissent, au point de vue du mode d'accomplissement de l'infraction, que deux classes d'injures : l'injure réelle et l'injure verbale. C'est le système de Labéon (l. 1, § 1, D., *De inj.*), admis par Vinnius et plusieurs autres commentateurs, et d'après lequel l'injure écrite est confondue avec l'injure verbale. Nous préférons la division tripartite en injures réelles, verbales et écrites, division admise par Pothier, Perezius et beaucoup d'autres commentateurs, et plus conforme à la logique (2).

§ 1.

Du délit d'injures commis RE.

« *Injuriam autem fieri Labeo ait... RE, quoties manus inferuntur.* » (3). — Le jurisconsulte caractérise ainsi

(1) L. 11, § 4 et 5, D., De injur.; comp. Inst., hoc tit., § 11, et l. 15, § 8 et 10, D., De injur.

(2) Comp. Vinnius, loc. cit., hoc tit., § 1, n° 1; Carpzovius, loc. cit., pars II, quæst. XCIII; Perezius, *Inst. imp.*, lib. IV, tit. IV.

(3) L. 1, § 1, D., De injur.

l'*injuria realis*, par opposition au *convicium* ou injure verbale : *VERBIS autem quoties manus non inferuntur CONVICIUM fit.* » — Cette définition, qui assimile l'*injuria realis* à ce que nous appelons les *voies de fait*, est incomplète et inexacte. En effet, il peut y avoir *injuria realis* dans certains cas ou *manus non inferuntur* (1). Par exemple, si quelqu'un, dans le seul but de me nuire et de me faire injure, me fait comparaître sans motif devant un tribunal (2) ; de même dans le cas où *injuriæ faciendæ gratiâ*, un créancier fait illégalement poser les scellés chez son débiteur absent (3), etc., etc.

Dans ces espèces que nous citons, entre beaucoup d'autres (4), il y a évidemment *injuria realis*, et pourtant *manus non inferuntur*.

Nous donnerons donc de l'*injuria realis* une définition plus élastique, en procédant par voie d'élimination : à nos yeux, tout délit d'injure est commis *re*, qui n'est accompli ni *verbis*, ni *litteris*. — D'autre part, nous avons déjà dit que tout acte réunissant les caractères essentiels à l'injure, qu'il constitue ou non à un autre point de vue un délit particulier, est réputé injure et doit donner naissance aux actions *injuriarum*, s'il est commis *animo injuriandi*.

Les recueils de droit romain nous fournissent des exemples très-nombreux d'injures commises *Re*. Les Institutes de Justinien en signalent plusieurs : « *Cum quis pugno pulsatus, aut fustibus cæsus vel etiam verberatus*

---

(1) Vinnius, loc. cit., hoc tit., § 1.

(2) L. 13, § 3, D., De injur.

(3) L. 20, id.

(4) L. 15, § 27 et 33, id., etc.

erit (1) ». C'est l'injure réelle par excellence : Lorsque quelqu'un reçoit des coups de poing, ou des coups de bâton, ou bien est battu de verges — « *Sive cujus bona quasi debitoris, qui nihil deberet, possessa fuerint ab eo qui intelligebat, nihil cum sibi debere* (2). » « Lorsqu'on se met en possession des biens d'un prétendu débiteur pour une dette qu'on sait ne pas exister ; » c'est encore un cas où il y a injure *re*, sans qu'il y ait eu voies de fait. A cette espèce se rapportent les cas analogues cités par Ulpien : « *Si quis non debitorem quasi debitorem appellaverit injuriæ faciendæ causâ* (3). » « *Si injuriæ faciendæ gratiâ Seia domum absentis debitoris signasset sine auctoritate ejus qui concedendi jus vel potestatem habuit* (4). » *Signare* paraît signifier dans cette loi mettre *les scellés* (5), acte qui n'aurait rien d'injurieux s'il était *jure factum*, si le créancier en avait obtenu l'autorisation du magistrat.

Il y a *injuria realis* lorsqu'on affecte de suivre sur la voie publique, soit une *materfamilias*, soit un garçon ou une jeune fille portant la robe prétexte (6). De même

---

(1) Inst., De injur., § 1 ; comp. Gaii, Inst., com. 3, § 220 ; Coll. leg. mosaic., tit. II ; Pauli Sentent., liv. V, tit. IV, § 1 et § 4 ; l. 1, § 2, D., De injur., etc., etc.

(2) Inst., De injur, § 1 ; comp. Cicer., pro Quinto : Cujus bona ex edicto possidentur ejus fama et existimatio cum bonis simul possidentur, — et Inst., liv. III, tit 12, pr.

(3) L. 15, § 33, D., De injur.

(4) L. 20, D., De injur. — Comp., l. 9, D., In quibus caus. pign. vel hypoth. tacite contrahitur. Voir Godefr., notes, hoc tit.

(5) Pothier, loc. cit., n° XIX, note A. — Comp. D. Godefroid.

(6) Les adolescents quittaient la robe prétexte en se mariant, ou au plus tard à seize ans accomplis. — L. 3, § 6, D., De lib. exhib.

lorsqu'on cherche par des actes à corrompre la pudicité d'une personne. Ces deux cas sont encore cités dans les Institutes (1) : « *Sive quis* matremfamilias *aut prætextatum prætextatamve adsectatus fuerit; sive cujus pudicitia attentata esse dicitur...* » L'expression *materfamilias* signifie ici toute femme de bonnes mœurs, mariée ou veuve, ingénue ou affranchie (2). *Adsectari* s'applique à l'acte d'une personne qui en suit une autre sans lui adresser la parole (3). *Pudicitia attentata* se dit de tous les moyens employés pour corrompre la pudicité d'une personne, pour lui faire oublier les lois de la pudeur (4). Un grand nombre de textes dans les Pandectes, dans les Sentences de Paul, etc., se réfèrent au genre d'injures mentionné dans ce passage des Institutes de Justinien, ce qui semble indiquer que les délits de cette nature étaient fort communs à Rome, cette ville de luxe et de corruption par excellence. Voici d'abord un texte important de Paul : « *Qui puero prætextato stuprum aliudve flagitium abducto ab eo, vel corrupto comite persuaserit, mulierem puellamve interpellaverit, quidve pudicitiæ corrumpendæ gratiâ fecerit, domum præbuerit, pretiumve, quo id persuadeat, dederit, perfecto flagitio capite punitur, imperfecto in insulam deportatur, corrupti comites summo supplicio afficiuntur* (5). » *Interpellare* a ici le sens donné à l'expression d'*appellare* dans la loi 15, *De injur.* « *Ap-*

(1) Inst., De injur., § 1. — Comp. Gaii, com. III, § 220.
(2) L. 46, § 1, D., De verb. signif.
(3) L. 15, § 22, D., De injur.
(4) L. 10, D., id.
(5) Paul. Sent., lib. V, tit. IV, § 14; id. l. 1, § 2, D., De extraord. crimin.

pellare est, dit Ulpien, *blandâ ratione alterius pudicitiam adtentare* (1). » Remarquons les pénalités rigoureuses de ce texte. Notons aussi la contradiction au moins apparente de ce passage de Paul avec le § 4 du titre des Institutes *De publicis judiciis* et la loi *Julia de adulteriis* (2). Ulpien ajoute qu'il y a lieu d'exercer l'action d'injure « *Sed et si servi pudicitia attentata sit* (3). » Les circonstances peuvent atténuer singulièrement la gravité des délits de cette nature. Le même Ulpien nous en cite un exemple : « *Si quis virgines appellâsset, si tamen ancillari veste vestitas, minus peccare videtur, multo minus si meretriciâ veste fœminæ non matrumfamiliarum vestitæ fuissent. Si igitur non matronali habitu fœmina fuerit et quis eam appellavit vel comitem abduxit injuriarum non tenetur* (4). »

Ce texte, dont on pourrait recommander la lecture et la méditation à beaucoup d'honnêtes femmes de notre époque, fait allusion à l'usage romain qui imposait aux *meretrices* de porter en public un costume différent de celui des *matresfamilias*. Cet usage est constaté par les

---

(1) L. 15, § 20, D., De injur.

(2) Inst., lib. IV, tit. De publicis judiciis, § 4 : « ....Pœnam autem eadem lex (Julia) irrogat stupratoribus, si honesti sunt, publicationem partis dimidiæ bonorum : si humiliores corporis coercitionem cum relegatione. » Vinnius ajoute en note : « Lex attica stupratorem ita mulctabat ut vel duceret puellam, vel dotaret ; lex mosaïca ut et dotaret et duceret. Deut., 22, 29. »

(3) L. 9, § 4, D., De injur.

(4) L. 15, § 15, D., id. — Le texte de Florence porte : *injuriarum tenetur*. La négation a été rétablie dans la Vulgate. Voir Pothier, loc. cit. — Dans ce texte et dans le passage de Paul, précédemment cité, le délit d'injure verbale est en quelque sorte lié et confondu avec le délit d'injure réelle.

auteurs anciens dans un grand nombre de passages que Denis Godefroid a relevés avec beaucoup de soin et de science (1). Les *matresfamilias* portaient la *stola* garnie d'une *instita*, sorte d'ornement qui descendait jusqu'aux pieds. Elles ne devaient pas se montrer en public sans ce vêtement que les femmes de mauvaise vie n'avaient pas le droit de porter. Cicéron rapporte que les femmes condamnées pour adultère perdaient le droit de revêtir la stola et portaient, comme les prostituées, un vêtement court et retroussé, une *toga* semblable à celle des hommes. Ces coutumes tombèrent cependant en désuétude ; nous en trouvons le témoignage dans un passage de Tertullien déplorant la mauvaise tenue des femmes romaines qui osent se montrer en litière : *sine stolâ, quasi in semetipsas lenocinantes* (2). » Ulpien fait, d'autre part, la réserve suivante : « *Meminisse autem oportebit, non omnem qui adsectatus est, nec omnem qui appellavit hoc edicto conveniri posse, neque enim si quis colludendi, si quis officii honeste faciendi gratiâ id facit, statim in edictum incidit sed qui contrà bonos mores hoc facit* (3). »

Les Institutes citent encore une *injuria realis* d'une toute autre nature : « *Quod quis... domum suam vi introitum esse dicat* (4). » C'est un des cas prévus par la loi *Cornelia de injuriis*, loi sur laquelle nous aurons bientôt occasion de revenir en parlant des actions d'injures.

---

(1) Godefroid, loc. cit., note *M* sur la l. 15, § 15, D., De injur. — Voir aussi Pothier, loc. cit.

(2) Tertull., *de Pallio*.

(3) L. 15, § 23, D., De injur.

(4) Inst., De injur., § 8. — Comp. l. 5, D., hoc tit.

Remarquons dès à présent que la personne qui se plaint du délit, doit être considérée comme *injuriée* par le seul fait de la violation de son domicile, soit qu'elle habite sa propre maison, soit qu'elle habite la maison d'un autre (1).

Nous pouvons rapprocher de l'espèce prévue par la loi Cornelia le cas déjà cité, où quelqu'un pénètre sous un prétexte quelconque sur la propriété d'un autre, malgré sa défense, *invito domino* (2) (V. *supra*, p. 10).

Enfin il y aura délit d'injures commis *re*, dans les cas suivants signalés par les jurisconsultes :

A. Quelqu'un, sans me toucher, lève la main sur moi, de manière à m'épouvanter et à me faire croire que je vais être frappé (3).

B. Quelqu'un jette sur moi de la boue, des ordures, du fumier, ou bien corrompt l'eau dont je me sers, ou bien salit des aqueducs, des conduits, des réservoirs, *ad injuriam publicam* (4).

C. Quelqu'un trouble ma raison en me faisant prendre une médecine malfaisante, ou par tout autre moyen (5) (voir *suprà* p. 17).

---

(1) Inst., hoc tit., § 8. — Comp., l. 5, D., De injur.

(2) Inst., De divisione rerum, § 12 ; l. 16, D., De servat. præd., rust. ; l. 15, § 31, D., De injur.

(3) L. 15, § 1, D., De injur.

(4) L. 1, § 1, D., De extraord. crimin. — *Sic*, Paul. Sent., lib. v, tit. iv, § 13. — Comp. l. 27, § 18, D., De leg. Aquil. ; l. 11, D., quod vi ; Frontin, *De aquæductibus urbis Romæ*, etc.

(5) L. 15, pr., D., De injuriis ; l. 38, § 5, D., De pœnis ; l. 6, Cod. De mathemat. ; nov. Leon. 65 ; — comp Virgile, égl. viii ; Juvenal, sat. 6 :

Hic magicos affert cantus, hic Thessala vendit
Philtra, quibus valeat mentem vexare mariti (v. 609 et 610),

et Ovide. *Art d'aimer*, liv. 2, v. 106 :

Philtra nocent animis vimque furoris habent.

D. Un homme libre est arrêté comme un esclave fugitif, par une personne qui prétend être son maître (1).

E. Je suis cité devant le tribunal par une personne qui n'a contre moi aucun grief, et agit seulement dans un but vexatoire et injurieux, *per injuriam et vexationis causâ* (2) (voir *suprà* p. 33).

F. Un créancier refuse d'accepter *judicio sistendi causâ* un fidéjusseur évidemment assez riche pour offrir des garanties suffisantes.—Il sera tenu de l'action d'injures non-seulement envers la partie principale, mais aussi envers la personne qu'il a prétendu écarter comme fidéjusseur (3).

G. Quelqu'un, pour nuire à ma réputation, fait afficher la vente d'un bien qui m'appartient comme s'il l'avait reçu de moi à titre de gage (4).

H. Mon créancier, ne tenant pas compte de ce que je suis prêt à le payer, exerce son recours contre mes fidéjusseurs, pour me faire injure (5).

I. Quelqu'un veut entraver le libre exercice de mes droits, soit en m'empêchant de vendre ce qui m'appartient (6), soit en m'empêchant de me servir de ma propre chose, soit en s'opposant à ce que j'use d'un droit qui appartient à tous, par exemple du droit de me promener et de causer dans un lieu public, de pêcher dans la mer, etc. (7) (voir *supra*, p. 10).

---

(1) L. 22, D., De injur. — Comp. l. 12, id.
(2) L. 13, § 3, D., De injur. ; comp., Inst., liv. IV, tit. XVI.
(3) L. 5, § 1, D., Qui satisd. cogant.
(4) L. 15, § 32, D., De injur.
(5) L. 19, id.
(6) L. 24, id.
(7) L. 13. § 7, id.

J. La loi 38, *De injur.*, prévoit une espèce assez intéressante. « *Senatusconsulto cavetur*, dit Scævola, *ne quis imaginem imperatoris in invidiam alterius portaret.* » D'après Rœvardus, cité par Pothier, cette loi s'applique aux personnes qui, en haine de l'empereur régnant, affectent de porter sur eux l'image d'un de ses prédécesseurs *cujus memoria damnata est*. Cette explication de la loi 38 nous paraît défectueuse. Nous croyons que Scævola fait plutôt allusion à la coutume des Romains, qui, sous l'empire, faisait considérer l'image du prince comme une sauvegarde pour celui qui la portait. Frapper une personne qui portait sur elle l'image de l'empereur, c'était manquer à l'empereur lui-même et commettre un crime de lèse-majesté. Scævola suppose ici que Titius, en portant l'image du prince, affecte d'agir ainsi pour se protéger contre les voies de fait de Seius, et ce jurisconsulte déclare que la défiance et les appréhensions ainsi affichées par Titius constituent une injure pour Seius.

K. Titius, pour nuire à une autre personne, se couvre de vêtements misérables et laisse pousser sa barbe et ses cheveux en signe de deuil (1). Nous rapprocherons de cette espèce une controverse de Sénèque qui s'applique au même cas. Il s'agit d'un fils qui, pour venger son père assassiné, suit partout en habits de deuil l'homme qu'il soupçonne d'avoir accompli le crime. Le prétendu meurtrier se considérant comme atteint dans

---

(1) L. 15, § 27, D., De injur.

son honneur, intente contre le fils une action d'injures (1).

L. Une personne, qui n'est pas la proche parente d'un accusé, porte en vue de ce dernier un vêtement de deuil et des cheveux longs (2).

M. Le propriétaire de la maison située au-dessous de la mienne cherche, dans un but vexatoire et injurieux, à m'envoyer de la fumée (3) (V. *suprà*, p. 19).

N. Le propriétaire de la maison située au-dessus de la mienne jette ou verse quoique ce soit sur ma maison, *injuriæ faciendæ gratià* (4) (V. *suprà*, p. 19).

Enfin l'injure réelle peut atteindre, dans différents cas, les morts eux-mêmes (5).

§ 2.

Des délits d'injures commis verbis et scripturà, et particulièrement de la diffamation.

L'injure verbale prenait les noms de *maledictum* et de *convicium*. L'injure écrite était spécialement qualifiée de *famosus libellus*. A ces infractions se rattache la diffamation. — Remarquons, dès à présent, que les

---

(1) Controv. de Sénèque, liv. 10, Contr. 1. — Voir pour un autre cas d'injure, Id., liv. 4, Contr. 1.

(2) L. 39, D., De injur.

(3) L. 44, D., Id.

(4) Id.

(5) L. 1, § 4 et 6 ; l. 27, D., De injur. ; Comp., D., tit., De sepulchro violato ; Voët, loc. cit., hoc. § 8 tit. V. infra, p. 93.

expressions *diffamare*, *diffamatio*, qui appartiennent surtout à la basse latinité, ne sont pas employées dans les monuments du droit romain. Dans le langage usuel, elles se prenaient en bonne ou en mauvaise part, suivant la qualification qui les accompagnait. Ainsi nous trouvons dans saint Augustin : « Epiphanius, in doctrinâ catholicæ fidei laudabiliter diffamatus. » Dans maints autres endroits, saint Augustin prend ces expressions en bonne part (1). Tacite et d'autres les emploient dans la mauvaise acception (2). — Dans l'origine, les Latins, pour exprimer l'idée de diffamation, disaient *differre pipulo*, ou simplement *differre* (3). Plus tard, on se servit dans le langage usuel et surtout dans le langage juridique, du mot *infamare*, qui fut toujours pris en mauvaise part (4). Les mots *diffamare*, *diffamatio*, n'ont été définitivement adoptés dans le langage du droit que par les commentateurs du XVIe siècle, qui, du reste, s'en servent rarement et leur donnent un sens assez vague (5).

C'est une question fort controversée que de savoir si toutes les injures verbales, quelles qu'elles fussent, constituaient un délit unique à Rome, et si les expressions *maledictum* et *convicium* sont synonymes dans le langage du droit romain. Ulpien semble admettre que le mot

(1) *Civit. Dei*, lib. 3, cap. 3, et lib. 22, cap. 8.

(2) Tacite, vie d'Agricola : Carmine probroso diffamatur.

(3) Plaute, *Aulul.*, act. 3, sc. 2 : Mihi vasa jubes, pipulo hic differam te ante ædes. — Lucile : Et maledicendo multis sermonibus differt,

(4) Ne quid infamandi causâ fiat, l. 15, § 25, D., De injur.

(5) Selon Dareau (Trait. des injures), le mot diffamation s'entendait d'une calomnie reproduite plusieurs fois avec insistance.

maledictum est le terme générique employé pour désigner l'injure verbale, tandis que le mot *convicium* doit s'entendre d'une espèce particulière d'injure verbale : « *Apparet non omne maledictum convicium esse,* » dit ce jurisconsulte (1); et il ajoute qu'il y a *convicium* seulement lorsque le *maledictum* est proféré *cum vociferatione*. Il dit ailleurs : « *Convicium dicitur vel a concitatione, vel a conventu hoc est a collatione vocum. Quum enim in unum complures voces conferuntur convicium appellatur, quasi convicium* (2). » « *Sive unus sive plures dixerint quod in cœtu dictum est*, ajoute Ulpien, *convicium est : Quod autem non in cœtu, nec vociferatione dicitur convicium non proprie dicitur, sed infamandi causâ dictum* (3). » Il résulte de ces définitions, sur lesquelles Ulpien insiste évidemment avec intention, que toute injure verbale proférée en public *cum vociferatione*, soit par une seule personne, soit par plusieurs, est un *convicium;* et qu'il y a simplement *maledictum* si l'injure n'est pas proférée *in cœtu*. D'autre part, Labéon, cité par Ulpien, dans la loi 1, § 1, D. *De injur.*, semble n'admettre aucune distinction entre les injures verbales ; et Paul, dans le § 1er de ses Sentences, au titre des Injures, paraît adopter la même opinion. Il est vrai de dire qu'un peu plus loin, dans le § 18, le même Paul distingue le *convicium* du *maledictum*.—Justinien aux Institutes passe le *maledictum* sous silence et ne parle que du *convicium* (4). D'où l'on

---

(1) L. 15, § 11, D., De injur.
(2) L. 15, § 4, Id.
(3) L. 15, § 12, D., Id.
(4) Inst., lib. IV, tit. IV, § 1er.

peut induire que dans le dernier état du droit les injures verbales étaient toutes confondues sous cette dénomination. A moins que l'on n'admette, d'après Théophile (1), que le *convicium* dont parle Justinien est une *injuria realis;* théorie qui, du reste, nous semble devoir être complètement écartée. Des contradictions que nous rencontrons dans les textes, de l'insistance que met Ulpien à caractériser le *convicium*, on doit conclure que ce délit était assez mal défini et que le mot *convicium* était souvent détourné de son sens propre. Il est possible que le *convicium* et le *maledictum*, constituant à l'origine deux délits distincts, aient été par la suite confondus et que, sous l'Empire, le terme de *convicium* ait servi par extension à désigner toutes les injures *quæ verbis fiunt*. Cette dernière théorie nous paraissant la plus conforme aux textes, nous adopterons dans ce travail le terme de *convicium* pour désigner en général toute injure verbale (2).

On comprend qu'il soit fort difficile de caractériser ce qui, à Rome, constituait l'outrage, le *factum quod ad despectum pertinet*, dans les paroles ou les écrits. Les jurisconsultes sont restés dans les généralités, ne pouvant passer en revue les expressions, variées à l'infini,

---

(1) Théophile, paraph. des Inst., trad. de M. Frégier, p. 533. Après avoir dit que le *convicium* est une *injuria realis*, Théophile ajoute : « Il y a *convicium* lorsque quelqu'un m'a tellement injurié dans un des lieux les plus fréquentés d'une ville, que la foule s'est rassemblée autour de nous. »

(2) Comp. Vinnius, loc. cit., tit. De inj., § 1, n° 2; Salmasius, loc. cit., p. 260, et Bouchaud. Comment. sur la loi des XII tables, édit. de 1803, p. 26.

quæ spectant ad infamiam vel invidiam alicujus (1). Remarquons, du reste, que l'ironie, l'allusion, l'allégorie, l'antiphrase, peuvent fournir mille ressources à la malveillance et à la diffamation. Remarquons aussi que la portée d'une expression varie en raison d'une foule de circonstances, selon les personnes, selon l'époque, selon les mœurs du pays, selon les habitudes du langage. — Le poëte Cratinus insultait Périclès en l'appelant *tête d'oignon* (2). Un Grec se croyait gravement outragé lorsqu'on l'appelait *Batakaras* ou *tête penchée*, *bœuf de Locres*, *homme de trois oboles*, *homme d'un cheveu* ou *œil de chien* (3). Les Romains considéraient comme des insultes fort sérieuses les expressions d'*homme de trois lettres* ou d'*un demi-as* (4), *d'acheteur de pois* (5) ou de *nez de rhinocéros* (6). Le sénateur Fidus Cornelius pleurait d'humiliation en s'entendant appeler *autruche déplumée* par Corbulon (7). Après l'invasion des barbares, les conquérants trouvèrent les habitants des provinces de l'Empire plongés dans une si profonde dépravation, que pour eux le nom de *Romain* devint une injure (8). « Lorsque nous voulons insulter un ennemi, dit Luitprand, et lui donner un nom odieux, nous le traitons de *Romain*. Ce nom seul résume tout ce qu'on peut imaginer de bassesse, de lâ-

(1) L. 15, § 5, D., De injur.
(2) Plutarque, vie de Périclès, § 6.
(3) Erasme, Adag.; Aristophane; Homère.
(4) Cicéron, Lett. à Atticus, liv. 5; Plaute, etc.
(5) Horace, Art poétique, vers 252.
(6) Erasme, Adag.
(7) Sénèque, *De constantiâ sapientis*, c. 10.
(8) Grellet-Dumazeau, loc. cit.

cheté, d'avarice, de débauche, de mensonge, enfin l'assemblage de tous les vices (1). » D'après la loi salique, les qualifications de *canitus*, *concagatus*, *lepus*, *vulpiculus*, constituaient des injures punies de l'amende (2).

Nous pourrions multiplier à l'infini ces exemples. Nous nous bornerons à dire, en termes généraux, que toute parole et tout écrit, *quæ spectant ad invidiam vel infamiam alicujus*, constituent le délit d'injures, soit qu'ils contiennent l'imputation d'un fait, soit qu'ils consistent dans le reproche d'un vice.

« Quinimo, non præcise requiritur, » fait observer le commentateur Voët, en parlant des injures verbales, « ut id quod convicio exprobratur probrum naturâ aut civitatis jure in se contineat, cum et vociferatio et objectio ejus, quod nullam in se turpitudinem habet, injuriam habere possit; veluti si quis alteri ad invidiam objiciat egestatem aut naturæ vitium, dum eum mendicum, claudum, luscum, cæcum, calvum, gibbosum, curvum, tortuosum, planipedem, pruriginosum, scabiosum appellat, aut aliis crudis rudioribusque ornat epithetis, quibus aliquando et viri de cætero graves, se mutuo ex præcipite calore iracundiæ proscendunt; cum utique dubitari non possit, quin hæc infamandi alterius causâ dicantur (3). »

« Il y a injure verbale, dit aussi Carpzovius, toutes les fois que des paroles outrageuses sont prononcées contre quelqu'un. Comme lorsqu'une personne en appelle une autre meurtrier, brigand, hérétique, *cornutus*, calomnia-

---

(1) Luitprand, Legat. apud Murat.

(2) Cod. leg. antiq. l. sal., tit. 32.

(3) Voët, loc. cit., De injur., § 8. — Comp., l. 15, § 2, 25 et 27, D., De injur.; Lauterbach, *Coll. Pand.*, De injur.

teur, voleur, vaurien, faussaire, usurier, traître, infâme, bâtard, *vel si aliud aliquod verbum quo ejus opinio et existimatio diminuatur, affectu injuriandi objecerit* (1). »

Ce que Voët et Carpzovius disent ici des injures verbales nous paraît pouvoir s'appliquer aussi bien à l'injure écrite.

Nous ferons seulement remarquer, qu'il faut ajouter aux exemples cités par ces commentateurs, toute parole, tout écrit de nature à outrager la pudeur d'une personne de l'un ou de l'autre sexe (2).

« Pour qu'il y ait une véritable injure, dit Henrion de Pansey (3), il faut dans l'auteur des paroles, l'intention d'offenser celui qui en est l'objet, et pour juger si les paroles ont été prononcées dans l'intention d'offenser, ou si elles ne sont que l'effet de l'indiscrétion ou de la légèreté, il faut beaucoup d'attention et de sagacité. En effet, les discours sont si sujets à interprétation, il y a tant de différence entre l'indiscrétion et la malice, et il y en a si peu entre les expressions qu'elles emploient, que l'on ne peut que difficilement soumettre de simples paroles à des peines. Les paroles ne forment pas un corps de délit, elles ne restent que dans l'idée; la plupart du temps elles ne signifient rien par elles-mêmes, mais par le ton dont on les dit; souvent en redisant les mêmes paroles on ne rend pas le même sens; ce sens dépend de la liaison qu'elles ont avec d'autres choses. Quelquefois le silence exprime plus que tous les discours; il n'y a

---

(1) Carpzovius, loc. cit., pars. II, quæst. XCIII.
(2) L. 15, § 20, 21, 22, D., De injur.
(3) Henrion de Pansey, De la compétence des juges de paix, chap. XX.

rien de si équivoque que tout cela. » — Ces réflexions qui, même à l'égard des injures légères, ne sont pas sans intérêt, acquièrent beaucoup d'importance lorsqu'il s'agit de calomnies ou d'injures graves. On comprend alors combien devient difficile et délicate la mission du juge. — L'infinie variété des expressions ou des allégations qui peuvent être considérées comme injurieuses, créait évidemment pour le juge romain, comme pour le magistrat moderne, un pouvoir d'appréciation fort étendu. Ceci explique pourquoi dans les textes du Digeste, nous ne trouvons cités que des exemples très-peu nombreux de délits d'injures commis *verbis* ou *scripturâ*.

Ulpien signale cependant une espèce qui mérite d'être notée : Il s'agit du cas où l'on promet à un plaideur de lui faire obtenir du juge, moyennant une somme d'argent, une sentence favorable (1). Le juge, dont la réputation est ainsi compromise par une accusation indirecte de vénalité, est alors en droit d'intenter l'action d'injures contre celui qui s'est engagé à acheter le jugement.

Les Institutes de Justinien se bornent à mentionner le délit d'injure écrite ou verbale, sans entrer dans aucun détail : « *Injuria autem committitur... sed et si cui convicium, factum, fuerit... vel si quis ad infamiam alicujus libellum aut carmen scripserit, composuerit, ediderit, dolove malo fecerit quo quid eorum fieret* (2). » Ces

---

(1) L. 15, § 30, D., De injur. — Comp., l. 10, Cod. De accusation.
(2) Inst., De injur., § 1er. — Comp., Gaius.

dernières expressions reproduisent exactement les termes employés par Ulpien au Digeste (1).

La loi 15, § 2, D., *De injur.* s'applique exclusivement au *convicium* : « *Ait prætor : Qui* ADVERSUS BONOS MORES *convicium cui fecisse, cujusve operâ factum esse dicetur quo adversus bonos mores convicium fieret; adversùs eum judicium dabo.* » Nous nous sommes étendu sur le sens qu'il faut attribuer au mot *convicium*; nous ne reviendrons donc plus sur cette discussion. *Adversus bonos mores*, dit le préteur. Ces expressions embrassent, croyons-nous, les usages de politesse et de bons procédés entre citoyens de la cité (2). Remarquons que l'infraction qualifiée de *convicium* par Ulpien, peut être commise contre un absent aussi bien que contre une personne présente (3). Mais le sujet passif du délit doit être une *persona certa*, une personne dont l'individualité est parfaitement déterminée, sans quoi l'action d'injures ne pourrait être exercée (4). Le préteur a pris soin d'ajouter : « *Cujusve operâ factum esse dicetur.* » On doit donc considérer comme responsable du délit, non pas seulement celui qui a proféré les paroles outrageantes, mais aussi celui qui a provoqué l'infraction, *qui concitavit ad vociferationem alios, vel qui summisit ut vociferentur* (5). Toutefois Ulpien fait observer que l'auteur de

---

(1) L. 5, § 9, D. De injur.

(2) L. 15, § 6, Id.

(3) Id., § 7 ; pour le sens des mots *statio* et *taberna* employés dans ce §, voir D. Godefroid sur la l. 15, § 7, notes B et C.

(4) Id., § 9. — Comp. Schneidewinus, *comm. ad Inst.* De injur. ; Voët, loc. cit.

(5) L. 15, § 8, D., De injur.

la provocation au délit ne sera pas tenu de l'action, si en réalité le délit n'a pas été consommé : « *Si curaverit quis convicium alicui fieri, non tamen factum sit non tenebitur* (1). »

Nous dirons ici peu de choses des textes spéciaux à l'injure écrite, nous réservant de les étudier en traitant des actions auxquelles donnaient lieu les LIBELLI FAMOSI. Nous ferons néanmoins remarquer dès à présent que l'infraction peut résulter, non pas seulement de la composition d'un libelle injurieux, mais d'une foule d'autres actes commis *ad infamiam alicujus* se rattachant à la publication du libelle et que les jurisconsultes ont soigneusement énumérés. Ainsi, il y aura délit d'injure écrite, dit Ulpien, « *si quis* LIBRUM *ad infamiam alicujus pertinentem* SCRIPSERIT, COMPOSUERIT, EDIDERIT, DOLOVE MALO FECERIT QUO QUID EORUM FIERET, *etiam si alterius nomine ediderit, vel sine nomine...* (2) »

Le mot *liber* a évidemment dans ce texte un sens très-étendu. Il exprime, croyons-nous, l'idée d'une composition quelconque, récit, poëme, satire, comédie, pamphlet, etc. (3). Le § 5 de la L. 10 de notre titre assimile aux auteurs de ces compositions ceux qui par inscriptions, peintures, sculptures, symboles ou emblèmes non écrits, portent atteinte à la considération d'autrui.

---

(1) Id., § 10.

(2) L. 5, § 9, D., De injur. — Comp. Inst., De injur., § 1er, et l. unic., Cod. De fam. lib.

(3) Comp., l. des Douze-Tables; l. 8, § 10, D., De injur.; l. 21, D., De testibus; Pauli Sentent., lib. v, tit. iv, § 15; l. un. Cod., De famos., lib., Cicer. à *Tuscul*; Horace; Aulu-Gelle, etc.

Denis Godefroid commente ainsi ces textes : « His modis libello injuria infertur, veluti si quis librum famosum componat, edat, vel litterarum consequentià, vel notis describat, suove aut alterius nomine, vel si aliquem incitet ad ea omnia præstanda, item si quis emat aut etiam vendat vel proponat, puta inventum. Jubemus enim famosum libellum de vià repertum discerpere. Item si quis inventum in publicum projiciat, ut a quovis legatur : vel si reperti vim et sententiam alteri exponat (1). » D'après le texte précité d'Ulpien, il y a injure par libelle diffamatoire : « *Etiamsi alterius nomine ediderit vel sine nomine.* » Quelques commentateurs ont pensé que ces expressions se réfèrent au nom de la personne diffamée, et non pas à celui de l'auteur du libelle (2). On a soutenu, par application de cette interprétation, que l'injure faite dans un écrit portant le nom de son auteur, était assimilée à l'injure verbale. D'après ce système, enseigné notamment par Carpzovius et Lauterbach, le droit romain n'aurait mis au rang des libelles diffamatoires que les écrits anonymes (3).

Voët et Schœpfer ont rejeté cette théorie, et nous croyons qu'ils ont eu raison (4). L'opinion de Carpzovius et de Lauterbach paraît reposer sur une interprétation

---

(1) D. Godefroid, loc. cit., l. 5, § 9, De injur., note *S* ; — comp., l. 18, § 6 ; Pauli Sent., lib. v, tit. iv, § 16; l. un. Cod., De famos., lib., etc.

(2) Comp., Cujas, loc. cit. tom. viii, col. 1092.

(3) Carpzovius, loc. cit., pars ii, quart. 97 ; Lauterbach, *colleg. Pand.*, De inj. et fam., lib. iii, p. 820.—*Sic* J. Godefroid, Nebelkra, G. Remus, etc. — Comp. Bayle, Dissert. sur les lib. diff., § 3 ; Chassan, loc. cit.

(4) Voët, loc. cit., De inj., § 10; Schœpfer, *Synop. jur. priv. Rom.*, lib. 47, tit. 10, n° 9. — Comp. Cujas, loc. cit., t. viii, col. 1092.

très-contestable du texte précité; ces auteurs méconnaissent, croyons-nous, le véritable sens des expressions ETIAMSI *alterius nomine vel sine nomine* employées par Ulpien. Leur système conduit à une doctrine que rejettent tout à la fois la logique, la signification grammaticale des mots et l'esprit général des lois romaines (1).

Nous verrons, en parlant des actions d'injures, quel est l'intérêt de la distinction entre l'injure verbale et l'injure écrite.

Pour qu'il y ait délit punissable en matière d'injures écrites il n'est pas nécessaire que le nom de la personne injuriée soit écrit dans le libelle (2). Faut-il néanmoins que le sujet passif du délit soit une *persona certa* comme pour le *convicium?* En d'autres termes, est-il nécessaire que l'auteur de l'infraction, s'il ne nomme pas la personne qu'il insulte, la désigne tout au moins et caractérise son individualité de telle sorte qu'on puisse la reconnaître? L'affirmative paraît soutenable (3). D'après les partisans de cette opinion, une imputation conçue dans des termes généraux, trop vagues pour qu'il soit possible de deviner à quelle personne elle s'applique, ne saurait certainement constituer un délit d'injure et ne tomberait pas sous le coup du sénatus-consulte dont il est fait mention dans la Loi 6, D., *De injur.* : « *Quod senatusconsultum necessarium est, quum nomen adjectum non est*

---

(1) Le rapprochement des § 9 et 11 de la l. 5 fait ressortir clairement la portée du mot *nomen* employé par Ulpien dans le § 9.

(2) Cela résulte à nos yeux, non pas du texte d'Ulpien dont nous venons de discuter la traduction, mais d'un texte de Paul. L. 6, D., De injur.

(3) Comp. Législ angl.— V. E. Bertrand, Le régime légal de la presse en Angleterre (1868), ch. III.

ejus in quem factum est. Tunc enim, quia difficilis probatio est, voluit senatus publicâ quæstione rem vindicare; cæterum si nomen adjectum sit, et jure communi agi, poterit... » Ce texte n'établirait alors d'autre différence entre le *convicium* et le *libellus famosus*, que celle résultant de la faculté d'agir *publico judicio* en cas de libelle, faculté qui ne doit pas être étendue au cas de *convicium* (1).

Nous arrivons à une question d'autant plus intéressante qu'elle est liée à l'histoire des législations modernes sur la diffamation. Cette question peut être ainsi posée : La vérité du fait injurieux allégué verbalement ou par écrit, détruit-elle en droit romain le caractère délictueux de la diffamation ? — Il semble que de tout temps, dans toutes les législations ce point ait été l'objet des plus vives controverses. On en comprend facilement l'importance puisque la théorie de la diffamation réside tout entière dans la solution de ce problème (2). — Suivant Diaz et quelques autres interprètes, la vérité du fait allégué n'excuse pas l'injure, *veritas convicii non excusat*. D'après Jacobi, Bermundus, etc., la vérité du fait allégué excuse toujours l'insulteur, *veritas convicii excusat*. Enfin, entre les deux opinions radicales que nous venons d'exprimer, les jurisconsultes ont inventé sept ou huit systèmes dont Farinacius et Boërius nous ont transmis

---

(1) *Contra* Schneidewinus, loc. cit. De injur. — Comp. Horace, l b. II, epist. I :

.........Quin etiam lex

Pœnaque lata, *malo quæ nolet carmine quemquam*

Describi.

Comp. Barthole et D. Godefroid, ad hanc leg.

(2) J. Dormand, loc. cit.

l'énumération et qui admettent certains tempéraments aux théories extrêmes (1). Au temps d'André Gaill, jurisconsulte allemand du XVIe siècle, c'était déjà une *vieille question, une question de tous les jours* (*vetus et quotidiana questio*), que celle de savoir si celui qui impute un fait vrai doit être puni (2). Nos criminalistes modernes la discutent encore tous les jours et ne parviennent point à s'entendre.

Sans sortir de l'étude du droit romain il nous semble que l'on peut arriver à jeter quelque lumière sur ce point délicat. La philosophie du droit ne change pas selon les époques et selon les peuples. La morale n'est-elle pas une et immuable comme la vérité dont elle dérive?

Quelle fut donc en réalité la décision des législateurs de Rome sur la question qui nous occupe?

La loi des Douze-Tables contient plusieurs dispositions sur les injures verbales ou écrites, mais elle est muette sur la justification qui pouvait résulter de la vérité du fait imputé (3). Ce silence est à nos yeux très-significatif, surtout lorsqu'on rapproche la loi des Douze-Tables des lois de la Grèce dont, selon toute apparence, les décemvirs se sont inspirés (4). Chez les Athéniens,

---

(1) J. Dormand, p. 37.

(2) Gaill, *Pract. observ.*, XCIX.

(3) L. des Douze-Tables, tab. VII, cap. IV (restit. de J. Godefroid).

(4) On sait que, d'après le récit de Tite-Live et de Denys d'Halycarnasse, les décemvirs étaient allés étudier en Grèce les principes de la législation qui régissait ce pays. — Depuis quelques années on a souvent contesté la véracité de ce récit. Voir sur cette question l'*Introduction historique* aux éléments de droit romain d'Heineccius, par M. Giraud, de l'Institut. Comp. Bouchaud, loc. cit. t. I.

une loi de Solon affranchissait le diffamateur de toute peine, lorsqu'il parvenait à prouver la vérité du fait allégué (1) : « Qui de alio detraxerit, ni probaverit verum esse quid objecit probrum, mulctatur. » La question n'a pas dû, par conséquent, échapper à la sagacité des rédacteurs de la loi des Douze-Tables. Si les décemvirs n'ont pas parlé de la distinction admise par Solon, il est naturel d'admettre que ce silence est intentionnel. Il nous paraît donc probable que sous l'empire de la loi des Douze-Tables, à l'origine de la législation romaine, la preuve du fait diffamatoire ne pouvait excuser ou justifier le *convicium* ou le *carmen famosum* (2).

Depuis la loi des Douze-Tables jusqu'à l'époque d'Auguste, nous ne connaissons aucun texte qui puisse jeter quelque lumière sur les variations de la loi relativement au point qui nous occupe. Sous Auguste, Horace nous fournit un document, purement poétique, il est vrai, mais qui nous paraît de nature à faire comprendre quelle marche avait suivi la législation sous l'action des changements survenus dans les mœurs romaines. Horace, dans une de ses satires, suppose une conversation entre lui et le jurisconsulte Trebatius Testa :

---

(1) Sam. Petit, *De leg. attic.*, p. 641, éd. de Wesseling.

(2) Telle est aussi l'opinion de M. Grellet-Dumazeau, conseiller à la Cour de Riom, auteur d'un excellent *Traité de la diffamation*, que nous avons déjà cité plus d'une fois. M. Grellet-Dumazeau a publié dans la Revue de législation (avril 1846), une dissertation très-approfondie et d'une grande clarté sur la preuve du fait diffamatoire en droit romain. Ce savant travail, auquel nous nous sommes permis de faire bon nombre d'emprunts, et que nous avons pris pour guide dans notre discussion sur la preuve du fait diffamatoire, a été inséré en grande partie dans le *Traité de la diffamation*, t. 1, p. 315 et suiv.

TREBATIUS.

.....Equidem nihil hinc diffingere possum.
Sed tamen, ut monitus caveas, ne forte negoti
Incutiat tibi quid sanctarum inscitia legum :
Si mali condiderit in quem quis carmina, jus est
Judiciumque.

HORATIUS.

Esto si quis mala ; sed bona si quis
Judice condiderit laudatus Cæsare? *Si quis*
Opprobriis dignum latraverit integer ipse ?

TREBATIUS.

Solventur risu tabulæ : Tu missus abibis. (1)

Selon toute apparence, Trebatius fait ici allusion à la loi des Douze-Tables. Quelques commentateurs paraissent en conclure que cette loi ne punissait pas l'imputation injurieuse d'un fait reconnu vrai (2). Une semblable déduction ne nous paraît ni logique, ni grammaticale. Les expressions *solventur tabulæ* n'indiquent-elles pas au contraire un acquittement *contraire* à la lettre de cette loi ? Notre interprétation est confirmée par Acron, l'un des scoliastes d'Horace, qui explique ainsi la réponse de Trebatius : « Ridebunt legem Duodecim-Tabularum, tu veniam mereberis. (3) »

(1) Lib. II, sat. I. — M. Le Camus, dans sa traduction en vers des poésies d'Horace, a ainsi rendu le passage *si mala condiderit.....* :

Sera puni (je cite ici les Douze-Tables),
Quiconque en vers méchants attaque ses semblables.

(2) *Sic* Cujas, J. Godefroid, Borcholten.

(3) Dans ses excellentes notes sur Horace, J. Bond commente d'une toute autre manière la réponse de Trebatius. Il s'exprime ainsi : « Tum judicum

Mais comment justifier cette absolution accordée au poète satirique au mépris de la vieille loi, lorsque nous savons les Romains si pénétrés de respect pour les anciens monuments que leur avait légués la sagesse de leurs ancêtres ? — La réponse de Trebatius à Horace s'explique très-aisément, à notre sens, si l'on veut bien se rappeler qu'à côté de la législation des Douze-Tables toute une jurisprudence nouvelle s'était lentement formée sous l'influence des mœurs, qu'adoucissait et transformait à vue d'œil la marche merveilleusement rapide de la civilisation romaine. Sans parler de la loi Porcia, qui atténua ce que certaines pénalités de la loi des Douze-Tables avaient de trop rigoureux, les réponses des prudents et les édits des préteurs formèrent bientôt un corps de doctrine, incessamment remanié selon les besoins imprévus, selon les nécessités d'une société qui se modifiait tous les jours. L'antique législation des décemvirs, toujours considérée comme la source du droit public et privé (1), était bien respectée pour la forme, en ce sens que le préteur se permettait rarement d'en abroger expressément la moindre disposition. Mais en réalité la jurisprudence des magistrats devint bientôt la véritable loi, la seule respectée, et les dispositions des Douze-Tables, trop concises pour les temps nouveaux, et peu en harmonie avec les mœurs de la Rome nouvelle,

---

tabellæ, quibus in urnam missis sententiam ferunt, id est ipsæ sententiæ judicum solventur et evertentur risu : Risus totam causam dirimet, ut Cicero præcepit in libro de oratore II, 58 ; *Odiosas res sæpe, quas argumentis dilui non facile est, orator joco risuque dissolvit.* » V. Horace, édit Didot, 1855.

(1) « Nunc quoque in hoc immenso aliarum super alias acervatarum legum cumulo, fons omnis publici privatique est juris » Tacite, lib. III, n° 34.

tombèrent en désuétude ou furent éludées par le préteur et les jurisconsultes chargés de les interpréter. C'est ainsi que sous Auguste, Horace a pu faire dire à Trebatius : *Solventur tabulæ!* Selon la lettre de la loi, l'auteur du *carmen famosum* devait être puni, mais le juge, tempérant par son droit d'appréciation la rigueur excessive du texte, renvoyait absous le poète honnête homme (*integer ipse*) qui, dans ses vers satiriques, flagellait un coquin (*opprobriis dignum*) (1).

Toutefois, s'il est possible ou probable que les préteurs aient inséré dans leurs édits quelques dispositions relatives à la vérité des allégations injurieuses, nous devons reconnaître qu'aucun des fragments de l'édit qui nous sont parvenus dans les recueils de droit romain ne le prouvent ni ne l'indiquent. — Mais, d'autre part, le jurisconsulte Paul, en commentant l'édit sous le règne de Septime Sévère, écrivit dans son traité : « *Eum qui* NOCENTEM *infamavit, non esse bonum et æquum ob eam rem condemnari* : PECCATA *enim* NOCENTIUM *nota esse et oportere et expedire.* (2) » Ce que nous traduisons ainsi : « Il n'est ni bon, ni équitable que celui qui a diffamé un *coupable* soit puni pour ce fait, car il est utile et avantageux que les *fautes* des *coupables* soient connues. » Ce passage, tiré du commentaire d'un des jurisconsultes les plus éminents du IIIe siècle, nous a été conservé par Tribonien, qui l'a incorporé au VIe siècle dans les Pandectes de Justinien, et en a fait la loi 18 du

(1) Comp. Terrasson, Hist. de la jurisp. rom.; Geib, Gesch. der Rom. crim. process.
(2) L. 18, pr., D., De injur.

titre *De injuriis et famosis libellis*. Nous remarquerons dès à présent que Paul ne distingue pas entre la diffamation écrite et la diffamation verbale. Notre texte était donc applicable au *convicium* aussi bien qu'au *famosus libellus*. (1)

La loi *Eum qui nocentem* constitue, à nos yeux, la reconnaissance et la consécration d'un état de choses qui, en fait, existait bien avant l'époque où Paul écrivit son traité *ad edictum*, ainsi que nous croyons l'avoir démontré en commentant le passage précité d'Horace (2). Mais les interprètes du droit romain sont loin d'être d'accord sur la portée légale qu'il faut attribuer à la loi *Eum qui nocentem*. Nous allons analyser aussi brièvement que possible les deux principaux systèmes proposés pour l'interprétation de ce texte.

1er Système.—Le premier système, exagérant la portée de la maxime *veritas convicii excusat*, peut se résumer dans cette proposition : l'imputation d'un fait vrai ne peut *jamais* constituer une injure « Doctrine fâcheuse, dit M. Grellet-Dumazeau, qui fait abstraction de l'intention dans tous les cas et qui subordonne de la manière la plus absolue, la moralité de l'action à des circonstances indépendantes de la volonté de l'agent » (3). Pierre Jacobi, jurisconsulte du XIVe siècle, qui professait à l'école de Montpellier, a longuement exposé cette doctrine (4) : « Il

---

(1) *Contra* : Cujas ad leg. 18, D., De injur. ; J. Godefroid, Cod. Théod., lib. IX, tit. XXXIV, sur la l. I ; Voët, loc. cit., hoc tit. § 10.—*Sic* Pothier, loc. cit., p. 428, note *C*.

(2) *Sic* Grellet-Dumazeau, loc. cit.

(3) Grellet-Dumazeau, loc. cit., p. 323.

(4) *Practica aurea*, hoc tit.

faut remarquer, dit-il, que si une personne en appelle une autre *filius meretricis* et que le fait soit vrai, il n'y a pas lieu à l'action *injuriarum*. Cela résulte de la loi *Eum qui nocentem*. La vérité est une excuse quand même le propos aurait été tenu avec l'intention de nuire ; effectivement, l'individu injurié ne se trouve pas dans des conditions propres à donner matière à l'injure, car s'il est réellement *filius meretricis*, de quoi pourrait-il se plaindre ? Il est dans la position de l'homme que quelqu'un appelle son débiteur, pour mettre sa pauvreté à découvert : si cet homme n'est pas débiteur, il y a injure ; s'il l'est en réalité, il n'y a pas injure. » — Celui qui s'est approprié une chose qui ne lui appartient pas, ajoute Jacobi, n'est pas punissable si la chose volée n'appartient à personne ; de même si quelqu'un est réellement *filius meretricis*, il n'y a pas injure à lui donner ce nom, car on ne l'a appelé ainsi, *que parce qu'on croyait qu'il ne l'était pas*. — Singulier argument en vérité ! et que le trop subtil docteur éclaire par un exemple non moins remarquable. « D'après la loi Lombarde, poursuit Jacobi, appeler un homme *cucurbitam* (1), c'est proférer une injure qui confère le droit d'exiger le duel. Mais si moi, qui ai appelé Martin *cucurbitam*, je suis prêt à prouver qu'il l'est réellement, personne ne prétendra certainement que je sois forcé de subir le duel, *car la preuve une fois faite, l'injure disparaît*. Telle était l'opinion de mon maître Bermundus. » — Nous avons cité ces passages du vieux jurisconsulte, pour faire ressortir les subtilités d'argumenta-

(1) Mari trompé.

tion sur lesquelles reposait le système enseigné par Bermundus et son disciple. Jacobi reconnaît lui-même que sa doctrine est rejetée par *certains docteurs*. En fait, il paraîtrait que dès le commencement du XVe siècle, cette interprétation de la loi *Eum qui nocentem*, a été généralement abandonnée comme contraire au sens textuel des mots, à la morale et à la raison (1).

2e Système. — Le second système, le seul admissible, croyons-nous, repose sur l'interprétation littérale de la loi 18. Paul nous dit en propres termes, qu'il n'est ni bon ni équitable de poursuivre celui qui *NOCENTEM infamavit*, parce qu'il est utile et nécessaire que les fautes des coupables soient connues, *PECCATA enim NOCENTIUM nota esse et oportere et expedire*. La vérité du fait allégué détruit donc le caractère délictueux de l'injure, lorsque ce fait constitue un *peccatum*, dont la révélation est nécessaire ou utile, lorsque le sujet passif du délit est un *nocens*; en d'autres termes, la preuve du fait diffamatoire n'est recevable que dans le cas où cette preuve est de nature à intéresser l'ordre public. — « Ainsi se trouvent combinés deux principes éminemment respectables, l'équité au point de vue de l'intérêt privé et l'utilité au point de vue de l'intérêt public : l'équité, car il pourrait ne pas sembler légitime qu'un particulier, autorisé à poursuivre la répression pénale ou la réparation civile d'un délit, fût puni pour l'avoir révélé; l'utilité, car il importe à la société d'être informée des

(1) Crellet-Dumazeau, loc. cit. — Comp. Borcholten, *Inst. comm.*, De injur.; v. un arrêt fort curieux du Parlement de Dijon du 8 octobre 1610.

méfaits qui sont de nature à la troubler. Que si l'on fait disparaître le coupable et par suite, l'utilité de signaler le délit, alors la règle de Paul est complétement dénaturée, ou plutôt il n'en reste rien (1). »

Ce second système fut soutenu par la plupart des interprètes des XVIe et XVIIe siècles : « à parler nettement, dit l'allemand A. Gaill, et d'après l'opinion générale des docteurs, il faut distinguer s'il importe ou s'il n'importe pas à la chose publique de connaître le fait diffamatoire (2). » — « Je demande, dit le jurisconsulte italien Julius Clarus, si l'injure reposant sur l'imputation d'un fait vrai donne lieu à l'action d'injures? Répondez en toute assurance : Non, s'il importe à la chose publique qu'un délit soit révélé, comme s'il s'agit d'un meurtrier ou d'un voleur; Oui, si cet intérêt ne se rencontre pas, comme s'il est question d'un aveugle ou d'un boiteux...,. C'est là l'opinion commune (3). » — « La vérité de l'imputation n'excuse pas toujours l'injure, dit enfin le hollandais Voët. Car, si un particulier reproche à une personne quelque fait intéressant la chose publique, par exemple, s'il lui reproche un crime qui n'a pas encore été puni, il n'est ni bon ni juste de le punir pour cela..... Mais si le fait imputé n'intéresse pas la chose publique, par exemple, s'il s'agit d'un vice de conformation ou d'un délit dont la peine a déjà été supportée et qui ne peut plus donner lieu à aucune poursuite, il y a lieu d'exercer l'action

---

(1) Grellet-Dumazeau, loc. cit., p. 326. — Comp. J. Dormand, loc. cit., p. 43.

(2) *Practica observ.*, XCIX, n° 15.

(3) *Recept. Sentent.*, lib. V, § Inj., n° 15.

d'injures, nonobstant la vérité de l'allégation, parce que l'on ne peut supposer aucune bonne intention au diffamateur et qu'alors le désir de nuire peut seul être présumé (1). » — Telle fut l'opinion admise et professée par Vinnius, Barthole, Cujas, Carpzovius, Schneidowinus, Farinacius, Gomezius, etc.. etc. — Seulement les commentateurs et les jurisconsultes, d'accord sur le principe, se divisaient sur le sens et la portée des expressions *nocentem* et *peccata nocentium*, employées par Paul dans le pr. de la loi 18. L'élasticité des termes dont s'est servi Paul ouvrit sur ce point une vaste carrière à l'argumentation des docteurs. — En réalité, quels sont donc les faits dont la révélation est utile à la chose publique? Dès le XIVe siècle, Jacobi se donnait grand'peine pour prouver, textes en main, qu'il importe à la société d'être fixée sur les infortunes conjugales des maris trompés par leurs femmes. On ne se borna pas à classer parmi les faits qu'on est en droit de dévoiler, les crimes, les délits et les infractions de nature à motiver une repression, comme le meurtre, le vol, la trahison, le faux; on y voulut bientôt comprendre les maladies contagieuses, *ut ab hominum consortio contagiosus removeatur* (2), les vices de la naissance, *ut ad dignitates, non admittatur incapax*, etc. (3). — Nous ne

(1) Loc. cit., hoc tit., § 9. — Comp. Carpzovius, loc. cit., pars. II, quæst. XCVI : « Si reipublicæ expediat convicium manifestari ut si alicui objiciatur latrocinium, rapina, furtum, lepra tunc enim convicium dicens, si hoc probet, nullatenus tenebitur; ne delicta maneant impunita. »

(2) Carpzovius, loc. cit., pars II, quæst. XCVI

(3) Gaill, loc. cit.; Grellet-Dumazeau, loc. cit, p. 328.

suivrons pas les jurisconsultes dans les interminables discussions qui leur offraient une précieuse occasion d'étaler un luxe d'érudition parfois prodigieux. Bornons-nous à faire observer que selon toute apparence, le magistrat et le juge avaient à Rome un pouvoir d'appréciation très-étendu pour permettre ou interdire la preuve du fait diffamatoire selon qu'à leurs yeux l'intérêt public était ou n'était pas en jeu.

Dans le cas où la preuve du fait diffamatoire était admise, suffisait-il pour que le diffamateur fût absous qu'il prouvât la vérité de son allégation? Ou bien devait-il en outre prouver qu'il avait agi sans l'*animus injuriandi*? Question d'un haut intérêt, car la seconde solution, si elle était admise, en établissant que la vérité de l'imputation ne suffit pas pour faire disparaître ou pour excuser l'injure, amènerait nécessairement à soutenir que le droit romain n'admettait pas la règle *veritas convicii excusat.* Sur ce point important deux systèmes sont en présence.

1er Système.—La loi *Eum qui nocentem* ne se prononce pas sur la question. Mais ce texte est complété par la l. 5 du titre *De injuriis* au Code de Justinien. Du rapprochement de ces deux lois il résulte que le diffamateur doit, pour être absous, prouver tout à la fois l'exactitude de son allégation et *l'absence de l'animus injuriandi.*—La l. 5 du Code est tirée d'un rescrit des empereurs Dioclétien et Maximien adressé, en 290, à un certain Victorinus. Elle est ainsi conçue : « Si non convicii consilio te aliquid injuriosum dixisse probare potes, FIDES VERI A CALUMNIA TE DEFENDIT. *Si autem in rixam incon-*

sulto calore prolapsus, homicidii convicium objecisti, et ex eo die annus excessit, cum injuriarum actio annuo tempore præscripta sit ob injuriæ admissum conveniri non potes. » Ce qui veut dire (d'après les défenseurs du système que nous exposons) : « Si tu peux prouver que le *propos diffamatoire* qu'on te reproche n'a pas été proféré par toi dans un esprit d'injure, *la preuve de la vérité du fait que tu as imputé* te met à l'abri de l'action en calomnie. Mais si entraîné imprudemment dans une dispute par un mouvement de colère, tu as imputé un fait de meurtre et qu'une année se soit écoulée depuis cette imputation, comme l'action d'injures se prescrit par un an, tu ne peux être recherché par cette voie. ». Ainsi compris, le rescrit de Dioclétien proclame, au moins pour la diffamation verbale, la maxime : *veritas convicii non excusat* ; pour que le diffamateur soit à l'abri de l'action d'injures il ne suffit pas qu'il prouve la vérité de son imputation; il lui faut établir avant tout qu'il n'a pas eu l'intention de nuire, l'*animus injuriandi*. Ce système, on le voit, repose tout entier sur l'interprétation des expressions *fides veri*, que l'on traduit par la *preuve de la vérité du fait imputé*. Une telle interprétation peut être soutenue philologiquement aussi bien que par des arguments historiques et juridiques (1).

En se plaçant au point de vue purement philologique,

(1) Ce système a été admis par plusieurs commentateurs, entre autres par Perezius. Dans la *Revue de législation* d'avril 1846, et dans son Traité de la diffamation, M. Grellet-Dumazeau l'a développé, sans l'admettre, d'après une note de M. Eschbach, professeur de la Faculté de droit de Strasbourg. — Comp. coutume de Bretagne, art. 672; arrêt du 14 juillet 1576 cité par Papon (Rec. d'arr. liv. 8, tit. 3, art. 1er, notes.)

on soutient que la locution *fides veri* est technique pour exprimer l'idée de la vérité du fait imputé. Nous la retrouvons en effet prise en ce sens dans une constitution de Valentinien et Valens, qui forme la l. un. au Code *De famosis libellis* (1).—On fait aussi remarquer que, d'après notre loi, *fides veri* met à l'abri de la *calomnie*. Quel que soit le sens légal du mot *calumnia*, il faut reconnaître dans la pensée du législateur qui s'en est servi l'intention d'exprimer une infraction résultant de l'imputation d'un fait faux allégué à mauvaise intention. Or, si telle est la signification du mot *calumnia*, les mots *fides veri* y sont nécessairement corrélatifs et ne peuvent se traduire que dans le sens qui fait disparaître le fait faux, c'est-à-dire par ces expressions : *la vérité du fait imputé*. S'il en était autrement, le mot *calumnia* serait ici un contre-sens, ou pour mieux dire une sorte de barbarisme, hypothèse peu admissible si l'on veut bien se souvenir que la constitution *si non convicti* est du troisième siècle et qu'à cette époque on parlait encore très-purement le latin à Rome.

Juridiquement, on argumente par analogie, d'une constitution de Constantin insérée au Code théodosien et qui proclame la règle *veritas convicii non excusat*, au moins en ce qui concerne les *libelli famosi* (2). On en tire la conclusion que les empereurs romains ont admis cette règle. Ce que Constantin fit au commencement du IVe siècle pour la diffamation écrite, on prétend que Dioclétien, soumis

(1) « ...Quod si adsertionibus suis *veri fides* fuerit opitulata, laudem maximam et præmium a nostrâ clementiâ consequatur.... »

(2) L. 2. De famos. lib., Cod. Théod.

aux mêmes influences, l'avait accompli quelques années auparavant pour la diffamation verbale par le rescrit *Si non convicii.*

Historiquement, cette jurisprudence s'explique, dit-on, par l'influence des idées chrétiennes qui, dès la seconde moitié du troisième siècle exercèrent une action très-sensible sur la législation. Les textes du *Corpus juris canonici* consacrent le principe *veritas convicii non excusat.* L'esprit de charité inhérent au christianisme qui fit admettre cette règle dans le droit canon, se manifesta bien avant la chute du paganisme, et dut, même au temps de Dioclétien, imprimer des tendances nouvelles à la législation. Sans doute, Dioclétien n'avait pas embrassé le christianisme, mais pendant longtemps il aima et protégea les chrétiens, se plaisant à s'entourer de leurs lumières et de leurs conseils. « Il est certain, dit Voltaire, qu'il ne persécuta aucun chrétien pendant dix-huit ans. Il en était si éloigné que la première chose qu'il fit, étant empereur, ce fut de donner une compagnie de gardes prétoriennes à un chrétien nommé Sébastien, qui est au catalogue des saints (1). » Il est non moins constant que s'il persécuta les chrétiens, cette persécution ne commença qu'en 303 et eut lieu seulement à l'instigation de Maximien son collègue. « Eusèbe assure dans son histoire ecclésiastique que de tous les empereurs païens, Dioclétien fut celui qui, pendant plusieurs années, aima le plus les chrétiens; tous ceux qui approchaient sa personne l'étaient, et dans la distribution

---

(1) Dict. phil., v° Dioclétien.

des emplois, il préférait d'ordinaire ceux qui faisaient profession de christianisme (1). »

On est donc en droit de soutenir que la maxime *veritas convicii non excusat*, adoptée au moyen âge dans les pays de droit écrit, fut admise par le droit romain, bien avant que les papes l'eussent sanctionnée dans leurs décrétales ou les conciles dans leurs canons. La constitution de Constantin, insérée au Code théodosien et le rescrit de Dioclétien *Si non convicii*, inséré au Code de Justinien, en sont la preuve.

2° Système. — La théorie des interprètes du droit romain, qui veulent voir dans le rescrit *Si non convicii*, la preuve que les empereurs ont admis la règle *veritas convicii non excusat*, repose sur une interprétation erronée de ce texte.

Le rescrit *Si non convicii* doit être ainsi traduit : « Si tu peux prouver que le propos diffamatoire qu'on te reproche n'a pas été proféré par toi dans l'intention d'injurier, *cette preuve* te met à l'abri de l'action en calomnie... » Ainsi compris, ce texte, tout en confirmant le principe général d'après lequel *injuria ex affectu consistit* n'est nullement en opposition avec la loi *Eum qui nocentem*, laquelle est applicable seulement lorsque le sujet passif du délit est un *nocens*, lorsque le fait imputé constitue un *peccatum*, un délit ou tout au moins une faute dont la divulgation intéresse l'ordre public.

(1) Dict. Moreri, v° Dioclétien.—Comp. de Tillemont, hist. des Emper., t. IV.

Quant aux arguments philologiques, juridiques et historiques, invoqués en faveur de la première interprétation, ils sont susceptibles d'être critiqués et détruits.

Sur la question philologique, M. Grellet-Dumazeau a publié dans la *Revue de législation* une discussion un peu subtile peut-être, mais serrée, très-savante et, selon nous, très-concluante, que nous demandons la permission de reproduire *in extenso* : « Il est bien vrai qu'au troisième siècle, dit M. Grellet-Dumazeau, on parlait et on écrivait encore purement le latin à Rome; aussi, sommes-nous tout d'abord frappés de la physionomie peu latine de la constitution *Si non convicii*. Quelle que soit la version adoptée il est difficile de ne pas reconnaître un léger vice de construction dans la phrase dont le sens est recherché. Le rédacteur n'exprime pas nettement ce qu'il a voulu dire et cette controverse en est une preuve. La traduction littérale de la première partie du texte est celle-ci : *Si tu peux prouver que tu as dit quelque chose d'injurieux non dans un esprit d'injure*; or, ce tour est défectueux, car l'obligation de prouver se réfère directement à l'intention et non au propos injurieux, et il semble que pour être conforme à la langue de Cicéron, la phrase devrait être ainsi tournée : *Si aliquid injuriosum te convicii consilio* NON *dixisse probare potes*. Mais s'il est vrai que l'inversion que nous critiquons ne soit pas d'un latin irréprochable, nous ferons observer qu'elle présente au contraire un tour familier à la langue grecque, qui place toujours la négation après la conjonction conditionnelle *εἰ, ἐάν, ὅταν* (1).

(1) Cet emploi de la négation constitue même un idiotisme tout particulier

« Il est, en outre, un mot qui choque dans le rescrit, c'est le mot *calumnia*, car il est évidemment impropre, quelle que soit la version adoptée. La *calomnie*, chez les Romains, était une infraction spéciale, distincte de l'injure, lors même que celle-ci reposait sur l'imputation d'un fait faux. La calomnie s'entendait, dans son sens le plus rapproché de la diffamation, de l'accusation portée en justice sur un crime imaginaire. Dans l'espèce de la loi, il ne s'agit point d'un délit de cette nature, mais d'une simple injure extra-judiciaire et verbale : ainsi la loi figure au Code sous le titre *De injuriis;* l'imputation est qualifiée *convicium*, spécialité définie de l'injure. Enfin, et ceci suffirait pour dissiper tous les doutes, le fait est déclaré passible de l'action pour injures, prescriptible pour un an. Une pareille confusion a quelque chose d'étrange. Ne se pourrait-il pas que l'expression *calumnia* ne fût que la représentation inintelligente mais littérale du mot συκοφαντία, employé indifféremment dans la langue grecque, pour exprimer l'idée de calomnie ou d'injure, quoiqu'il s'applique plus particulièrement à la calomnie?

« De ces observations, auxquelles nous ne voulons pas attacher plus d'importance qu'elles n'en méritent, on pourrait induire que le rescrit de Dioclétien fut originairement rédigé en grec et transcrit en latin, ou au moins qu'il fut écrit en latin par un jurisconsulte grec de la Chancellerie impériale. Cette dernière opinion est rendue vraisemblable par certaines particularités historiques de

---

signalé par les grammairiens. Ainsi ces mots : εἰ οὐκ ἔφασαν τοῦτο εἶναι, ne signifiaient pas : *s'ils ne dirent pas que cela était*, mais bien : *s'ils dirent que cela n'était pas.*

la vie de Dioclétien; on sait, en effet, que ce prince ne séjourna que treize jours à Rome, durant un règne de vingt-un ans, et que la plus longue période de ce règne s'écoula à Nicomédie, où il avait fixé sa résidence de prédilection. On sait aussi qu'il aimait à confier à des Grecs les diverses fonctions de son palais (1). Tout ce que nous voulons conclure de cette critique du texte, c'est qu'il ne faut pas donner au mot *calumnia* une signification technique qu'il ne peut pas comporter, ni voir dans les expressions *fides veri* une locution particulièrement empreinte du génie de l'idiome latin, et plus propre que toute autre à exprimer le sens qu'on lui attribue comme le seul grammaticalement acceptable.

« Le mot *fides*, expliqué dans le sens du système opposé, signifierait la *preuve*. On le trouve, en effet, employé quelquefois dans cette acception, mais c'est par extension (2); et plus souvent il est pris dans son sens littéral : *fides instrumentorum*, la foi due aux actes (3); *fides imposita litteris*, la foi due aux écrits (4); *contractûs* fides, la foi due au contrat (5); *fides testationis*, la foi due au témoignage (6). Nous pourrions multiplier ces exemples à l'infini. Dans la loi *Si non convicii*, la tra-

---

(1) De Tillemont, Mém. eccles.

(2) L. 3, D., De testibus; l. 11, id.; l. 3, Cod., De testibus; l. 11, id. l. 4 et l. 8, Cod., De fide instrument.

(3) L. 15, Cod., De fide instrument.

(4) L. 10 et l. 20, id.

(5) L. 2, D., De fide instrument.

(6) M. Grellet-Dumazeau renvoie ici à la l. 3, D., *De fide instrument.*; mais, sans doute par suite d'une faute d'impression, cette indication est inexacte.

duction littérale de *fides veri* est *la foi due à la vérité*; or, lié aux paroles qui les précèdent, le sens de ces expressions est naturel et conséquent : *Si tu peux prouver... la foi due à la vérité* (*de cette preuve*) *te met à l'abri*, etc... Avec l'autre interprétation, la phrase est tellement obscure, qu'il serait difficile d'admettre que son rédacteur n'eût pas senti la nécessité de rendre plus clairement sa pensée, alors surtout que la nouvelle disposition était destinée à apporter une modification si pro fonde à la législation existante (1). »

Nous ajouterons que le rescrit *Si non convicii* a été reproduit dans les *Basiliques*, où il est précédé du point de fait soumis à la décision de l'empereur, circonstance qui peut éclairer l'interprétation. Voici la traduction de Cujas :

« Rixam fecit quis alicui. Is vero tanquam injurià acceptâ dicens : — Homicidam me vocavit, — minabatur se acturum injuriarum. Adiit ille principem, dicens se injuriam non fecisse, sed et annum præteriisse. *Si injuriarum nihil animo meditatum neque dixisse probare potes*, FIDES VERI *a calumnià te defendit*. Sed si in rixâ temere calore prolapsus, et ex eo die annus excessit, cum injuriarum actio annuo tempore circumscribatur, ob injuriæ nomen agere non potes (2). » Dans le texte grec, les mots fides veri sont rendus par ces expressions : Ἡ πίστις τῆς ἀληθείας, la foi de la vérité.

Si de la discussion des mots, nous arrivons à la discussion de l'argument par analogie, tiré de la consti-

(1) Revue de législation, livr. d'avril 1846.

(2) Basil., ch. L, tit. XXI, liv. XL.

tution de Constantin *Si quando famosi libelli*, il nous semble encore que la théorie des défenseurs du premier système est peu soutenable.

Voici le texte de cette constitution : « *Si quando famosi libelli reperiantur, nullas exinde calumnias patiantur ii quorum de factis vel nominibus aliquid continebunt; sed scriptionis auctor potius requiratur, et repertus cum omni vigore cogatur his de rebus quas proponendas credidit, comprobare : nec tamen supplicio, etiamsi aliquid ostenderit subtrahatur.* » — « S'il arrive que des libelles diffamatoires soient trouvés, nous voulons que ceux dont ils allèguent des actes ou dont ils articulent les noms ne soient en butte à aucune calomnie; mais, qu'au contraire, l'auteur de l'écrit soit recherché et, qu'une fois découvert, il soit contraint par les moyens les plus rigoureux à prouver la vérité des faits qu'il a allégués, sans néanmoins qu'il puisse se soustraire au dernier supplice, lors même qu'il administrerait la preuve de tout ou partie de ces faits. »

Nous ferons d'abord observer que l'argument par analogie tiré de ce texte, pèche par la base, puisque Constantin parle de la diffamation écrite, du libelle diffamatoire, tandis que Dioclétien donne une décision relative à la diffamation verbale, ou *convicium*. On concevrait fort bien que les législateurs romains se soient montrés plus rigoureux envers les auteurs de diffamation écrite qu'envers ceux qui profèrent des paroles outrageuses. De ces deux infractions, la première n'est-elle pas plus grave, plus méprisable et plus odieuse que la seconde. Partant, n'est-il pas possible que la règle *veritas excusat* ait été appliquée dans le second cas et rejetée dans le premier (1).

Remarquons ensuite que la constitution *Si quando famosi*, insérée dans le Code Théodosien, n'a pas été incorporée dans les recueils de Justinien, d'où l'on peut induire que la règle *veritas non excusat*, qu'elle semble établir, n'était pas en vigueur au vie siècle. Présomption qui acquiert une grande force si l'on observe que sur les dix constitutions relatives aux libelles diffamatoires, insérées dans le Code Théodosien, la Constitution VII des empereurs Valentinien et Valens, la seule qui n'ait pas été exclue du Code de Justinien, admet, jusqu'à un certain point, la maxime *veritas excusat* (2).

En dehors même de ces présomptions, quelle est la portée réelle de la constitution de Constantin? Jacques Godefroid, le savant commentateur du Code Théodosien, la regarde comme une loi de circonstance, dirigée particulièrement contre les *Donatistes* et les *Circumcellontens*, schismatiques du IIIe siècle qui poursuivaient les chrétiens de leurs diffamations (3). Ce jurisconsulte, en rapprochant la constitution I *Si quando famosi* de la constitution VII *Famosorum infame nomen*, semble même

(1) Cette distinction est admise par la loi anglaise. Comp. Blackstone; Chassan, loc cit., tom I, p. 360; Edm. Bertrand, loc. cit.

(2) L. un. Cod., De fam. libel; l. 7, Code Théod., De fam. lib.; « *Famosorum infame nomen est libellorum. Ac si quis vel legendos vel colligendos putaverit, ac non statim chartas igni consumpserit, sciat se capitali sententiâ subjugandum. Sane si quis devotionis suæ ac salutis publicæ custodiam gerit, nomen suum profiteatur, et ea quæ per famosum prosequenda putavit, ore proprio edicat. Ita ut absque ullâ trepidatione accedat sciens quod si adsertionibus suis veri fides fuerit opitulata, laudem maximam ac præmium a nostrâ clementiâ consequatur.* »

(3) Grellet-Dumazeau, loc. cit., p. 330.

admettre que Constantin ait voulu punir seulement le libelliste découvert avant de s'être présenté pour prouver la vérité des faits qu'il a allégués dans son écrit, tandis que Valentinien et Valens visent le cas où l'auteur du libelle s'est présenté spontanément pour soutenir ses assertions (1).

J. Godefroid admet donc qu'au temps de Justinien la règle *veritas excusat* était applicable à la diffamation écrite, aussi bien qu'à la diffamation verbale.

Dans les développements qui précèdent, nous nous sommes efforcés de réduire à sa juste valeur l'argument tiré de la constitution *Si quando famosi* en faveur du premier système d'interprétation de la loi *Si non convicit*. Quant à l'argument extrinsèque fondé sur l'influence des idées chrétiennes qui régnaient vers la fin du IIIe siècle à la cour de Dioclétien, il nous paraît se rattacher bien indirectement à la controverse que nous étudions et par conséquent perdre beaucoup de sa force. Il est certain que l'action du christianisme se fit sentir à Rome et réagit sur la philosophie du droit bien avant que la foi nouvelle fût officiellement reconnue par Constantin. La doctrine de Jésus-Christ trouvait du reste un terrain préparé à l'avance par la philosophie stoïcienne, philosophie spiritualiste par excellence qui repoussait le principe matériel et associait l'âme humaine à la nature de Dieu. « Les lois de César ne sont pas celles du Christ, dit saint Jérôme ; l'apôtre Paul enseigne une doctrine et Papinien une autre... Mais, ajoute ailleurs le père de l'Église, les stoïciens s'accordent sur

(1) J. Godefroid, Cod. Théod., De fam. libel., Comm. sur la Const. I.

plusieurs points avec le dogme du christianisme : *Stoici nostro dogmati in plerisque concordant.* » — Les Trajan, les Antonin, les Marc-Aurèle s'emparèrent dans leurs rescrits des idées généreuses qui animaient les philosophes du portique. Ces idées de charité, ces principes d'humanité, que Cicéron et Senèque soutenaient au nom de la philosophie, les apôtres de l'Évangile les défendirent au nom de Dieu lui-même. Prétendre qu'au IIIe siècle les sciences morales, et particulièrement la science du droit, échappèrent à l'influence des doctrines chrétiennes, ce serait donc à coup sûr commettre une erreur historique des plus grossières (1). Mais, en rattachant ces vues générales au cas particulier dont nous nous occupons, il nous semble qu'on franchit bien légèrement une lacune qui devrait arrêter les esprits les plus hardis. L'inconséquence de cette déduction ne paraît-elle pas plus grande encore, si l'on réfléchit que la maxime chrétienne *veritas convicii non excusat*, ainsi attribuée à l'empereur païen Dioclétien en 290, était rejetée à la fin du siècle suivant par les empereurs chrétiens Valentinien et Valens, alors que le christianisme avait définitivement triomphé dans l'Empire Romain !

Les défenseurs du premier système invoquent à l'appui de leur interprétation du rescrit *Si non convicii*, la jurisprudence des pays de droit écrit ; ils soutiennent que la maxime *veritas convicii non excusat*, y a été importée au moyen âge avec le droit romain, et ils en tirent naturellement la conclusion que le droit romain lui-même

(1) Voir le bel ouvrage de M. Laferrière sur l'Hist. du dr. franç, t. II.

la reconnaissait. Il est facile de voir combien ce raisonnement est vicieux, puisqu'il contient une sorte de pétition de principe. En outre, il renferme une proposition des plus contestables. Nous ne tenons point pour exact que dans les pays de droit écrit, la maxime *veritas non excusat*, ait été unanimement adoptée. Nous avons déjà vu Bermundus et Jacobi, jurisconsultes de l'école de Montpellier, rejeter au XVIe siècle cette théorie et soutenir l'opinion radicalement contraire, à savoir que l'imputation d'un fait vrai ne peut jamais donner naissance à une action d'injure. Jacobi nous dit, lui-même, qu'il n'est pas le seul à soutenir cette doctrine, écartée cependant par certains docteurs, qui, sans adopter la règle *veritas non excusat*, admettent, conformément à l'esprit de la loi de Paul *Eum qui nocentem*, certaines distinctions fondées sur des considérations d'utilité publique. On voit que la règle *veritas non excusat* était bien loin d'être admise universellement dans le midi de la France. En Italie, Julius Clarus reconnaît que le droit romain la repousse. En Espagne, Fachinæus nous apprend qu'elle fut adoptée par plusieurs jurisconsultes, entre autres par Covarruvias et par don Louis de Peguera (1). Fachinæus, en nous indiquant les sources et la valeur de cette maxime, a soin de nous dire qu'elle est puisée, non pas seulement dans le droit romain (qui d'après lui la rejetait), mais aussi et surtout dans le droit canon (2). — En

---

(1) Voir Fachinæus, *Controvers. jur.*, lib. IX, cap. X.

(2) Comp., note I, de Nicole, sur la XVe Provinciale de Pascal : *Que la doctrine des jésuites sur la calomnie est fausse, erronée et hérétique.* Provinciales, édit. de 1735, t. III, p. 203 et suiv.

réalité, c'est sous l'influence des décisions canoniques que se forma cette école de jurisconsultes qui, au XVIe siècle, s'efforça de faire prévaloir la règle *veritas convicii non excusat* (1).

Il faut noter du reste, que la grande majorité des partisans de cette école, tout en rejetant comme principe général la règle *veritas excusat*, en admettaient cependant l'application dans un grand nombre de cas, par interprétation de la loi *Eum qui nocentem*. Leur doctrine s'éloignait donc en apparence bien plus qu'en réalité de la doctrine que nous soutenons. La différence est dans les mots, dans l'expression de l'idée, bien plus que dans les faits et dans l'idée elle-même.

Dans la dissertation qui précède, nous croyons avoir suffisamment écarté les trois ordres d'arguments sur lesquels on s'appuie, pour voir dans le rescrit *Si non convicii*, la consécration de ce principe : la vérité du fait diffamatoire ne suffit pas pour excuser le diffamateur, qui doit préalablement prouver l'innocuité de son intention.

Nous ne nous bornerons pas à cette simple réfutation. Il nous reste à prouver, et ici notre tâche est facile, que le système d'interprétation qui traduit *fides veri* par *la preuve de la vérité du fait imputé*, conduit à un contre-sens juridique et met le rescrit de Dioclétien en opposition flagrante avec les principes les plus indiscutables de la matière des injures en droit romain.

Interprétée dans le sens que lui attribuent les partisans du système que nous combattons, la première partie du rescrit à Victorinus peut être ainsi paraphrasée : « Si

(1) *Sic* Grellet-Dumazeau, loc. cit., p. 310 et suiv.

tu as proféré des paroles outrageantes et si tu es traduit pour ce fait devant le magistrat, tu devras prouver que tu n'as point proféré ces paroles avec l'intention d'insulter. Ce point une fois établi, tu devras ensuite prouver que le propos considéré comme injurieux, n'est que l'imputation d'un fait vrai. Si tu peux prouver ces deux choses, tu seras absous. »

Le premier point une fois établi, l'absence de l'*animus injuriandi* une fois prouvée par Victorinus, la seconde preuve deviendrait parfaitement inutile. L'exiger, comme le ferait Dioclétien d'après nos adversaires, ce serait violer cette règle de droit posée si nettement par Ulpien dans la loi 3 du titre *De injuriis* au Digeste : « *injuria ex effectu consistit* »; règle consacrée par Paul dans ses Sentences et placée en tête de son titre *De injuriis* (1); règle éminemment juste et morale qui subordonne le délit à l'intention (2); règle admise enfin par les criminalistes les plus éminents de toutes les époques et de tous les pays (3).

Allons au devant d'une objection qu'on peut opposer à notre interprétation des mots : *fides veri* du rescrit de Dioclétien — « Vous avez admis, nous dira-t-on peut-être, et cela en vous fondant sur la loi *Eum qui nocentem*, que la vérité du fait diffamatoire excuse l'*animus injuriandi*, lorsqu'il est d'intérêt général que le fait imputé soit révélé, par exemple s'il s'agit d'un meurtre. Or, dans l'es-

(1) Paul. Sent., lib. v, tit. iv. § 1er.

(2) Voir M. Demangeat, Cours élém de dr. rom., éd. de 1866, tom. II, p. 407; *sic* Grellet-Dumazeau, J. Dornand, du Caurroy, Étienne, Ortolan, etc.

(3) Voir *supra*, page 9 et suiv.

pèce dont Dioclétien nous donne la solution, il s'agit précisément d'un homicide imputé par Victorinus. Il est donc parfaitement logique de supposer que Dioclétien ait voulu dire à Victorinus : Si tu prouves que tu n'as pas agi *animo injuriandi* et que le crime a été réellement commis, tu seras absous. Il est invraisemblable, au contraire, que le prince, consulté par Victorinus sur les moyens d'échapper à l'action de l'individu diffamé, ne lui ait pas suggéré l'emploi de la fin de non recevoir tirée de la preuve du fait diffamatoire et indiquée par les jurisconsultes précisément pour les cas analogues à l'espèce. » — Nous répondrons : 1° qu'il n'est pas constant que celui auquel s'adressait l'imputation d'homicide fût coupable ; 2° qu'il n'est pas constant, si on le suppose coupable, qu'il ne fût pas déjà puni ou libéré (1) ; hypothèses qui en excluant toute idée d'intérêt public, s'opposent à l'application de la loi *Eum qui nocentem*.

Nous résumerons cette longue discussion dans les propositions suivantes :

1° Selon toutes probabilités, la loi des XII Tables était muette sur la preuve du fait diffamatoire.

2° Le droit honoraire a consacré pour la diffamation écrite et verbale la maxime : *Veritas excusat* en restreignant l'application de cette règle aux cas où le sujet passif du délit est en faute (*nocens*) et où le fait imputé constitue un acte répréhensible (*peccatum*) ; restrictions parfaitement équitables et rationnelles, sans lesquelles la règle *veritas excusat* serait un contre-sens moral et juridique.

---

(1) Comp. Fachinæus, loc. cit.

3° Les constitutions impériales n'ont point modifié cet état de choses, au moins en ce qui concerne la diffamation verbale.

4° Le système d'après lequel le défendeur dans l'action d'injures devait, pour être absous, prouver tout à la fois l'absence d'*animus injuriandi* et la vérité du fait imputé; ce système, qui conduit à admettre que le droit romain consacrait la règle *veritas convicii non excusat* doit être rejeté comme reposant sur une fausse interprétation de la loi 5 du Code de Justinien, au titre *De injuriis*, et de la loi 18 pr. du Digeste, au titre *De injuriis et famosis libellis*.

Ajoutons que la doctrine que nous soutenons dans ces quatre propositions semble avoir été adoptée par Barthole, Cujas, J. Godefroid, et par la plupart des commentateurs du droit romain pur (1).

(1) V. Grellet-Dumazeau, loc. cit.

CHAPITRE III.

PRINCIPES GÉNÉRAUX SUR LES ACTIONS D'INJURES.

Les actions d'injures, dit Paul, ont été introduites *aut lege, aut more, aut mixto jure* (1), par la loi des Douze-Tables, par la coutume (le droit prétorien), ou par le droit *mixte*, c'est-à-dire par certaines lois spéciales (2).

En nous plaçant à un autre point de vue, nous dirons que dans le dernier état du droit, le délit d'injure pouvait donner naissance à plusieurs actions. Ainsi on pouvait poursuivre le délinquant par une action *civile* ou par une action *criminelle, civiliter vel criminaliter;* en vertu de l'édit du préteur ou au nom de la loi; par un *judicium publicum* ou par une *cognitio extraordinaria* (3).

Avant d'examiner en détail les différentes actions d'injures, nous allons étudier les principes généraux de la matière en recherchant : 1° quelle est, à un point de vue général, la nature des actions d'injures; 2° à qui elles appartiennent; 3° contre qui elles peuvent être intentées; 4° à qui doit incomber le fardeau de la preuve; 5° comment s'éteignent les actions d'injures.

---

(1) Paul. Sent., lib. v, tit. iv, § 6.

(2) Cujas, h. t.

(3) Heineccius, *Elementa juris civilis*, lib. iv, tit. iv, § [illegible] et suiv.; — Comp. Paul. Sent., lib. v, tit. iv, § 6 et suiv.

§ 1er.

De la nature des actions d'injures.

En nous plaçant à un point de vue général, nous dirons que les actions d'injures, quelles qu'elles soient, sont pénales, et infamantes. — Étudions d'abord le caractère pénal de l'action pour injures.

Les actions d'injures sont pénales en ce sens qu'elles tendent toujours à l'application d'une peine. Dans l'action civile, que l'on agisse en vertu de l'édit ou au nom de la loi Cornélia, la peine consistait en une somme d'argent que l'offenseur devait payer à l'offensé. Ainsi celui-là devenait plus pauvre; celui-ci devenait plus riche. — C'est une des applications du système des *peines privées* admis par le droit romain. Plusieurs motifs, dit M. de Savigny, peuvent avoir concouru à faire établir ce système et à lui donner son extension et sa signification : l'appât de l'argent devait exciter l'offensé à intenter l'action et à faire appliquer la peine, ce qui profitait non-seulement à lui-même, mais aussi à l'intérêt public et à la justice. C'était le plus sûr moyen de prévenir la vengeance privée (1).

Dans l'instance criminelle pour injures, la peine con-

(1) M. de Savigny, Droit des obligations, trad. de Guenoux, t. II, p. 440 et suiv.

sistait soit dans une somme d'argent, soit dans un châtiment corporel, et dans le cas d'injures graves, le magistrat se montrait d'autant plus rigoureux que le délinquant était plus difficile à punir efficacement en raison de sa pauvreté ou de son infamie : « *Si quis injuriam atrocem fecerit, qui contemnere injuriarum judicium possit, ob infamiam suam et egestatem ; prætor acriter hanc rem exsequi debet, et eos qui injuriam fecerunt coercere* (1). »

On sait qu'à Rome les poursuites criminelles sont successivement passées par des formes très-différentes et que les règles de compétence ont été souvent modifiées. Pendant la république furent rendus un grand nombre de lois et de plébiscites qui établirent pour des délits particuliers la manière de procéder devant des préteurs spéciaux, et qui le plus souvent fixèrent en même temps la peine. Ces instances furent appelées *quæstiones perpetuæ* ou *publica judicia*. Mais, à côté de ces procédures spéciales, à côté de ces *publica crimina*, subsista un nombre chaque jour croissant de délits soustraits aux règles des *quæstiones perpetuæ* et désignés sous le nom d'*extraordinaria crimina* (2) ; ces infractions étaient poursuivies devant les juges ordinaires, et la peine était fixée *officio judicis*. Nous verrons plus loin que le délit d'injure donnait naissance tantôt à un *judicium publicum*, tantôt à une instance *extra ordinem*.

---

(1) L. 35, D., De injur.

(2) M. de Savigny, loc. cit. ; comp. Sigonius, *De antiquo jure civ. Rom.*, éd. de 1573, p. 133 et suiv. (lib. II, cap. XVIII) ; Brisson, *Select. ex jure civ. ant.*, lib. II, cap. I ; Hugo, Hist. du dr. rom. ; Bonjean, Traité des actions, t. II, p. I, note I.

Ce qu'il importe de noter, c'est que la poursuite du délit d'injure, soit par une action civile, soit par une instance criminelle, ne se fonde pas, comme l'action *damni injuriæ*, sur le dommage causé au demandeur, mais bien plutôt sur l'offense qu'il a reçue et dont il poursuit la punition. Sous ce rapport l'action civile tend au même but que la poursuite criminelle : toutes deux sont essentiellement pénales.

Nous arrivons maintenant au caractère infamant de l'action d'injures. L'injure, de même que le vol, le pillage, la fraude, était au nombre des délits qui entraînaient infamie (1). Mais la *nota infamiæ* ne résultait de la condamnation que lorsque le jugement était rendu contre l'accusé personnellement. Donc, si le délinquant se faisait représenter par un *procurator*, ni lui, ni le *procurator* n'encourait l'infamie (2). Le résultat de cette disposition, dit M. de Savigny, fut de désarmer la loi dès que les procureurs furent généralement admis.

Le délinquant était noté d'infamie non-seulement lorsqu'il était *condamné*, mais aussi lorsqu'il transigeait, l'édit mettant sur la même ligne le pacte et la condamnation (*damnatus pactusve erit*). M. de Savigny fait observer que le préteur a voulu parler ici d'une transaction privée faite à prix d'argent, et non pas de la satisfaction donnée en présence du juge ou de la renonciation purement gratuite (3).

---

(1) Paul. Sent., lib. v, tit. iv, § 9; l. 1, D., De his qui not. infam.

(2) L. 6, § 2, D., De his qui not. infam. ; l. 2, pr., D., De obseq. — Comp. M. de Savigny, Trait de dr. rom., trad. de Guenoux, t. II, p. 175 et suiv.

(3) M. de Savigny, loc. cit., v. note supra ; l. 6, § 3, D., De his qui not. infam. ; Inst lib. iv, tit. xvi, § 2.

Le délinquant qui succombait dans l'action civile (prétorienne ou légitime) était noté d'infamie (1). Si l'injure donnait lieu, non pas à une poursuite civile, mais à un *publicum judicium* ou à une *cognitio extraordinaria*, l'infamie n'en subsistait pas moins; c'est là un des cas exceptionnels où le *crimen extraordinarium* présente le caractère infamant attaché seulement d'ordinaire aux *judicia publica* (2). — Ainsi, quel que fût le mode de poursuite adopté pour la réparation de l'injure, le délinquant ne pouvait échapper à la note d'infamie qu'en se faisant représenter par un *procurator* (3).

§ 2.

Des personnes qui peuvent exercer les actions d'injures.

En principe, l'action appartient à la personne qui a supporté l'injure, au sujet passif du délit. Mais les Romains, imbus des idées sociales qui leur faisaient considérer dans une certaine limite tous les membres d'une même famille comme solidaires entre eux, admettaient qu'une personne pût être injuriée sans que l'outrage lui fût directement adressé. « *Patitur quis injuriam*, disent les Institutes, *non solum per semetipsum, sed etiam per liberos suos quos in potestate habet; item per uxorem suam; id enim magis prævaluit.* » « Un homme est injurié

---

(1) Paul. Sent., lib. v, tit. iv, § 9.
(2) L. 7, D., De public. judic. — Sic M. de Savigny.
(3) Comp., l. 11, Cod., De injur.

non-seulement par lui-même mais encore par les enfants qu'il a sous sa puissance ainsi que par son épouse, car cette opinion a prévalu (1). »

Ainsi l'injure faite aux fils de famille rejaillit sur l'ascendant à la puissance duquel ils sont soumis. Mais par application de la règle fondamentale qui fait de l'intention un des éléments essentiels du délit, l'injure ne peut atteindre indirectement le père de famille ou l'époux que lorsque telle a pu être l'intention du délinquant. C'est ce qui résulte du passage suivant de Paul : « *Si liberis qui in potestate sunt aut uxori fiat injuria, nostra interest vindicare; ideoque per nos actio inferri potest, si modo is qui fecit, in injuriam nostram fecisse videatur* (2). » Il suffit pour faire présumer cette intention, que le délinquant ait su qu'il insultait une personne *alieni juris*, ou une femme mariée. Il n'est pas besoin de prouver qu'il connaissait le père de famille ou l'époux « *Sive autem sciat quis filium* MEUM *esse, vel uxorem* MEAM, *sive ignoraverit; habere me eo nomine actionem Neratius scripsit* (3). » « *Quod si scisset filiumfamilias esse, tamen si nescisset cujus filius esset, dicerem, inquit, patrem suo nomine agere posse : nec minus virum, si ille nuptam esse sciret : nam qui hæc non ignorat, cuicumque patri, cuicumque marito per filium, per uxorem vult facere injuriam* (4). »

Pour que l'injure atteigne ainsi par contrecoup le

---

(1) Inst., De injur., § 2. — Comp. l. 1, § 3. D., De injur.
(2) Paul. Sent., lib. v, tit. iv, § 3; l. 18, § 4, D., De injur.
(3) L. 1, § 8, D., De injur.
(4) L. 18, § 5, id

père de famille, il faut que son enfant, sujet passif du délit, soit encore sous sa puissance; autrement l'injure ne rejaillirait pas sur le père, car l'injure faite à un individu *sui juris* ne s'étend pas au-delà de sa personne. Les textes que nous venons de citer ne laissent subsister aucun doute sur ce point. Remarquons dès à présent que la loi Cornélia dérogea au droit commun de cette matière. Nous verrons en effet que le père ne pouvait jamais exercer *suo nomine* l'action de cette loi, lorsque le *filius-familias* avait lui-même reçu l'injure.

Quant à l'injure adressée à la femme, faut-il pour que le mari puisse être atteint que la femme soit sous sa puissance, *in manu mariti?* Si l'on s'en rapportait seulement au texte des Institutes et du Digeste, la négative devrait être admise sans hésitation. Mais Gaius, dans son Commentaire, nous dit formellement : « *pati injuriam videmur... Item per uxores nostras quæ in manu nostrâ sint* (1). » Selon M. Pellat, il ne faut attacher aucune importance à ce texte qui aurait été altéré. D'après l'opinion de notre savant et vénéré maître, Gaius aurait écrit dans son Commentaire : « *Imo etiam per uxores quamvis in manu nostrâ non sint ; id enim magis prævaluit,* » mots qui auraient été effacés ou altérés dans le manuscrit qui nous est parvenu (2). Cette opinion nous paraît d'autant plus probable que Gaius lui-même semble admettre implicitement que l'injure faite à la femme atteint le mari, même lorsque la femme n'est pas *in manu mariti.* « En

---

(1) Gaii, Inst., com. 3, § 221.

(2) Pellat, *Manuale juris synopt.*, 4e édit., p. 854.

effet, supposant (§ 221, *in fine*) qu'une injure est adressée à ma fille qui est mariée à Titius, il dit que l'action d'injures peut être exercée *meo et Titii nomine* : si elle peut être exercée *meo nomine*; c'est que ma fille est sous ma puissance. Or, étant sous ma puissance, il est impossible qu'elle soit en même temps sous la *manus* de son mari Titius (1). » Quoi qu'il en soit, on peut croire que la question fut douteuse pendant longtemps, et que Justinien fait allusion à ces hésitations de la jurisprudence par l'expression : *id enim magis prævaluit*. Dans le dernier état du droit, et même au temps d'Ulpien, c'était évidemment un point généralement reconnu que l'injure faite à la femme restée *in patris potestate*, atteignait le mari (2).

Les Institutes nous apprennent aussi que l'injure faite à la bru atteignait le beau-père qui avait le mari sous sa puissance (3). Ulpien va même jusqu'à admettre que l'injure adressée à la fiancée (*sponsa*), rejaillit sur son fiancé et lui donne le droit d'exercer l'*actio injuriarum*. « *Sponsum quoque ad injuriarum actionem admittendum puto. Etenim spectat ad contumeliam ejus, injuria quæcumque sponsæ ejus fiat* (4). » Cette opinion qui, d'après les expressions dont se sert Ulpien, paraît lui être personnelle, a été adoptée par l'empereur Alexandre

---

(1) Demangeat, loc. cit., p. 407. — Cela est du moins impossible quand la *manus* est acquise *coemptione* (note de M. Demangeat). — Comp. du Caurroy, loc. cit., p. 318, note *a*.

(2) L. 1, § 3, D., De injur.; l. 18, § 2, id.

(3) Inst., lib. IV, tit. IV, § 2, in fine; *sic* Ulp., l. 1, § 3, D., De injur.

(4) L. 15, § 24, D., De injur. — Comp., D., tit., De sponsalibus, et les notes de Denis Godefroid sur la l. 1 de ce titre.

Sévère dans un rescrit qui forme la loi 7 du Code, *ad leg. Jul. de adult.*

Remarquons que l'injure adressée à la femme ou à la fiancée rejaillit sur le mari ou le fiancé et fait naître une action dans leur personne; mais que si, au contraire, l'injure est adressée au mari, l'action ne saurait appartenir à la femme. Justinien nous en donne la raison d'après Paul. « *Defendi enim uxores a viris, non viros ab uxoribus æquum est* (1). » Le mari doit protéger sa femme, et non pas être protégé par elle.

Il peut se faire qu'une femme mariée ne soit en puissance de personne. Si cette femme est injuriée, elle pourra exercer personnellement son action sans préjudice de la poursuite que son mari intentera *suo nomine:* «... *Et ideo si nupta in nullius potestate sit, non ideo minus eam injuriarum agere posse, quod et vir in suo nomine agat* (2). »

D'après ce que nous venons d'exposer, on comprend qu'un seul délit d'injure puisse donner naissance à trois ou quatre actions, dont chacune reste indépendante des autres, ainsi que l'enseigne Neratius : « *Idem, ait Neratius, ex unâ injuriâ interdum tribus oriri injuriarum actionem,* NEQUE ULLIUS ACTIONEM PER ALIUM CONSUMI...(3). »

Par exemple, en injuriant une femme, on injurie également l'ascendant à la puissance duquel elle est soumise, et le mari qui l'a épousée ou l'homme à qui elle est fiancée. Si cette femme est mariée à un fils de

(1) Inst., hoc tit., § 2; l. 2, D., De injur.

(2) L. 18, § 2, in fine, D., De injur.

(3) L. 1, § 9, D., De injur. — *Sic*, l. 41, et l. 18, §, D., De injur.; l. 2, Cod., De injur.

famille, l'injure s'étend même au père du mari. Seulement il arrivera souvent que l'*exercice* de plusieurs de ces actions appartiendra à un seul, les personnes en puissance ne pouvant pas, en général, intenter personnellement une action (1).

Il est bon de noter que lorsqu'on exerce l'action *alieno nomine* pour une injure qui vous atteint indirectement, comme dans le cas où le père poursuivant la réparation d'une injure que son fils a supportée, intente une action *nomine filii*, on n'est point tenu de donner la *cautio de rato*, parce que l'on agit toujours comme partie principale, et non comme mandataire de la personne directement insultée (2).

L'injure nous atteint encore indirectement lorsque le sujet passif du délit est notre esclave. « *Servis autem ipsis quidem*, disent les Institutes, *nulla injuria fieri intelligitur, sed domino per eos fieri videtur* (3). » Selon la rigueur des principes du droit civil, les esclaves ne peuvent jamais être considérés comme atteints personnellement par une injure « *servis ipsis nulla injuria fit* (4). » Le maître seul est réputé injurié. Le délit donne naissance à une seule action qui naît dans la personne du maître, et que le maître exerce de son chef. Encore, pour que cette action soit accordée, une double condition est nécessaire : 1° il faut que l'injure soit *atrox : quum quid atrocius commissum fuerit*, dit Justinien (5) ; 2° il faut

(1) V. infra, p. 110.
(2) V. Jul. Pacius, *Leges conciliatæ*, édit. de 1643, p. 25.
(3) Inst., De injur., § 3.
(4) Comp., l. 32, D., De reg. jur.
(5) Inst., De injur., § 3.

que l'injure s'adresse évidemment au maître dans l'intention du délinquant: .... *et quod aperte ad contumeliam domini respicit* (1). Les Institutes nous citent pour exemple le cas où l'esclave d'autrui est frappé de verges. — Telle était la règle du droit civil pur. — Mais le préteur, plus équitable, admit que l'injure pouvait atteindre personnellement l'esclave, et donner naissance dans sa personne à une action particulière que le maître exerçait *nomine servi* (2). Nous reviendrons sur ce point, avec détails, en étudiant l'action d'injures prétorienne.

Pothier fait observer avec raison que l'injure adressée à une personne qui est sous notre puissance peut nous toucher sans atteindre la personne même à qui elle s'adresse directement (3). Nous n'avons alors qu'une seule action à exercer de notre chef.—Cette idée un peu subtile est éclairée par deux textes du Digeste, l'un d'Ulpien, l'autre de Paul. Ulpien cite le cas où un fils de famille se laisse vendre volontairement comme esclave. Le père peut alors exercer l'action d'injures en son propre nom, mais non pas au nom de son fils, car le consentement de ce dernier a fait disparaître, en ce qui le concerne, le caractère délictueux de l'acte injurieux qui consiste à vendre comme esclave une personne libre (4). « Si quelqu'un outrage mon fils ou mon esclave, dit d'autre part

(1) Inst., De injur., § 3; *sic* Gaii, Inst., com. III, § 222.

(2) L. 15, § 34 et 35, D., De injur. — Comp. Jul. Pacius, loc. cit., p. 25.

(3) Pothier, loc. cit., p. 431.

(4) L. 1, § 5, D., De injur.

le jurisconsulte Paul, et si le fait a lieu avec leur assentiment, je n'en reçois pas moins l'injure. » Par exemple, dans le cas où quelqu'un *animo injuriandi* débauche mon esclave en l'entraînant au cabaret pour le faire jouer aux jeux de hasard ; si l'esclave a cédé volontairement, aucune action d'injures ne naît dans sa personne ; mais je puis en mon propre nom exercer l'action, en me considérant comme indirectement outragé (1).

Enfin l'injure adressée à un mort peut, en nous touchant indirectement, faire naître une action à notre profit. Ainsi, dit Labéon, un fils doit exercer l'action d'injures, et non pas l'action *sepulchri violati*, si la statue de son père décédé, placée sur un monument, est brisée à coup de pierre (2). Pothier fait observer que dans l'espèce prévue par Labéon, la statue placée dans le lieu de la sépulture ne doit pas adhérer au sépulcre, sans quoi le fils serait recevable dans l'exercice de l'action *sepulchri violati* (3). Ulpien cite, d'autre part, le cas où le corps d'un mort dont nous héritons est l'objet d'outrages matériels. Dans ce cas, dit le jurisconsulte, nous pouvons exercer l'action en notre nom, car de telles insultes portent atteinte à notre propre considération. Il en serait de même si la réputation de la personne dont nous recueillons la succession était publiquement attaquée (4). Le même jurisconsulte fait remarquer que l'outrage fait au cadavre du *de cujus*, lorsque la succession n'a pas encore

---

(1) L. 26, D., De injur.
(2) L. 27, id.
(3) Pothier, loc. cit., p. 431, note *B*.
(4) L. 1, § 4, D., De injur.

été acceptée, est considéré, en quelque sorte, comme frappant l'hérédité. Au moment de l'adition, l'action passe donc à l'héritier en même temps qu'il devient propriétaire des biens.—De même, dit Julien, si entre le décès du *de cujus* et l'adition d'hérédité, un des esclaves de la succession est injurié, l'action née de ce délit appartiendra à l'héritier dès qu'il aura fait adition d'hérédité (1).

Paul nous apprend que le demandeur à l'action d'injures, *qui per calumniam injuriæ actionem instituit* est puni *extra ordinem*. « *Omnes enim calumniatores*, ajoute Paul, *exilii vel insulæ relegatione aut ordinis amissione puniri placuit* (2). »

§ 3

Contre quelles personnes sont données les actions d'injures.

Sont tenus des actions d'injures, non-seulement ceux qui ont commis personnellement l'acte outrageux, mais aussi les fauteurs, les instigateurs et les complices du délit. « *Non solum autem et injuriarum tenetur qui fecit injuriam, id est, qui percussit, verum ille quoque continebitur qui dolo fecit vel curavit ut cui mala pugno perculeretur* (3). » — Les instigateurs ou les complices, comme l'auteur principal du délit, doivent avoir agi

(1) L. 1, § 6, D., De injur.

(2) Paul. Sent., lib. v, tit. iv, § 11.

(3) Inst., De injur., § 11 ; l. 11, pr., D, De injur. ; l. 11, § 3, 5 et 6, id.

animo injuriandi, sans quoi l'action ne pourrait les atteindre. C'est encore une application de la règle : *injuria ex affectu facientis consistit.*

L'auteur principal ne peut pas se soustraire à la poursuite en déclarant qu'il n'a agi qu'en vertu d'un mandat. Mandataire et mandant sont également tenus de l'action (1).

Mais je ne serai pas tenu de l'action si je me suis borné à louer le projet d'une personne qui se préparait à vous outrager (2). Cela résulte implicitement du § 6 de la loi 11 D. *De injuriis.* « *Atilicinus autem ait : Et si persuaserim* ALICUI ALIAS NOLENTI, *ut mihi ad injuriam faciendam obediret, posse injuriarum mecum agi.* »

En principe, les actions d'injures peuvent être intentées contre tout agent actif du délit quel qu'il soit. Les magistrats eux-mêmes ne peuvent s'y soustraire, lorsqu'ils commettent un acte injurieux soit en dehors de leurs fonctions, soit dans l'exercice même de leur charge en outrepassant leurs droits et leurs devoirs. Seulement, il est à remarquer que dans certains cas, l'action ne pourra être intentée que lorsque le magistrat aura quitté ses fonctions (3); car on ne peut pas citer en justice les magistrats d'un ordre élevé pendant la durée de leur magistrature. « *In jus vocari non oportet, neque consulem, neque præfectum, neque prætorem, neque proconsulem, neque cæteros magistratus qui imperium*

---

(1) L. 5, Cod., De accusation.
(2) Pothier, loc. cit., p. 433, note *C.*
(3) L. 32, D., De injur.

habent, qui coercere aliquem possunt et jubere in carcerem duci (1). » Quant aux magistrats d'ordre inférieur, « *id est qui sine imperio aut potestate sunt magistratus,* » ils peuvent être cités même pendant qu'ils sont en charge (2).

L'action d'injures n'est accordée contre certaines personnes que dans le cas d'*injuria atrox* (3).

Ainsi l'ascendant ne peut être poursuivi par son descendant *sui juris* que si l'injure est atroce. Quant aux descendants qui ne sont pas *sui juris*, ils ne peuvent en aucun cas intenter d'action contre l'ascendant sous la puissance duquel ils sont restés (4).

De même l'affranchi ne peut poursuivre son patron et peut-être aussi les héritiers de son patron qu'en cas d'*injuria atrox* (5). Mais le mari d'une affranchie peut-il poursuivre le patron de sa femme lorsque cette dernière a reçu une injure légère? Marcellus tenait pour l'affirmative. Ulpien rejette cette solution. — Si un patron fait une injure légère à la femme de son affranchi, le mari pourra-t-il exercer l'action d'injures contre son ancien maître. Ulpien répond négativement « *Ex quibus apparet libertos nostros non tantum eas injurias adversus nos injuriarum actione exequi non posse, quæcumque fiunt ipsis; sed ne eas quidem quæ eis fiunt, quos eorum interest injuriarum non pati* (6). » Mais l'épouse *sui juris* d'un

(1) L. 2, De in jus voc.
(2) L. 32, in fine, D., De injur.
(3) V. supra, p. 29.
(4) L. 7, § 3, D., De injur.
(5) L. 7, § 2, id.; l. 6, Cod., De injur.
(6) L. 11, § 7, D., De injur.

affranchi peut poursuivre le patron de son mari, même dans le cas où le mari lui-même ne pourrait intenter l'action. Cela se comprend aisément puisque la femme agit en son propre nom. Le même droit appartiendrait dans les mêmes circonstances au fils d'un affranchi (1).

Nous verrons plus loin que l'action d'injures peut être accordée noxalement contre le père ou contre le maître, lorsque le délit est commis par un fils de famille ou par un esclave (2).

§ 4.

De la preuve du délit dans les actions d'injures.

Il est essentiel de distinguer deux éléments en cette matière. En effet, pour que la demande du plaignant puisse être admise, deux points sont à établir : 1° que l'acte en raison duquel la poursuite est intentée a été réellement commis; 2° que cet acte a été commis *animo injuriandi.*

En ce qui touche le premier point, le fardeau de la preuve incombait évidemment au demandeur. Les Romains appliquaient ici les principes du droit commun : « *actori incumbit probatio.* »

Relativement au second point, à *l'animus injuriandi*, la charge de faire la preuve du caractère de l'intention,

(1) L. 11, § 8, D., De injur.
(2) V. infra, p. 120.

pesait tantôt sur le demandeur, tantôt sur le défendeur, par application du principe que ce qui est dans l'état ordinaire des choses est toujours présumé.

Lorsque les actes, ou les paroles, ou les écrits qui aux yeux du plaignant constituaient l'injure, ne présentaient en apparence aucun caractère injurieux, la preuve de l'*animus injuriandi* devait incomber au demandeur. « Quod si verba indifferenter sint probata, suique naturâ minus injuriosa, dit Perezius, actoris est probare animum injuriandi, alias absolvetur reus (1). » C'est la conséquence de la règle : *injuria non præsumitur.*

Mais si l'acte incriminé est par lui-même injurieux, ou bien, lorsqu'il s'agit d'injure verbale ou écrite, si l'imputation est conçue en termes évidemment outrageants, si le fait allégué ou le vice reproché est de nature à porter atteinte à la considération, à l'honneur du plaignant et par conséquent à lui causer un préjudice, le défendeur ayant contre lui la présomption que les choses sont en réalité ce qu'elles paraissent être, devra prouver qu'il n'avait pas d'intention mauvaise. « Sicut se habent verba, dit Schneidewinus, ita præsumitur esse animus adeo ut incumbat onus probandi reo se non animo injuriandi dixisse (2). »

La l. 5 au Cod. *De injuriis*, sur laquelle nous avons si longuement insisté en parlant de la preuve du fait diffamatoire, contient à notre sens, la justification de

---

(1) Perezius, *præl. in duob. lib. codic.*, De injur., tit. 2, p. 206. — Comp., Voët, loc. cit., tit., De injur., § 20.

(2) Schneidewinus, *Inst.*, *comm.* tit., De injur.; *sic* Gaill, Voët, Mundius, Jul. Clarus, etc.

cette théorie. « Cette loi, dit Brunnemann, renferme deux choses à noter : d'abord elle dispose que dans le doute, toute *injure* est réputée faite, *dolo et animo nocendi*. En second lieu, elle admet le défendeur à la preuve contraire, s'il veut établir qu'il n'a pas eu l'intention d'injurier (1). »

Lorsque le défendeur niait l'*animus injuriandi*, et que l'intention de nuire ne paraissait pas suffisamment établie par les faits de la cause, le juge était autorisé à déférer le serment, « *permittitur actori jusjurandum deferre, ut reus juret injuriam se non fecisse* (2). » Ulpien nous apprend que cette faculté, d'abord accordée par la loi Cornelia, fut ensuite étendue par l'édit, à l'action prétorienne (3).

§ 5.

Des modes d'extinction des actions d'injures.

Les Romains admettaient en matière d'*actio injuriarum* différents modes d'extinction que nous allons successivement passer en revue.

1° *Dissimulatio.* — L'action d'injures, *dissimulatione aboletur,* disent les Institutes; et les rédacteurs de ce recueil ont développé leur idée en ajoutant que celui qui a fait abandon de l'injure, c'est-à-dire qui, au moment où il l'a reçue n'en a conçu aucun ressentiment

---

(1) Brunnemann, *comm. in Cod.*

(2) L. 5, § 8. D., De injur.

(3) Id.

(*ad animum suum non revocaverit*), ne peut ensuite, revenir sur l'injure qu'il a ainsi remise (1). En effet, lorsqu'on dédaigne un outrage on en fait en quelque sorte la remise tacite par le mépris que l'on témoigne (2).

Voët fait observer avec raison que la *dissimulatio* ne saurait se présumer en raison de ce seul fait que l'offensé n'a pas répondu à la personne qui l'outrageait (3). En fait il arrive souvent que le silence est le meilleur parti à prendre en face d'une personne qui nous insulte :

Pulsatus roget et pugnis contusus adoret;
Ut paucis liceat cum dentibus inde reverti !

M. Demangeat nous semble aller un peu loin lorsqu'il soutient qu'en cas de *dissimulatio* le délit d'injure n'existe même pas (4). Il nous paraît résulter au contraire du texte des Institutes que le délit est réputé existant, malgré le dédain de l'offensé, puisque Justinien nous cite la *dissimulatio* comme un mode d'extinction de l'action née du délit : *hæc actio dissimulatione aboletur*.

2° *Remissio*. — Ce mode d'extinction est signalé dans la L. 17, § 1er et 13, *D. De injuriis*. La *remissio* peut être faite expressément ou tacitement (5). Elle diffère de la *dissimulatio* en ce qu'elle s'applique à l'injure que nous n'avons pas dédaignée au moment où nous l'avons

---

(1) Inst., tit., De injur., § 12 ; *sic* l. 11, § 1, D., De injur.
(2) Comp. Den. Godefroid, loc. cit., notes *L* et *N* sur la l. 11, § 1.
(3) Voët, loc. cit., tit., De injur., § 19.
(4) Demangeat, loc. cit , p. 411.
(5) Voët, loc. cit , tit., De injur., § 23. — Comp. D. Godefroid, loc. cit., notes *L* et *N* sur la l. 11, § 1, D., De inj., et Aufrère, *Ad capellam tholosanam*, decis. 233.

reçue, *quam ad animum revocavimus*. Du reste, on peut dire à un certain point de vue, que la *dissimulatio* diffère de la *remissio* comme l'espèce diffère du genre (1).

Dans le cas où un seul délit d'injure rejaillissant sur plusieurs personnes donne naissance à plusieurs actions, la *remissio* accordée par l'un des offensés n'éteint en principe qu'une seule action et laisse subsister les autres. C'est l'application de la règle : *Quod inter alios actum, gestum contractumve fuit, aliis haud præjudicat* (2). Ce principe reçoit cependant certaines exceptions. Ainsi, dans le cas où un *filiusfamilias* est injurié, la *remissio* accordée par le père éteint l'action du fils ; à moins cependant, comme nous le verrons plus loin, que le père ne soit une personne *vilis et abjecta* (3).

3° *Pactum et transactio*. — Le pacte et la transaction sont également cités au Digeste parmi les modes d'extinction des actions d'injures (4).

Nous ferons observer qu'en principe le pacte n'éteignait les obligations qu'au moyen d'une exception, *exceptionis ope*. Dans le cas spécial de l'obligation née du délit d'injure, on admettait que le pacte éteignait l'action *ipso jure*. C'est dans la loi des Douze-Tables

(1) Vinnius, loc. cit., tit., De injur., § 12, n° 3.

(2) Voët, loc. cit., tit., De injur., § 23. — On peut se demander si le fils de famille a le droit d'accorder la *remissio* de l'injure à lui faite, et si cette *remissio* est opposable au père agissant *nomine filii*. L'application des principes généraux du droit romain sur l'incapacité du *filiusfamilias* conduirait à la négative.

(3) V. infra, p. 111 — L. 17, § 13. — Ceci ne s'applique pas à l'action de la loi Cornelia, dont l'exercice n'appartient jamais au *paterfamilias*.

(4) L. 11, § 1, in fine, D., De injur.

qu'il faut chercher l'origine de cette disposition remarquable. Les decemvirs ne prononcèrent en effet la peine du vol et de certaines injures qu'à *défaut de transaction* (1). « Ce qui a probablement fait introduire un droit si singulier à l'égard de l'action d'injures, dit de Ferrière, c'est que comme nous ne poursuivons pas par cette action la réparation d'un dommage fait dans nos biens, mais seulement la vengeance de l'injure qui a été faite à notre personne, on a trouvé à propos de donner plus de facilité d'éteindre cette action qu'aucune autre (2). » De cette exception admise en faveur de l'action d'injures, il résulte que, sous le système formulaire, l'extinction provenant du pacte pouvait être appliquée d'office par le juge, lors même qu'elle n'avait pas été insérée dans la formule et que, sous Justinien, elle pouvait être proposée non pas seulement *in limine litis*, mais en tout état de cause.

Le pacte et la transaction diffèrent des autres modes d'extinction de l'action d'injures en ce qu'ils n'empêchent pas le délinquant d'encourir l'infamie (3). Mais nous avons déjà dit en traitant des caractères généraux des actions d'injures, que l'infamie n'est encourue que dans le cas d'une transaction privée faite à prix d'argent et non pas dans le cas d'une satisfaction donnée en présence du juge ou d'un pacte purement gratuit (4). Celui

(1) V. infra, p. 108.

(2) De Ferrière, loc. cit., tit., De injur., § 12. — Comp. l. 10, D., *De pactis*.

(3) Inst., lib. IV, tit. XVI, § 2.

(4) V. supra, p. 85. Comp. l. 6, § 3, D., De his qui not. infam.; *sic*, M. de Savigny, Trait. de dr. rom., t. II; comp. Dormant, loc. cit., p. 35.

qui obtient à prix d'argent la renonciation à la poursuite, fait par cela même un aveu qui peut bien le soustraire au châtiment, mais non pas à l'infamie.

4° *Le serment*, prêté par le défendeur, qu'il n'a pas injurié le plaignant. — Les commentateurs rangent le serment parmi les modes d'extinction de l'action d'injures. C'est peut-être lui donner un caractère qu'il n'avait pas en droit romain. Le serment n'éteint pas directement l'*actio injuriarum*. Il établit seulement une présomption, qui fait admettre la non-existence du délit et qui par suite fait considérer le demandeur comme mal fondé en sa demande (1).

5° *La mort*, soit de l'agent actif, soit du sujet passif du délit. — « *Injuriarum actio neque heredi neque in heredem datur*, » dit Ulpien (2). C'est la conséquence du principe que les actions d'injures sont des actions pénales. Cependant, si le demandeur n'est décédé qu'après la *litis contestatio*, l'action ne sera pas éteinte et passera aux héritiers avec les autres biens corporels ou incorporels du *de cujus* (3). — Lorsque c'est le défendeur qui est décédé après la *litis contestatio*, il faut distinguer entre l'action criminelle et l'action civile. S'il s'agit de poursuite criminelle, si l'action tend à l'application d'une peine corporelle, elle sera éteinte par la mort de l'accusé (4). S'il

(1) L. 11, § 1, D., De injur.

(2) L. 13, pr., D., De injur. — Comp. Gaii, Inst., comm. IV, § 112, in fine ; l. 15, § 14, D., De injur.

(3) L. 13, pr., et l. 28, D., De injur. Même dans ce cas le défendeur pouvait être admis à prouver que le défunt lui avait fait remise de l'injure, depuis la *litis contestatio*.

(4) Voët, loc. cit., tit., De injur, § 22. — Comp., l. 15, § 3, D., Ad sena-

s'agit d'un procès civil, rien n'empêche que l'instance soit continuée contre les héritiers du delinquant pour qu'ils soient condamnés à l'estimation de l'injure (1).

6° *Prescription.* — Nous verrons plus loin en parlant des diverses actions d'injures que le silence gardé par l'offensé pendant un temps plus ou moins long est aussi un mode d'extinction des actions nées du délit d'injure. La durée de la prescription, varie selon que l'action est prétorienne ou civile, privée ou criminelle (2).

Certains commentateurs ajoutent à cette énumération des différentes manières dont l'action d'injures peut s'éteindre : 1° l'amende honorable ; 2° la *retorsio extrajudicialis*, qui consiste à retourner immédiatement contre l'insulteur, l'injure qu'il nous adresse (3). Les textes sur lesquels ces commentateurs s'appuient nous paraissent insuffisants pour établir que leur opinion est conforme à la doctrine romaine.

---

tus-consultum Turpillian. ; l. 6, D., De public. judic. : l. 1, § 3, et ult Cod., Si reus vel accusator mort. sit.

(1) Inst., lib. IV, tit. XII, § 1 ; l. 13, pr., D., De injur. ; l. unic. Cod., ex delictis defunct. in quant. hered. conven. ; l. 10, § 2, si quis caution. in jud. sist. causa factis ; l. ult., in fine, De fidejussor. et nominat. et hered. tut. — Comp. Voët, loc. cit., hoc tit., § 22.

(2) V. infra, p. 129, 139, 144 et 146. — Contra Cujas. D'après ce jurisconsulte, toutes les actions d'injures sont annales (loc. cit., t. I, col. 867). — Comp. Carpzovius, loc. cit, pars II, quæst. 89, et Jul. Clarus, loc. cit., lib. V, § ult., n° 9.

(3) V. Heineccius, loc. cit., De injur., § XCVIII et suiv. ; Comp. Voët.

CHAPITRE IV.

DES DIFFÉRENTES ACTIONS D'INJURES.

Sous cette rubrique nous étudierons successivement : les actions de la loi des Douze-Tables; l'action prétorienne; les actions de la loi Cornelia; l'action de la loi sur les libelles diffamatoires; les poursuites criminelles pour les injures autres que les libelles diffamatoires et les délits prévus par la loi Cornélia; les principes qui régissent le concours de l'action civile et de la poursuite criminelle pour injure; enfin les règles du cumul de l'action d'injures avec d'autres actions.

§ 1er.

Actions de la loi des Douze-Tables.

La législation des Douze-Tables en matière de délits nous offre un caractère commun aux législations criminelles des sociétés encore en enfance : la prédominance de l'intérêt individuel sur l'intérêt social dans la répression des délits; la peine infligée dans un but de réparation privée plutôt qu'en vue de l'intérêt général et de la sécurité publique. En outre, lorsque le châtiment est édicté comme peine publique, il est environné de rigueurs excessives et constitue un supplice barbare disproportionné avec le crime : c'est le Talion, c'est le dévoûment aux dieux infernaux, le feu, le saut de la roche Tarpéienne, le sac de cuir (1).

(1) Ortolan, Hist. de la lég. rom.

Les fragments des Douze-Tables qui nous sont parvenus caractérisent très-nettement trois sortes de délits : le vol (*furtum*), le dommage (*damnum*), et l'injure (*injuria*). — La loi des Douze-Tables a introduit l'action en réparation d'injure, dit Paul : 1° pour les écrits diffamatoires ; 2° pour des membres cassés ; 3° pour des os brisés. Le juriconsulte omet un quatrième cas, celui d'injures légères. Examinons ces différents chefs de la loi.

I. « *Si qui injuriam alteri faxit*, XXV *æris pœnæ sunto*. — Si quelqu'un fait à un autre une injure, qu'il paye une amende de 25 as. » Ce fragment nous a été transmis par Aulu-Gelle et par Paul (1). Il s'applique à l'injure légère, soit verbale, soit réelle ; Aulu-Gelle ne nous laisse aucun doute sur ce point. Par ces mots : *viginti quinque æris*, Aulu-Gelle entend une amende de 25 as. En rapportant cette disposition de la loi des Douze-Tables, Paul, au lieu de XXV *æris* a substitué *quinque et viginti sestertiorum*. La plupart des commentateurs rejettent cette leçon comme étant le résultat d'une erreur de Paul ou d'une altération de son texte. Certains jurisconsultes l'admettent cependant et soutiennent que lorsque les richesses des Romains augmentèrent, on dut substituer des sesterces aux as afin qu'il y eût plus de proportion entre l'injure reçue et la peine infligée (2). — Quoi qu'il en soit, la peine

---

(1) Aul. Gell. *noct. attic.*, lib. XX, ch. I ; Paul. apud auctorem collationis leg. mosaic. et roman., tit. II, § 5.

(2) Comp. Bouchaud, comm. sur la loi des Douze-Tables, tome II, p. 23, et Pothier, ad leg. XII Tabul, loc. cit, tom. I, p, 129. — Sur la valeur des sesterces et des as, v. Laferrière, loc. cit., t. I, p. 178 et suiv. ; Bouchaud, loc. cit., p. 23, note 1, etc.

édictée par la loi des Douze-Tables pour les cas d'injures légères, proportionnée dans les premiers temps de la république à la grande pauvreté des citoyens, devint bientôt insuffisante pour assurer la répression efficace des délits. C'est ce que témoigne un trait curieux cité par Aulu-Gelle. Cet auteur raconte qu'un certain L. Veratius, prenait un singulier plaisir à donner des soufflets même aux hommes de condition libre. Pour satisfaire cette manie, il marchait dans les rues de Rome suivi d'un esclave qui portait une bourse pleine d'as et qui, conformément à la loi comptait à chaque passant que Veratius souffletait la somme de 25 as (1).— La loi manquait donc d'une sanction suffisante. C'est ce qui détermina le préteur, dit Labéon (cité par Aulu-Gelle), à supprimer la peine trop légère de la loi des Douze-Tables et à lui substituer dans son édit l'estimation de l'injure. Telle est l'origine de l'action estimatoire introduite par la jurisprudence prétorienne (2).

II. « *Si qui pipulo occentassit carmenve condissit quod infamiam faxit flagitumve alteri; fuste ferito.* — Si quelqu'un diffame une personne soit par des paroles outrageantes soit par quelqu'écrit scandaleux, qu'il reçoive la bastonnade. »

On trouve des traces de cette disposition dans Cicéron, Horace, Porphyrien, Cornutus, Paul, Festus et Arnobe (3).

L'expression *pipulo occentare* est synonyme de *convicium facere* (4). D'après Saumaise on devrait dans ce texte

(1) Aul. Gell., loc. cit.
(2) Bouchaud, loc. cit.
(3) Comp., id , p. 25.
(4) Festus, *De verbor. signif.*, in verb. occentassint.

retrancher comme surabondant le mot *pipulo* (1). Dans sa leçon des Douze-Tables, Jacques Godefroid le retient comme servant à indiquer la *criaillerie* (2). *Pipulum* ou *pipulus* vient en effet de *pipatus*, à proprement parler, le piaulement des oiseaux; les Osques se servaient du mot *pipare* pour exprimer l'idée de jeter les hauts cris, *ejulabunde conqueri*.—D'autres commentateurs joignent le mot *occentare* avec le mot suivant *carmen*, comme si les Décemvirs eussent dit *occentare carmen*. Jacques Godefroid n'admet pas cette version qui ne s'accorde pas avec un fragment de Cicéron cité par saint Augustin (3): « si quis occentâsset, sive carmen condidisset, quod infamiam faceret etc. » Il est certain que *pipulo occentare* (convicium facere) et *carmen condere* désignent deux actions tout-à-fait différentes.

La loi Porcia ayant aboli le supplice de la bastonnade pour les citoyens Romains, le droit nouveau dut encore sur ce point remplacer la législation des Décemvirs, et substituer de nouvelles pénalités à la sanction établie par la loi des Douze-Tables.

III. « *Si membrum rupsit, ni cum eo pacit, talio esto.* — Si quelqu'un casse un membre à un autre, qu'il subisse la peine du talion à moins qu'il ne transige avec l'offensé. » Ce fragment nous a été transmis par Aulu-Gelle, Festus, Paul, Gaius et Justinien (4). Il consacre la

(1) Salmasius, *obs. ad jus attic.*, p. 269.
(2) V. Bouchaud, loc. cit.
(3) Saint-August., *De civit. Dei*, lib. II, cap. 9.
(4) Inst., tit., De injur., § 7.

peine du talion, cette institution barbare des peuples primitifs; c'est la loi de Moïse (1) et de Mahomet (2).

La peine du talion fut promptement abandonnée chez les Romains (3).

IV. « *Qui os ex genitali fudit*; *libero* CCC, *servo* CL *æris pœnæ sunto.* — Si quelqu'un brise un os d'un homme libre, il sera condamné à payer une amende de 300 as; si l'offensé est un esclave l'amende ne sera que de 150 as.» Nous retrouvons ce fragment dans Aulu-Gelle, Paul, Gaius et Justinien (4). D'après Pothier, ce chef de la loi des Douze-Tables, diffère du précédent en ce que celui-là s'applique au cas où la blessure peut-être guérie tandis que le dernier est applicable lorsque la personne frappée reste estropiée par suite du coup qu'elle a reçu (5). La traduction de ce passage a donné naissance à des controverses qui ne sauraient trouver place ici et pour lesquelles nous ne pouvons que renvoyer aux nombreux et savants travaux qui depuis le XVIe siècle ont jeté une grande lumière sur la législation des Douze-Tables (6).

Tels étaient les différents cas d'injures prévus par la loi des Douze-Tables, ou tout au moins par les fragments de la loi qui nous sont parvenus. — Mais cette législation tomba en désuétude, « *in desuetudinem abiit* » selon

(1) Exod., lib. 20, 21, 23.

(2) Coran, ch. II, *la Vache*, et ch. V, *la Table*. Voir l'excellente trad. de M. Kazimirski.

(3) Bouchaud, loc. cit., p. 35.

(4) Inst , De injur., § 7.

(5) Pothier, loc. cit., t. I, p. 131.

(6) Voir notamment Bouchaud, loc. cit., p. 36 et suiv. ; Pithou, J. Godefroid, Gravina, etc.

l'expression de Justinien, et fut remplacée par le système d'actions prétoriennes que nous allons étudier.

§ 2.

Action d'injures prétorienne.

L'action d'injure prétorienne est ainsi caractérisée par Paul. « *injuriarum actio introducta est* MORIBUS... *quoties factum pro qualitate sui arbitrio judicis æstimatum, congruentis pœnæ supplicio vindicatur* (1). » De là le nom d'*actio æstimatoria* souvent donné à notre action prétorienne.

Conformément aux principes généraux que nous avons précédemment exposés, l'action prétorienne appartient à l'individu insulté soit que cet individu ait été personnellement, directement outragé, soit qu'il ait reçu l'insulte indirectement par l'intermédiaire d'une personne placée sous sa puissance ou sous sa protection.

En principe, lorsque l'injure est faite à un fils de famille, l'exercice de notre action appartient au père, d'après le droit commun qui dépouille le descendant de l'exercice de ses droits au profit de l'ascendant à la puissance duquel il est soumis. Il peut cependant arriver que le fils de famille poursuive lui-même la réparation de l'outrage qu'il a reçu. Ce cas se présentait lorsqu'une personne *alieni juris* était injuriée *en l'absence* de son as-

(1) Paul. Sent., lib. V, tit. IV, § 6.

cendant. Mais il fallait pour cela que l'ascendant n'eût laissé aucun mandataire pouvant agir en son nom. « *Ait prætor : si ei qui in alterius potestate erit, injuria facta esse dicetur ;* NEQUE *is cujus in potestate est* PRÆSENS ERIT ; NEQUE PROCURATOR QUISQUAM EXISTAT *qui eo nomine agat ;* CAUSA COGNITA, *ipsi qui injuriam accepisse dicetur judicium dabo* (1). » — *Neque presens erit*, dit le préteur. Par extension on considérait comme absent le père qui ne pouvait, ou même dans certains cas ne *voulait* pas agir, quoi qu'étant présent. Ulpien nous apprend, en effet, que lorsque le père était présent, mais se trouvait dans un état mental qui l'empêchait d'exercer l'action « *propter furorem vel quem alium casum dementiæ* » l'exercice de l'action appartenait au fils, le père étant réputé non présent (2). — En dehors de cette exception motivée sur l'état mental de l'ascendant, si le père présent refusait d'agir, soit qu'il préférât attendre un autre moment, soit qu'il voulût accorder au délinquant la remise de l'injure, l'action devait, en général, être refusée au fils (3). Cela s'explique aisément : pourquoi, en l'absence du père, le préteur accordait-il l'action au fils *alieni juris ?* Parce qu'on admettait une présomption d'après laquelle le père aurait lui-même entamé le procès s'il avait été présent. Or, la présence du père détruisait nécessairement cette présomption (4). — Néanmoins, dit Ulpien, il pourra se faire encore que l'action soit accordée au fils quoique le

---

(1) L. 17, § 10, D., De injur.
(2) L. 17, § 11, id.
(3) L. 17, § 12, id.
(4) Id.

père soit en mesure de l'exercer lui-même si bon lui semble. Ce jurisconsulte est d'avis que si un père vil et abjecte « *vilis et abjecta persona.* » laisse impunie l'injure adressée à son fils qui lui, est un homme honnête et considéré « *honesta persona* », dans ce cas, dans ce seul cas, le préteur devra accorder l'action au fils. « *Neque enim debet pater villisimus, filii sui contumeliam ad suam vilitatem metiri* (1). »

Si après la *litis contestatio*, le père s'absente, le préteur pourra, en connaissance de cause, autoriser le fils injurié à poursuivre le procès (2). Barthole fait observer avec raison que dans cette *translatio judicii* les actes de procédure déjà accomplis par le père profiteront au fils (3). — Ce que nous venons de dire devrait avoir lieu également dans le cas où un père vil, *pater vilis*, négligerait de suivre le procès après la *litis contestatio* (4).

Pour que le fils, *alieni juris*, puisse en l'absence de son père exercer personnellement l'action d'injures contre celui qui l'a insulté, nous avons vu qu'il fallait que le père n'eût pas laissé de mandataire : « *si neque procurator ejus agat* » dit Ulpien. — Si le père a laissé un mandataire, c'est à ce dernier que le préteur accordera l'action plutôt qu'à la personne insultée elle-même. Que si cependant le mandataire néglige d'intenter le procès,

---

(1) L. 17, § 13, D., De injur. — Comp. Barthole, n° 34. — Quelques commentateurs du Digeste prétendent que le mot *vilitatem* a été substitué dans ce texte à *utilitatem*. V. not. Haloander.

(2) L. 17, § 14, D., De injur. — Comp., l. 8, § 7, D., Quib. mod. pign.

(3) Barthole, hic, n° 5.

(4) L. 17, § 14, D., De injur.

ou bien s'il s'entend frauduleusement avec le délinquant pour lui épargner la poursuite, ou si enfin il existe une impossibilité qui l'empêche de poursuivre l'auteur de l'injure; dans ces différents cas encore, le préteur pourra autoriser le fils à poursuivre personnellement la réparation de l'outrage qu'il a reçu « *Si tamen procurator aut negligat, aut colludat, aut non sufficiat adversus personas quæ injuriam fecerunt; ipsi potius qui passus est injuriam actio injuriarum competit* (1). »

Remarquons avec Ulpien qu'il n'est pas nécessaire que le père ait donné au *procurator* un mandat spécial à l'exercice de l'action d'injures. Il suffit d'une procuration générale, d'un mandataire « *cui omnium rerum administratio mandata est* (2). »

Dans tous les cas le préteur n'accorde l'action au fils qu'en connaissance de cause, *causâ cognitâ*. Le magistrat doit tenir compte, en rendant sa décision, de l'éloignement du lieu où se trouve le père, de la durée probable de son absence et aussi des garanties de capacité que peut offrir le fils de famille pour l'exercice de l'action (3).

En cas d'injure faite à un *filiusfamilias*, lorsque l'ascendant était absent, nous venons de voir que le préteur donnait d'ordinaire l'action à l'insulté, c'est-à-dire au *filiusfamilias* lui-même. Cette règle recevait parfois des exceptions. Supposons, par exemple, un grand-père *Primus* qui a sous sa puissance son fils *Se-*

(1) L. 17, § 15, D., De injur.
(2) L. 17, § 16, id.
(3) L. 17, § 17, id.

cundus et son petit-fils *Tertius*. En l'absence de Primus Tertius reçoit une injure; à qui, dans cette espèce, appartiendra l'action prétorienne? au père de l'insulté, à Secundus, nous dit Julien, parce que, même du vivant de son grand-père, un fils doit être protégé, en toute circonstance, par son père (1).

Il faut remarquer que dans les différentes espèces que nous venons de passer en revue, lorsque le préteur autorise le fils de famille à actionner lui-même la personne qui l'a insulté, le fils agit en son propre nom et non pas au nom de son père. L'action est, en réalité, passée du père qui l'avait acquise *ex personâ filii* au fils lui-même (2). D'où il résulte que si le fils exerce son action personnelle, le père ne peut plus l'exercer après lui (3). Ainsi, des deux actions qui appartenaient au père, l'une qui lui appartenait du chef de son fils, l'autre qui était née en sa personne (4), la dernière seule survit à la poursuite que le fils intente personnellement.—Notons aussi que lorsque le fils de famille agit ainsi à défaut de son père en exerçant personnellement l'action d'injures, il n'est pas tenu de donner caution que son père ratifiera la sentence. Cela résulte à nos yeux de la l. 5, § 7, *in fine*, D. *De injuriis* (5).

Il est bien entendu que dans le cas où le fils peut agir lui-même, il peut agir également *per procura-*

(1) L. 17, § 18 et 20, D., De injur.
(2) Pothier, loc. cit., t. III, p. 432 et 33.
(3) L. 17, § 21, D., De injur.
(4) Voir supra, p. 87.
(5) *Sic* Pothier, loc. cit., p. 437, note *E*.

torem. Autrement il pourrait arriver pour une raison ou pour une autre que l'action ne fût pas exercée, et que l'insulte restât impunie (1).

Lorsqu'un *filiusfamilias* reçoit une injure et devient *sui juris* postérieurement au délit, mais avant que l'action acquise au père ait été exercée, le fils peut-il agir lui-même ? Oui, disent les jurisconsultes, soit que le fils soit devenu *sui juris* par l'émancipation, soit qu'il le soit devenu par la mort de son père. Il serait, en effet, inadmissible que le fils, auquel le préteur accorde parfois l'action *manente patria potestate* fût moins bien traité lorsqu'il est devenu *sui juris*, et se vît obligé, par cette circonstance, de laisser impunie l'injure qu'il a reçue —Il est à remarquer que ce n'est point comme héritier qu'il acquiert l'exercice de l'action lorsqu'il devient *sui juris* par le prédécès de son père. Aussi peut-il poursuivre la réparation de l'injure, qu'il recueille ou qu'il ne recueille pas l'hérédité paternelle; et, dans cette dernière hypothèse, les héritiers du père n'ont évidemment le droit d'exercer aucune action, car l'injure adressée au fils n'a pu les atteindre (2).

L'action prétorienne d'injures appartenait au maître dont l'esclave avait été insulté, soit que l'injure eût été personnellement adressée à l'esclave, soit que l'offense eût rejailli sur le maître (3). « *Si quis fecit injuriam servo*, dit Ulpien, dans son commentaire sur l'édit, *ut domino faceret; video dominum injuriarum agere posse suo nomine.*

---

(1) L. 17, § 19 et 20, D., De injur.
(2) L. 17, § 22, D., Id.
(3) Voir supra, p. 91.

Si vero non ad sugillationem domini id fecit; ipsi servo facta injuria inulta a prætore relinqui non debuit; maxime si verberibus vel quæstione fieret. Hanc enim et servum sentire palam est (1). » L'action était accordée *de plein droit* si l'esclave avait été battu ou soumis à la question sans l'aveu du maître. Encore fallait-il que l'esclave eût été battu *adversus bonos mores*, c'est-à-dire méchamment, sans raison (2). Celui qui battait un esclave *corrigendi vel emendandi animo*, pour le corriger ou le punir, n'était pas tenu de l'action d'injures (3). Ulpien nous dit que par le mot question (*quæstio*) il faut entendre les supplices corporels que l'on faisait endurer à une personne pour lui arracher un aveu par la violence et non pas un interrogatoire ordinaire ou une menace pure et simple destinée à effrayer (4). — Si l'esclave n'avait été ni battu ni soumis à la question, le préteur ne délivrait la formule qu'*en connaissance de cause* (*cognitâ causâ*), et lorsque les faits présentaient quelque gravités. Dans cette connaissance de cause le préteur devait tenir compte d'une foule de circonstances qui atténuaient ou aggravaient l'acte injurieux. Ulpien nous les énumère avec quelques détails : « *Itaque prætor non ex omni causâ, injuriarum judicium servi nomine promittet. Nam si leviter percussus sit, vel male dictum ei leviter, non dabit actionem. At si infamatus sit vel facto*

---

(1) L. 4, § 1, D., ad leg. Jul., de vi priv.; l. 15, § 35, D., De injur.; v. supra, p. 91. Comp., l. 1, Cod., De injur.

(2) Ortolan, Explic. des Instituts, tit, IV, § 3.

(3) L. 15, § 34 et 38, D., De injur.

(4) L. 15, § 41, id. — Comp. D., tit., De quæstion.

(5) L. 15, § 43, De injur.

aliquo, vel carmine scripto, puto causæ cognitionem prætoris porrigendam et ad servi qualitatem. Etenim multum interest qualis servus sit, bonæ frugi, ORDINARIUS, DISPENSATOR *; an vero vulgaris vel* MEDIASTINUS, *an qualis qualis; et quid si compeditus, vel male notus, vel notæ extremæ? habebit igitur prætor rationem tam injuriæ quæ admissa dicitur, quam personæ servi in quem admissa dicitur. Et sic aut permittet, aut denegabit actionem* (1). » On entendait par *servus ordinarius* l'esclave auquel étaient confiées certaines attributions spéciales, *qui certum aliquod ministerium et officium in familiâ exercebat*. Le *servus dispensator* était ce que l'on appelle chez nous un *intendant*. *Servus mediastinus*, est pris dans notre texte par opposition au *servus ordinarius*, pour l'esclave qui n'a aucune fonction spéciale.

Le préteur tient compte aussi de l'intention de l'auteur du délit pour apprécier si l'injure doit être considérée comme personnelle à l'esclave, ou si elle rejaillit sur le maître (2). Dans ce dernier cas, si l'injure a été faite à un esclave dont Primus a l'usufruit et Secundus la propriété, on admettra en général que l'injure s'adresse à Secundus (3). Mais ce n'est là qu'une présomption qui tombera nécessairement s'il résulte des faits de la cause, que l'injure était dirigée contre l'usufruitier et non pas contre le nu-propriétaire (4).

Lorsqu'on insulte un homme libre qui est possédé de

---

(1) L. 15, § 44, D., De injur.
(2) L. 15, § 45 et 35, id.
(3) Inst., De injur., § 5; l. 15, § 47, D., De injur.
(4) L. 15, § 48, D., De injur.

bonne foi comme esclave, il faut encore distinguer selon que l'injure rejaillit ou ne rejaillit pas sur le possesseur. Dans le premier cas, le possesseur a l'action; dans le second, l'esclave supposé peut seul agir valablement (1). — Une décision analogue nous est donnée par Ulpien et par les Institutes à l'égard de l'esclave d'autrui qui nous sert de bonne foi (2).

Si l'esclave insulté a plusieurs maîtres, il va de soi que l'action appartient à chacune des personnes qui ont un droit de propriété sur l'esclave.

Dans tous les cas, il faut, avons-nous dit, pour que l'injure faite à un esclave puisse donner naissance à une action, que l'acte ait été commis sans l'aveu du maître, *injussu domini*. D'où il résulte que si l'un des propriétaires d'un esclave commun à plusieurs maîtres, fouette cet esclave, il n'est tenu d'aucune action (3); d'où il résulte encore que si l'usufruitier bat l'esclave dont un autre a la nue-propriété, le nu-propriétaire n'a aucune action à exercer. La réciproque était admise, et l'on décidait que le nu-propriétaire ne se rendait pas coupable du délit d'injure en battant l'esclave dont il n'avait pas la jouissance (4). Par application du même principe, si l'esclave est battu ou soumis à la question par l'ordre du tuteur, ou du curateur, ou du mandataire du maître, il n'y a lieu d'exercer aucune action (5); à

(1) Inst., De injur., § 6; l. 15, § 48, D., De injur.

(2) Id. Dans cette espèce, l'action appartiendra tantôt au véritable maître, tantôt au maître supposé.

(3) L. 15, § 36, D., De injur.

(4) L. 15, § 37, id.

(5) L. 17, § 1, id.

moins dit Labéon, que le supplice infligé à l'esclave ne soit exagéré; car, dans ce cas, il y a lieu de présumer que les limites du mandat exprès ou tacite résultant de la procuration ou de la tutelle ont été dépassées, et l'on suppose alors que l'acte a été commis *injussu domini* (1). — Que décider dans le cas où Primus frappe ou torture un esclave commun, avec l'assentiment d'un seul des propriétaires ? Il faudra distinguer, dit Ulpien, selon que Primus savait frapper un esclave appartenant à plusieurs maîtres ou croyait agir avec l'autorisation de l'unique propriétaire. Dans la première hypothèse, chacun des propriétaires pourra actionner Primus, excepté celui qui lui avait donné l'autorisation de frapper l'esclave. Dans le second cas, Primus sera à l'abri de toute poursuite. La première de ces solutions données dans la l. 17 pr. D. *De injuriis*, nous paraît peu équitable et semble en opposition avec le principe contenu dans le § 36 de la loi 15 et dans le § 1er de la loi 17, principe d'après lequel il n'y a lieu d'exercer aucune action, lorsque l'esclave commun est battu par un des copropriétaires ou par le mandataire du maître.

Lorsque l'injure adressée à un esclave était réputée atteindre son maître, *ad dominum redundare*, ce dernier pouvait, croyons-nous, avoir, selon le droit prétorien, deux actions; l'une qu'il exerçait en son propre nom, l'autre qu'il exerçait au nom de son esclave. Cette théorie nous paraîtrait conforme aux principes de la matière. Si l'insulte était personnelle à l'esclave, une seule action

---

(1) L. 15, § 42, D., De injur. — Pothier, loc. cit., p. 435, note *G*.

appartenait au maître, *nomine servi*. L'esclave lui-même ne pouvait jamais poursuivre. Nous verrons en parlant de l'estimation des injures, quelle différence il y avait entre l'action exercée par le maître, de son chef, et l'action exercée du chef de l'esclave.

Remarquons d'après Paul, que si un esclave a été insulté, puis aliéné ou affranchi par son maître, ce dernier n'en garde pas moins le droit d'exercer l'action d'injures (1). Mais l'esclave affranchi ne peut exercer personnellement aucune poursuite, pour l'injure qu'il a reçue lorsqu'il était en servitude (2). — Si un esclave héréditaire affranchi par testament, est battu pendant que l'hérédité est encore *jacens*, c'est à l'héritier qu'appartiendra l'action après l'adition d'hérédité. Mais si l'esclave ainsi affranchi est battu après l'adition, il pourra poursuivre l'insulteur, soit qu'il ait su au moment du délit qu'il était affranchi, soit qu'il l'ait ignoré (3).

Si le préteur admettait que l'esclave pût être en matière d'injures, sujet passif de l'infraction, il admettait aussi qu'il pût être agent actif du délit. De là, l'action noxale d'injures qu'il accordait lorsque l'esclave était lui-même l'offenseur « *Si atrocem injuriam servus fecerit*, dit Ulpien, *si quidem dominus præsens sit potest agi de eo; quod si abfuerit, præsidi offerendus est qui eum flagris rumpat* (4). » Le même jurisconsulte dit un peu plus loin : « *Quum servus injuriam facit, maleficium eum*

---

(1) L. 29, D., De injur.
(2) L. 30, id.
(3) L. 1, § 7, id.
(4) L. 9, § 3, id.; *sic* l. 18, § 1, id. — V. supra, p. 97.

admittere palam est. Merito igitur sicuti ex cæteris delictis, ità ex hoc injuriarum, noxalis actio datur (1). » Le propriétaire de l'esclave a le choix ou bien de faire l'abandon noxal du délinquant, ou bien d'offrir une réparation à la personne insultée, soit en faisant fouetter l'esclave, soit en payant l'estimation de l'injure (2). Dans ces deux derniers cas, le juge doit modérer la peine *ex æquo et bono* (3). Si devant le juge, le maître a offert à l'offensé de faire fouetter son esclave et si son offre a été acceptée, le demandeur perd par cette acceptation le droit d'exercer plus tard l'action d'injures; « *qui enim accepit satisfactionem, injuriam suam remisit* (4). » — Si l'esclave a commis l'injure par l'ordre de son maître, ce dernier pourra être poursuivi *suo proprio nomine*. Que si depuis le délit, l'esclave a été affranchi, d'après Labéon, le demandeur pourra, si bon lui semble, intenter l'action contre l'affranchi. En effet, il est de principe que *noxa caput sequitur*, et d'autre part, l'esclave n'est pas tenu d'obéir en toutes circonstances à son maître (5). — Enfin, si l'injure a été commise simultanément par plusieurs esclaves, on doit considérer qu'il y a autant de délits que d'esclaves et l'estimation sera d'autant plus élevée, que les délinquants auront été plus nombreux (6).

---

(1) L. 17, § 4, D., De injur.

(2) Id. — Ceci ne s'appliquait pas au cas où le délit était poursuivi par une instance publique, par un *judicium publicum*; car, ainsi que le dit Cujas, *actio publica non est noxalis*. (Cujas, loc. cit., t. x, col. 386.)

(3) L. 17, § 5, D., De injur.

(4) L. 17, § 6, Id.

(5) L. 17, § 7, Id.

(6) L. 34, Id.

— Mais si un esclave commet un acte injurieux en lui-même, pour défendre son maître, on considère qu'il a agi sans l'*animus injuriandi*, et le délit manquant ainsi d'un de ses éléments essentiels, le demandeur verra sa demande repoussée (1).

Il est plus que probable qu'anciennement, l'action noxale était aussi accordée contre le père dont le fils *in potestate*, se rendait coupable du délit d'injure (2). C'est la conséquence des principes qui régissaient les actions noxales dans l'ancien droit.

Le préteur accordait une action pour tout délit d'injure, quels que fussent sa nature, sa gravité et son mode d'accomplissement. « *Ex generali injuriarum agere possumus*, » dit Ulpien en commentant l'édit (3).—Nous nous sommes longuement étendu sur les différentes espèces d'injures en étudiant les textes relatifs aux injures réelles, écrites ou verbales; nous ne reviendrons donc plus sur ces matières.—Il nous reste seulement à donner quelques explications sur la procédure de notre action prétorienne.

Remarquons tout d'abord que cette action s'exerce par un *judicium privatum* ainsi qu'il ressort de la loi 7 au C., tit. *De injuriis*.

---

(1) L. 17, § 8. D., De injur.

(2) Comp. coll. leg., Mosaic., tit. II.

(3) L. 15, § 26, D., De injur. — Comp., l. 7, § 6, id. — Une disposition spéciale de l'édit du préteur prévoyait le cas d'injures *ad infamiam pertinentes* : « *Ait prætor : Ne quid infamandi causa fiat. Si quis adversus ea fecerit, prout quæque res erit animadvertam.* » (L. 15, § 25, D., De injur.) Une autre disposition particulière concernait le *convicium*. (L. 15, § 2, id.)

Un caractère particulier de l'action prétorienne, c'est qu'elle peut être exercée *per procuratorem*, à l'inverse de l'action criminelle, dans laquelle en principe le demandeur et le défendeur doivent agir en personne (1).

Celui qui intente l'action d'injures doit, comme nous dirions dans le langage de notre droit moderne, *articuler et qualifier* les faits à raison desquels la poursuite est exercée. « *Prætor edixit : Qui agit injuriarum* CERTUM DICAT QUID INJURIÆ FACTUM SIT; *quia qui famosam actionem intendit non debet vagari cum discrimine alienæ existimationis; sed designare et certum specialiter dicere quam se injuraim passum contendit* (2). » Paul et Labéon expliquent le sens des expressions *certum dicere*, expressions qui indiquent la nécessité pour le demandeur, de qualifier l'espèce d'injure qu'il a reçue (3). Un jurisconsulte du XVIe siècle, qui a spécialement traité la matière des injures, commentait ainsi ce passage de l'édit : « Requiritur ut sit brevis libellus (accusationis), clarus, necessarius, nomen judicis, actoris et rei, facti speciem, petendi causam et conclusionem complectens (4). » En termes généraux, le demandeur doit énoncer clairement les faits de la cause et décrire d'une manière non équivoque l'ensemble des circonstances propres à imprimer à l'acte outrageant les caractères légaux d'une infraction déterminée.

---

(1) L. 11, § 2, D., De injur.

(2) L. 7, pr., D., id. — Comp. Basil., lib. LX, tit. XXI, ch. VII, scol., et collat. leg. Mosaic, tit. II.

(3) L. 7, § 4, D., De injur.; Paul, apud auct. collat. leg. mosaic., tit. II.

(4) Mundius, loc. cit., cap. V, n° 11.

Nous trouvons dans la *Collatio legum mosaïcarum et romanarum*, des fragments de Paul qui donnent des détails intéressants sur la procédure de notre action. D'après ce texte, il appartient au préteur d'apprécier dans sa *cognitio* si le fait allégué par le demandeur est suffisamment énoncé et déterminé : « *Certum an incertum dicat cognitio ipsius prætoris est. Demonstrat autem hoc loco prætor non vocem agentis sed qualem formulam edat.—Certum non dicit*, ajoute Paul, *qui dicit pulsatum se vel verberatum; sed qui et partem corporis demonstrat, et quem in modum, pugno puta, au fuste, au lapide ea sit percussa, sicut formula proposita est :* QUOD AULO AGERIO A NUMERIO NEGIDIO PUGNO MALA PERCUSSA EST. *Illud non cogitur dicere dextrâ aut sinistrâ, nec quâ manu percussa sit. Item si dicat infamatum se esse, debet adjicere quemadmodum infamatus sit. Sic enim et formula concepta est :* QUOD NUMERIUS NEGIDIUS SIBILUM IMMISIT AULO AGERIO INFAMANDI CAUSA (1). »

Dans le § 5, de la l. 7, D., *De injuriis*, Ulpien prévoit le cas où nous recevons simultanément d'une même personne plusieurs sortes d'injures, par exemple lorsqu'un *convicium* est accompagné de voies de fait. Le jurisconsulte demande si dans cette hypothèse, le délinquant peut être poursuivi séparément pour chaque espèce d'injure? Marcellus répond, d'après Neratius, que le demandeur est forcé de n'exercer qu'une seule action pour les diverses injures qu'il a reçues en même temps « *Mar-*

(1) Coll. leg. mos., tit. II.

cellus secundum Neratii sententiam hoc probat cogendum injurias quas simul passus est conjungere (1). »

Plusieurs textes des recueils du droit romain nous éclairent sur la manière dont l'injure était estimée dans l'action prétorienne. Voici d'abord ce qu'en disent les Institutes de Justinien : «...Les préteurs permettaient à ceux qui avaient reçu l'injure d'en faire eux-mêmes l'estimation, afin que le juge condamnât le coupable à payer toute la somme estimée par l'offensé ou une moindre, selon qu'il lui paraîtrait convenable..... Suivant le rang de dignité et la considération morale de la personne injuriée l'estimation de l'injure est plus ou moins élevée : et cette gradation dans la condamnation s'observe avec raison à l'égard même des esclaves, etc. (2). » Gaius, auquel ce passage a été emprunté par les rédacteurs des Institutes, dit en outre que dans le cas d'injure atroce le préteur ayant coutume de faire lui-même l'estimation en fixant le chiffre du *vadimonium*, la même somme était indiquée dans la formule, et que le juge, bien qu'il pût condamner à une somme moindre, n'osait pas le faire le plus souvent, par respect pour le préteur (3). L'estimation était faite *ex æquo et bono* (4), d'après la nature plus ou moins grave du fait incriminé, d'après la condition de l'offenseur et aussi, comme le dit Justinien,

(1) Comp. Paul. apud auct. leg., Mosaic, tit. II, et Denis Godefroid, note *C*, ad, l. 7, § 5, D., De injur.

(2) Inst. tit., De injur., § 7.

(3) Gaii Inst., comm. III, § 224 —Comp., l. 15, § 28, D., De injur.; Salmasius, loc. cit., ch. VIII.

(4) L. 11, § 1, D., De injur.

d'après la qualité des personnes outragées.—On devait pour en établir le montant, envisager l'injure non pas au moment du procès, mais au moment où le délit avait été commis : « *injuriarum æstimatio*, dit Javolenus, *non ad id tempus quo judicatur, sed ad id quo facta est, referri debet* (1). » De l'application des principes contenus dans ces différents textes, il résulte que la même injure atteignant plusieurs personnes peut être l'objet, de la part du juge, d'estimations différentes : Que si un fils de famille est insulté, l'injure pourra être estimée diversement *ex personâ filii et ex personâ patris*, en tant qu'elle touche le père et en tant qu'elle touche le fils ; par exemple, si le fils est revêtu de quelque dignité, tandis que le père est un simple citoyen (2).

Un autre texte de Paul, inséré au Digeste, confirme cette théorie. D'après ce fragment, si une femme mariée restée sous la puissance paternelle, est insultée, et que le père et le mari intentent l'action, l'estimation de l'injure doit être faite à l'égard du père, comme si la femme n'était pas mariée, et à l'égard du mari, comme si la femme n'était pas sous la puissance de son père (3).

Lorsque le sujet passif du délit est un esclave commun, les Institutes établissent la règle suivante pour l'estimation de l'injure : « S'il a été fait injure à un esclave commun, l'équité veut que l'estimation en soit faite, *non d'après la part que chacun a dans la propriété, mais en raison de la personne des maîtres*, car ce sont eux qui

---

(1) L. 21, D., de injur.
(2) L. 30, § 1, et l. 31, id.
(3) L. 18, § 2, id.

sont injuriés. » (*ex dominorum personâ, quia ipsis fit injuria*) (1). Une loi de Paul, insérée au titre *De injuriis* du Digeste, donne une décision qui peut sembler contraire : « *Non esse æquum pro majore parte quam pro quâ dominus est, damnationem fieri Pedius ait : Et ideo officio judicis portiones æstimandæ erunt* (2). » — La plupart des commentateurs voient une contradiction apparente entre ces deux textes. Pour concilier la règle indiquée par Justinien avec celle que nous donne Paul, on admet généralement que la première s'applique à l'action que les copropriétaires de l'esclave exercent en leur propre nom, tandis que la seconde s'applique au cas où les maîtres de l'esclave insulté agissent par l'action prétorienne *nomine servi* (3). Il peut sembler juste, en effet, lorsque l'action est intentée du chef de l'esclave en vertu de l'édit, de ne tenir compte dans l'estimation de l'injure que de la personne de l'esclave et de la part de propriété de chaque propriétaire. Au contraire lorsque l'injure a été dirigée contre les maîtres, lorsque ceux-ci poursuivent la réparation en leur propre nom et comme étant personnellement outragés, n'est-il pas équitable de prendre comme base d'appréciation, pour fixer le montant de cette réparation, non plus la qualité de l'esclave et l'importance des parts de propriété, mais la qualité des copropriétaires de l'esclave ; si l'un d'eux est sénateur tandis que l'autre est de basse condition, ne sera-t-il pas

(1) Inst., tit., De injur., § 4.

(2) L. 16, D., De injur.

(3) *Sic* Demangeat, Ortolan, du Caurroy, loc. cit., etc. — Comp. Woorda et Cujas, loc. cit., t. I, col. 244.

rationnel de considérer le délit comme plus grave à l'égard du premier qu'à l'égard du second, et de fixer par conséquent une somme différente pour le prix de l'indemnité accordée à chacun d'eux quoiqu'ils possèdent une part égale dans la propriété de l'esclave.—Ce système de conciliation entre les Institutes et le Digeste est rejeté par certains interprètes du droit romain, qui n'admettent pas qu'il y ait contradiction même apparente entre le texte de Justinien et le fragment de Paul (1). Voici comment Vinnius justifie cette théorie : « Non obstat quod ex Pedio Paulus refert in lege *Sed non* 16, non esse æquum in casu proposito pro majore parte condemnationem fieri, quam pro quà quisque dominus est : quoniam ibi non quæritur, utrum ex personà dominorum injuria æstimanda sit, pro portione dominicà ; sed utrum id, quod in fine legis præcedentis dictum erat, omnes dominos actionem habere, sic accipiendum sit, ut omnes habeant in solidum, an pro parte dominicà duntaxat ; et respondetur, actionem quidem omnes habere, sed non pro majore parte quam pro quà domini sunt. Ex quo minime efficitur, in æstimandà eà portione, personam et qualitatem dominorum non simul spectari : imo verba Pauli contra contrarium arguunt, cum portiones officio judicis æstimari dicit. » Ce raisonnement de Vinnius perd un peu de sa force lorsqu'on remarque que la l. 15, § *ult.* est d'Ulpien, tandis que la loi 16 est de Paul, ce qui rend moins admissible l'idée d'une corrélation entre ces deux

---

(1) Pothier, loc. cit., t. III, p. 435, note *II* ; Vinnius, loc. cit., lib. IV, tit. IV, § 4 ; de Ferrière, *Inst. de Just.*, lib. IV, tit. IV, § 4, etc.

textes. Néanmoins l'argumentation de Vinnius est fort ingénieuse, et sa théorie nous paraît soutenable.

Ce que nous venons de dire sur l'estimation de l'injure fait ressortir le caractère saillant de notre action prétorienne. « Il faut surtout remarquer dans ce système, dit M. Demangeat, le pouvoir discrétionnaire laissé au juge. L'appréciation personnelle joue ici le plus grand rôle. On peut supposer deux juges également intègres, également éclairés : saisis de la même *actio injuriarum*, il est à peu près certain qu'ils n'arriveront pas au même chiffre de condamnation (1). »

Justinien nous apprend que de son temps le système d'actions d'injures établi par le préteur était encore en vigueur, *in judiciis frequentatur* (2).

Comme action honoraire pénale, notre action d'injures prétorienne s'éteint par la prescription annale (3). Le délai commence à courir du jour où l'on a eu connaissance de l'injure. Du moins telle est l'opinion de la plupart des commentateurs, et cette opinion nous paraît conforme tout à la fois aux principes généraux du droit romain et à l'équité (4). Le délai était, selon toute apparence, d'une année *utile*, comme pour toutes les autres actions prétoriennes, non d'une année continue comme le soutient Accurse (5). Enfin nous pensons que ce délai était

---

(1) Demangeat, loc. cit., p. 140.

(2) Inst., tit., De injur., § 7.

(3) L. 5, Cod., De injur. — *Sic* l. 35, pr., D., De oblig. et act. — Comp. Demangeat, loc. cit., p. 651.

(4) *Sic* Voët, Groenewegen, Fachinœus, And. Gaill, Carpzovius ; *Contra* : Accurse, Schneidewinus, etc.

(5) Comp. Gaill, loc. cit., Obs. 106, et Voët, loc. cit., tit., De injur., § 21.

le même pour toutes les actions d'injures prétoriennes quelle que fût la nature de l'outrage, que l'injure fût *realis*, *verbalis* ou *scripta* (1).

§ 3.

Actions d'injures de la loi Cornelia.

« Sylla ne se contenta pas de mettre les citoyens à couvert des fraudes (2), dit Gravina, il les mit à couvert des injures. La poursuite de ce crime était à la vérité émanée de la loi des Douze-Tables et de l'édit du préteur; mais elle n'y était pas proposée avec assez de clarté. La loi Cornelia dont il s'agit ici y suppléa (3). » Pighius, cité par Bouchaud, conjecture que cette loi est de l'an de Rome 672, et que la licence qui, durant les guerres civiles, était parvenue à son comble, inspira au dictateur l'idée de la proposer. (4)

Quelques commentateurs, parmi lesquels nous citerons M. Ortolan, admettent comme probable que la loi

---

(1) L. 35, pr., D., De Oblig. et act. — *Sic* Voët. — Den. Godefroid soutient, d'après la l. 5, Cod., De injur., que la prescription annale était applicable seulement à l'injure verbale. Ce savant commentateur nous paraît avoir fait ici quelque confusion.

(2) Par les lois *Cornelia de falsis* et *nummaria*.

(3) Gravina, Esprit des lois romaines, trad. de Requier, t. II, p. 158 (édit. d'Amsterdam, 1766).

(4) Pighius, t. III, *Annal.* — Bouchaud, loc. cit., t. II, p. 29.

Cornélia *de injuriis* et la loi Cornélia *de sicariis* ne sont qu'une seule et même loi (1). D'après M. Ortolan, il serait présumable que la loi Cornelia *de sicariis*, relative aux meurtres, statuait accessoirement sur certaines injures violentes. On invoque, à l'appui de cette opinion, un passage de Théophile qui ne nous paraît nullement concluant (2). L'opinion contraire semble donc préférable, surtout lorsqu'on observe que Tribonien a consacré, dans le Digeste et dans le Code, deux titres à la loi Cornelia *de sicariis*, et que dans ces deux titres il n'est fait aucune allusion aux prétendues dispositions de la loi relatives aux injures (3).

La loi Cornelia, dit Justinien, a introduit une action d'injures pour les cas où quelqu'un se plaint qu'on l'ait poussé, frappé ou qu'on soit entré de force dans sa maison : « *Competit ob eam rem quod se pulsatum quis, verberatumve, domumve suam vi introitam esse dicat* (4). » Les mots *pulsare* et *verberare* ont dans notre texte une signification parfaitement distincte. « *Verberare*, dit Ulpien d'après Osilius, *est cum dolore cædere*; *pulsare sine dolore* (5). » Bouchaud, dans son commentaire de la loi des Douze-Tables fait observer qu'on ne doit pas prendre à la rigueur l'explication que le juriconsulte Osilius donne du mot *pulsare*, comme s'il entendait que

---

(1) Ortolan, hist. de la législat. rom., éd. de 1846, p. 55. et Instituts expliq., II. tit., De injur., § 8.

(2) Institutes de Théophile, trad de M. Frégier, p. 356, De injur., § 8.

(3) Dig., lib. 48, tit. 8 ; Cod., lib 9, tit. 16.

(4) Inst., De injur., § 8. — *Sic* l. 5, pr., D., De injur., et Pauli Sent., lib, v, tit. IV, § 8.

(5) L. 5, § 1, D., De injur. — Comp. Denis Godefroid, note *U*, ad h. leg.

cette action se fait toujours *sine dolore*. Osilius n'a sans doute voulu dire autre chose, sinon que lorsqu'il s'agit de saisir le sens de la loi Cornelia, *pulsare* est une injure moins grave que *verberare*. « On peut quelquefois *pousser* sans aucune ou du moins sans une grande douleur, ajoute Bouchaud, comme lorsqu'on le fait de la main ou du coude ou lorsqu'on donne un coup de pied, au lieu qu'il est rare de *frapper* sans causer de la douleur : nous voyons même dans les auteurs que ceux qui étaient battus de verges ou qui recevaient la bastonnade expiraient quelquefois sous les coups (1). » La loi Cornelia mettait une si grande différence entre *verberare* et *pulsare* que si celui qui avait été battu se plaignait d'avoir été poussé, il n'était pas réputé avoir énoncé avec assez de précision dans sa demande l'insulte qui lui avait été faite (2).

Dans les expressions *domum vi introitam*, le mot *domus* est pris non-seulement pour la maison qui nous appartient, mais pour le lieu où nous habitons, soit que ce lieu soit notre propriété, soit qu'il appartienne à une autre personne qui nous loge gratuitement ou à prix d'argent (3).

Paul qualifie de *derectarii* les gens qui entrant de force dans les maisons tombent sous le coup de la loi Cornelia «... *vel cujus domus introitur ab his qui derectorii appellantur ; in quos extra-ordinem animadverti-*

(1) Bouchaud, loc. cit., t. II, p. 29 et suiv.

(2) Paul. apud auct. coll. leg. mosaic., tit. II.

(3) L. 5, § 2. D., De injur. V. Den. Godefroid, ad h. leg.; Vinnius, loc. cit., De injur., § 8.

tur (1).» Certains commentateurs pensent que ce passage est une interpolation de l'auteur du Bréviaire d'Alaric. Ils s'appuient sur un texte d'Ulpien : « *Item qui derectarii adpellantur, hoc est ii qui in aliena cœnacula se derigunt furandi animo, plus quam fures puniendi sunt* (2). » Si les *derectarii* ne s'introduisent pas dans les maisons pour faire insulte, mais dans l'intention de voler, s'ils ne s'introduisent pas à force ouverte mais clandestinement, il faut en conclure, dit-on, que le délit dont ils se rendent coupable est un vol plutôt qu'une injure dont la réparation appartiendrait à la loi Cornelia (3). M. Pellat, dans les dernières éditions de son excellent Manuel synoptique du droit romain a jugé que le texte de Paul devait être ainsi rétabli : « . . . *vel* VI *cujus domus introitur*, NON *ab his qui vulgo derectarii appellantur, etc.* (4). »

Quoi qu'il en soit, les trois chefs de la loi Cornelia énumérés dans les Institutes donnent ouverture à l'action de cette loi dans tous les cas où une injure *manu fit*, toutes les fois que l'injure consiste en *voies de fait* (5).

L'action de la loi Cornelia appartient naturellement à la personne insultée.—Ici se place une première question : Lorsque j'habite une maison que je loue, si l'on entre malgré moi dans cette maison, je puis incontestablement

---

(1) Paul. Sent., lib. v, tit. iv, § 8. — V. Cujas, ad h. loc.

(2) L. 7, D., De extraord. crim.

(3) Bouchaud, loc. cit., t. ii, p. 31 et suiv. — Ce commentateur fait dériver le mot *derectarius* non pas de *dirigere*, mais de *derigare*. *Sic* Cujas, Turnèbe, etc.

(4) *Manuale juris synoptici*, p. 822, édit. de 1866.

(5) L. 5, pr., D., De injur. — Nous étudierons plus loin la question de savoir si la loi Cornelia était applicable à d'autres cas d'injures.

exercer l'action de notre loi. Mais ce droit appartiendra-t-il également au propriétaire de cette maison, dont je ne suis que locataire? Ulpien répond négativement : « *Et si dominus fundum locaverit inque eum impetus factus sit, colonus aget, non dominus* (1). »

Autre question : Lorsqu'une personne est propriétaire de plusieurs demeures, peut-elle exercer l'action de la loi Cornelia pour chacune de ses habitations? Labéon tenait pour la négative, partant de ce principe que le propriétaire ne peut avoir son domicile partout. Ulpien adopte la solution contraire : « *Ego puto*, dit-il, *ad omnem habitationem in quâ paterfamilias habitet, pertinere hanc legem; licet ibi quis domicilium non habeat. Ponamus enim studiorum causâ Romæ agere : Romæ utique domicilium non habet; et tamen dicendum est si vi domus ejus introita fuerit, Corneliam locum habere. Tantum igitur ad meritoria vel stabula non pertinebit, cæterum ad hos pertinebit qui inhabitant non momenti causâ, licet ibi domicilium non habeant* (2). »

Une particularité fort remarquable de l'action de la loi Cornelia, c'est que cette action n'appartient pas au père, insulté indirectement dans la personne de son fils. « *Illud quæritur an pater, filiofamilias injuriam passo, ex lege Corneliâ injuriam agere possit? Et placuit non posse; de quâ re inter omnes constat. Sed patri quidem prætoria injuriarum actio competit, filio vero legis Corneliæ* (3). » — Pothier, qui suit ici l'opinion

(1) L. 5, § 4, D., De injur.
(2) L. 5, § 5, id.
(3) L. 5, § 6, id.

d'Accurse, est d'avis que notre texte interdit au père d'agir *suo nomine* par l'action de la loi Cornelia, mais lui laisse, s'il est présent, l'*exercice* de l'action qui appartient à son fils en vertu de cette loi (1). D'après ce jurisconsulte, la restriction imposée au père s'explique par la forme dans laquelle on devait rédiger la plainte : « Quia lex Cornelia ei dat actionem *qui pulsatus verberatusve* est; pater autem non est pulsatus. Cæterum agere poterit eâ legis Corneliæ actione quæ filio competit et patri per filium jure patriæ potestatis quæritur. » — D'autres commentateurs soutiennent que le fils a seul le droit d'*intenter* l'action de la loi Cornelia, et que l'*exercice* même de cette action est refusé au père dans le texte précité. On cite à l'appui de cette seconde opinion le § 7 de la loi 5 D. *De injur.* : « *In lege Corneliâ, filius* AGERE POTEST *ex omni causâ* NEC CAVERE DEBET RATAM REM PATREM HABITURUM. *Nam nec alias agentem filium injuriarum ad cautionem de rato compellendum Julianus scribit.* » On conclut de ce texte par *a fortiori*, que si on a soulevé la question de savoir si le fils, agissant en vertu de notre loi, devait donner la *cautio de rato*, c'est qu'évidemment le fils exerçait lui-même l'action.— Les partisans du système d'Accurse et de Pothier, répondent que le § 7 de la loi 5 doit être ainsi compris : Si, en l'absence de son père, un fils de famille intente l'action prétorienne, il n'est pas tenu de fournir la *cautio de rato*, parce qu'il est considéré comme agissant en son propre nom par le fait de la translation de l'action

(1) Pothier, loc. cit., p. 437, notes *B*, *C* et *D*.

qui s'est opérée de la personne du père en la personne du fils (actione ex personâ patris in ipsius personam translatâ) (1). De même le fils ne doit pas fournir la *cautio de rato* lorsqu'il agit en l'absence de son père *ex lege Corneliâ*, parce que dans ce cas l'action lui appartient directement. En résumé, le système de Pothier nous paraît devoir être adopté (2).

Un texte de Marcien nous apprend que la loi Cornelia donnait naissance à une action civile aussi bien qu'à une poursuite criminelle (3). Il est présumable que dans l'action civile de la loi Cornelia, l'estimation de la peine pécuniaire variait selon les diverses circonstances aggravantes ou atténuantes du délit, comme dans l'action prétorienne (4).

Relativement à la poursuite criminelle, il se présente tout d'abord une question très-controversée et fort difficile à résoudre : la loi Cornelia *de injuriis* constituait-elle un *judicium publicum?* L'affirmative est soutenue par Cujas, Voët, Sigonius, etc. (5). Les défenseurs de cette opinion se fondent sur la loi 12 *in fine*, D. *De accusationibus*, laquelle, en citant plusieurs *judicia publica*, fait mention de notre loi. — On peut invoquer aussi à l'appui de ce système le § 1er *in fine* de la loi 7, D. *De in-*

(1) V. supra, p.

(2) Contra (?) Demangeat, loc. cit., p. 412.

(3) L. 37, § 1, D., De injur.

(4) Id.; comp., l. 28, § 7, D., De pœnis.

(5) Cujas, loc. cit., t. II, col. 616, et t. I, col. 867 et 474 ; Voët, loc. cit., De injur., § 16; Sigonius, *De antiquo jure civium romanorum* (édit. de 1573), lib. II, cap. 18, p. 133 et suiv., notamm. p. 142. — *Sic* Heineccius, loc. cit., § 1106.

juriis où Ulpien semble ranger la loi Cornelia parmi les *judicia publica*. — Les partisans du système opposé, parmi lesquels nous citerons Vinnius, argumentent de la loi 42, § 1, D., *De procuratoribus*, qui, d'après eux, dit positivement que l'action de la loi Cornelia est une action privée; et de la loi 7, Cod. *De injuriis*. Cette constitution des empereurs Dioclétien et Maximien porte, en termes généraux, que l'action d'injures « *non publicam, sed privatam continet querelam.* » — Cette argumention ne nous paraît pas concluante. La loi 42, § 1, D., *De procuratoribus*, est ainsi conçue : « *Ad actionem injuriarum ex lege Corneliâ procurator dari potest : nam et si pro publicâ utilitate exercetur privata tamen est.* » N'est-il pas évident que Paul, dans ce texte, entend parler de l'action civile née de notre loi? Cela résulte de ce que ce jurisconsulte admet qu'on peut agir *per procuratorem* dans l'action dont il parle. Or il est certain et admis par tout le monde que l'on ne pouvait pas se faire représenter dans la poursuite criminelle (1). On doit donc écarter l'argument que Vinnius et les partisans de son système prétendent faire résulter de ce texte. — Quant à la loi 7, Cod. *De injur.*, pour que l'argument qu'on en tire fût péremptoire, il faudrait que le principe posé par cette loi fût absolu. Or cela ne peut être soutenu, puisque l'injure résultant des libelles diffamatoires donne ouverture, en certains cas, à une instance publique (2).

(1) Sauf l'exception des *viri illustres*. — Paul. Sent., lib. V, tit. IV, § 12, et Inst., tit., De injur., § 10.

(2) L. 6, D., De injur. — Il en était de même pour certaines autres injures spécifiées dans les constitutions impériales. — V. infra, p. 148.

On peut donc croire que la loi 7 s'applique à l'action prétorienne et non pas aux autres actions d'injures (1). En admettant même que la loi 7 dût être appliquée à l'action de la loi Cornelia, ne peut-on pas soutenir que, dans les premiers temps, cette action donnait ouverture à un *judicium publicum*, et que postérieurement cette jurisprudence fut modifiée ? — Vinnius puise un dernier argument dans la loi 1, D., *De publicis judiciis*, et dans le dernier titre des Institutes de Justinien où les instances publiques sont énumérées, sans qu'il soit fait mention de notre loi. Cette objection a certainement de la valeur, mais on peut la détruire en prouvant que l'énumération de ces deux textes n'est point limitative et qu'il a existé beaucoup d *ublica judicia* en dehors de ceux qui y sont cités.

En résumé, dans cette controverse d'autant plus délicate qu'elle se rattache à des matières de droit criminel fort mal connues, nous croyons que l'opinion de Cujas et de Sigonius doit être préférée, et nous admettons avec ces grands jurisconsultes que la loi Cornelia était rangée à Rome parmi les *judicia publica*.

Ajoutons que pour ceux qui supposent, avec M. Ortolan, que la loi Cornelia *De injuriis* est la même que la loi Cornelia *De sicariis*, la question ne peut être douteuse, puisque la loi Cornelia *De sicariis* est expressément citée au Digeste et aux Institutes au nombre des *judicia publica* (2).

(1) On peut soutenir aussi que la l. 7 Cod. *De injur.*, fait seulement allusion à ce que l'injure constitue un délit privé et non pas un délit public idée qui n'exclut pas la poursuite par un *publicum judicium*.

(2) L. D., De publ. jud. ; Inst., lib. IV, tit. ult.

Voët conjecture, d'après la loi 12, § *ult.*, D. *De accusationibus*, que, dans l'action criminelle de notre loi, la condamnation consistait, outre l'infamie, dans l'application d'une simple amende (1). Cette conjecture, appuyée sur un texte de Venuleius, nous paraît admissible (2).

Nous avons déjà eu occasion de constater que le serment pouvait être déféré par le demandeur à l'action de la loi Cornélia, faculté qui, plus tard, fut étendue à l'action d'injures prétorienne (3).

Par une disposition particulière à notre loi, le juge pouvait être récusé s'il était uni au demandeur par certains liens de famille. « *Quâ lege cavetur ut non judicet, qui ei qui agit gener, socer, vitricus, privignus, sobrinusve, propiusve eorum quemquam eâ cognatione affinitateve attinget; quive eorum ejus, parentisve cujus eorum, patronus erit* (4). »

Au point de vue de la prescription, l'action de la loi Cornélia différait, selon nous, de l'action prétorienne. Tandis que cette dernière était prescriptible par un an, l'action de notre loi, perpétuelle à l'origine, pouvait être invoquée sous Justinien, pendant trente ans au civil, pendant vingt-cinq ans au criminel (5). C'est l'applica-

---

(1) Voët, loc. cit., tit., De injur, § 16. — Contra Gravina, loc. cit., t. II, p. 188.

(2) L. 12, § ult., D., De accusation. — Comp., l. 17, § 4, D., De injur.

(3) L. 5, § 8, D., De injur.

(4) L. 5, pr., Id.

(5) *Sic* Voët, Schœpfer, Vinnius, Heineccius, Balde, Julius Clarus, etc. — L. 3, Cod., De præscription. trigint. vel quadrag. ann.; l. 12, Cod., ad leg. Cornel de falsis; Inst., lib. IV, tit. XII.

tion des principes généraux sur la prescription en matière d'actions civiles et de poursuites criminelles (1).

§ 4

Actions d'injures pour libelles diffamatoires.

Nous nous sommes déjà étendu sur les injures *quæ fiunt scripturâ*; nous nous sommes efforcé de fixer les véritables caractères du *libellus famosus*, et de déterminer quelles personnes sont réputées complices ou auteurs des délits de cette nature. Il nous reste à parler des actions auxquelles donnaient naissance les injures ou diffamations écrites.

On pouvait agir contre les auteurs de libelles diffamatoires, soit civilement, soit criminellement (2). Civilement par l'action prétorienne, l'édit punissant indistinctement tout ce qui est fait *infamandi causâ* (3); criminellement par un *judicium publicum* ou par une poursuite *extra ordinem* (4).

Par le *judicium publicum*, l'auteur et les complices du délit étaient punis rigoureusement. « *Si condemnatus sit qui id fecit*, dit Ulpien, *intestabilis* EX LEGE *esse jube-*

---

(1) Nous disons ici actions civiles par opposition aux actions prétoriennes « *tanquam ex lege descendentes.* »

(2) Inst., lib. IV, tit. IV, § 10.

(3) Id.; *Sic* l. 15, § 25, D., De injur.

(4) L. 6, D., De injur.; Paul. Sent., lib. V, tit. IV, § 15.

tur (1). » C'est-à-dire que le condamné devenait incapable d'être témoin et de faire un testament (2). — C'est une question fort controversée que de savoir à quelle loi Ulpien fait allusion par les expressions *intestabilis ex lege esse jubetur*. Les uns pensent, comme Gravina, Vinnius, Bouchaud, etc., qu'il s'agit ici de la loi Cornelia *De injuriis*, qui, par une disposition particulière, punissait le libelle diffamatoire. D'autres, et parmi eux Cujas, admettent qu'il s'agit d'une loi spéciale, ou plutôt d'un sénatus-consulte édicté pour la répression de la diffamation écrite (3). On pourrait soutenir enfin, d'après certains passages de Tacite, qu'Ulpien a entendu parler de la loi *Julia majestatis* (4). De ces trois opinions, la première nous paraît peu soutenable. En effet, rien n'autorise à croire que la loi Cornélia ait contenu une disposition relative aux libelles. Le contraire semble résulter d'un grand nombre de textes (5). Entre les deux autres systèmes, celui de Cujas doit, croyons-nous, être préféré.

L'instance publique est particulièrement utile quand la personne diffamée n'est pas nommée dans le libelle et y est désignée de telle sorte qu'il lui serait difficile de prouver judiciairement que c'est précisément d'elle dont l'auteur de l'écrit a voulu parler. Dans ce cas, la difficulté de la

---

(1) L. 5, § 9, D., De injur.

(2) L. 11, D., De testibus ; l. 18, in fine, l. 26, in fine, D., Qui testamenta; Inst., tit., De testamentis, § 6.

(3) Cujas, loc. cit., t. VIII, col. 1092.

(4) V. Bayle, Dissertation sur les libelles diffamatoires. — Tacit., Annal., lib. I, ch. LXXII. — Comp. Suétone, Vie d'Auguste, § 55.

(5) L. 5, pr., D., De injur. ; Inst., tit., De injur, § 8 ; Paul. Sent., lib. V, tit. IV, § 8.

preuve rend l'action privée illusoire, mais le *publicum judicium* assure la répression du délit, car dans ce mode de poursuite, ouvert au premier venu, on n'a point à prouver que le libelle contient une diffamation contre telle ou telle personne; on doit seulement établir que l'auteur a voulu diffamer une personne quelconque (1). Du reste, on peut dans tous les cas renoncer au *judicium publicum* et poursuivre l'auteur du libelle, soit au civil, par l'action prétorienne, soit criminellement, *extra ordinem*. Le droit accordé à la personne diffamée d'intenter l'action privée n'est altéré en rien par la faculté d'intenter une poursuite publique, et le magistrat ne pouvait dans notre espèce refuser le *privatum judicium*, sous prétexte qu'il ne fallait pas préjudicier à l'instance publique. Mais, d'autre part, une fois que le *publicum judicium* avait été exercé, la poursuite privée devait être refusée : « *Nec enim prohibendus est privato agere judicio, quo publico judicio præjudicatur, quia ad privatam causam pertinet. Plane si actum sit publico judicio denegandum est privatum. Similiter ex diverso* (2). »

---

(1) Pothier, loc. cit., p. 438, note C. — Le droit de poursuivre le délit de libelle par un *publicum judicium* fut accordé sans doute aussi pour multiplier les poursuites, afin de laisser moins de délits impunis. Il arrivait souvent qu'une personne diffamée préférait garder le silence plutôt que d'intenter un procès scandaleux, ou plutôt que de se donner la peine de suivre une instance. De là une impunité regrettable dont on voulut combattre les mauvais effets en accordant à tous les citoyens le droit de requérir le châtiment des libellistes. — (Comp. Larochefoucault, Maxime XIV : Les hommes ne sont pas seulement sujets à perdre le souvenir des bienfaits et des injures : ils haïssent même ceux qui les ont obligés et cessent de haïr ceux qui leur ont fait des outrages. L'application à récompenser le bien et à se venger du mal leur paraît une servitude à laquelle ils ont peine de se soumettre).

(2) L. 6, pr., D., De injur.; V. infrà, p. 153 et suiv.

Au moyen de la poursuite *extra ordinem*, on obtenait contre le délinquant l'application de peines encore plus rigoureuses qui pouvaient aller jusqu'à la relégation dans une île : « *In eos auctores... extra ordinem usque ad relegationem insulæ vindicatur*, » dit Paul (1). Au surplus, le juge pouvait changer la peine selon la gravité du délit, et selon la considération de la personne diffamée (2).

Il résulte de plusieurs constitutions du Code Théodosien et de la constitution unique insérée dans le Code de Justinien au titre *De famosis libellis* que, sous les empereurs chrétiens, les auteurs de libelles diffamatoires étaient punis *capitali pœnâ* (3). Ces expressions employées par les empereurs Valentinien et Valens ont donné lieu, de la part des interprètes du droit romain, à de longues controverses. Les uns ont pensé que ces mots doivent s'entendre de la peine de mort. Telle est l'interprétation de Julius Clarus (4), Voët (5), Blakstone, Muyard de Vouglans, etc. (6). D'autres ont prétendu que la constitution de Valentinien et Valens prescrit non pas la peine de mort, mais toute peine contenant la déchéance civile, la *capitis deminutio* (7). Enfin, d'après une troisième opinion, la peine de mort était prononcée

---

(1) Paul. Sent., lib. v, tit. iv, § 16.

(2) Id., § 15.

(3) L. 1, Cod. Théod., De fam. libell.; l. unic., Cod., De fam libell.

(4) Julius Clarus, loc. cit., lib. v, § ult., n° 23.

(5) Voët, loc. cit., tit., De injur., § 10.

(6) Comp. Dormand, loc. cit., p. 33.

(7) V. dans le sens de cette opinion une note de M. Charpentier à la suite de sa traduction du traité de Cicéron, *De legibus*. (Collect. Panckouke, t. xxxv, p. 219.) — Comp. Chassan, loc. cit., t. i, p. 337 et suiv.

dans le cas où le diffamateur accusait la personne diffamée d'un crime capital ; le coupable était puni seulement d'exil ou de déportation si le fait imputé dans le libelle n'était pas frappé par les lois d'une peine plus forte (1).

Quoi qu'il en soit, il paraît évident que les législateurs de Rome se montrèrent d'une rigueur extrême contre les auteurs et les complices du délit de libelle, même pendant les plus mauvais jours de l'Empire. Ce fait ne doit pas laisser de nous surprendre quand on songe qu'à Rome la délation fut en si grand honneur. Au point de vue de nos idées modernes, il y a évidemment là une contradiction (2).

On est en droit de penser que l'instance publique, de même que la poursuite *extra ordinem* pour libelles diffamatoires se prescrivaient par vingt ans, « *ut fere omnia crimina* (3). »

§ 5.

Des poursuites criminelles pour les injures autres que les libelles diffamatoires et les délits prévus par la loi Cornelia.

Justinien nous dit formellement qu'on peut agir civi-

---

(1) *Sic* Carpzovius, loc. cit., pars II, quæst. 98. — Comp. Pothier, loc. cit., p. 438, note 6.

(2) Les récompenses promises à ceux qui dénonçaient les libelles diffamatoires prouvent aussi quelle importance les Romains attachaient à la répression du délit de diffamation (V. l. 5, § 11, D., De injur.)

(3) *Sic* Voët, Schœpfer, etc. — L. 12, Cod., ad leg. Cornel. de falsis.

lement ou criminellement pour toute espèce d'injures (1). Il prend soin d'ajouter que dans l'action criminelle, le juge inflige une peine *extraordinaire*, *extraordinariam pœnam*. Il faut rapprocher de ce texte la l. 45 D., *De injur.* : « *De injuriâ nunc extra ordinem ex causâ et personâ statui solet. Et servi quidem flagellis cæsi dominis restituuntur; liberi vero humilioris loci fustibus subjiciuntur; cæteri autem, vel exilio temporali, vel interdictione certæ rei coercentur* (2). » Signalons aussi un passage de Paul, relatif à la punition de l'esclave : « *Servus qui injuriam aut contumeliam fecerit, si quidem atrocem, in metallum damnatur; si vero levem, flagellis cæsus sub pœnâ vinculorum temporalium domino restituitur* (3). » — D'après Paul, le châtiment pouvait aller dans certains cas jusqu'à la peine de mort, *summum supplicium* (4).

Nous remarquerons qu'en dehors même des libelles diffamatoires et des infractions prévues par la loi Cornelia, certains délits d'injures pouvaient donner naissance à des *judicia publica*, en vertu des constitutions impériales; par exemple, lorsqu'on insultait un prêtre pendant le sacrifice (5). Cujas cite un passage de Salvien d'après lequel on pourrait supposer que l'injure faite à des *viri illustres*, donnait aussi ouverture à une instance publique. Mais ce passage est peu concluant (6).

---

(1) Just., tit. De injur., § 10.

(2) V. Pothier, loc. cit., p. 440, note E et F.

(3) Paul. Sent., lib. v, tit. iv, § 20.

(4) Id., § 13 et suiv.;—comp., l. 1, § 1 et § 2, D., De extr. crim.; l. 19, Cod., De quæstion; l. 10, Cod., De episcop. et cleric.

(5) L. 10, Cod., De episcop. et cleric.

(6) Cujas, loc. cit., t. ii, col. 616. — Voici la citation de Salvien : « Deum

Nous avons déjà dit que dans les instances criminelles, à la différence des actions d'injures civiles, on ne pouvait en principe se faire représenter. « *Injuriarum non nisi præsentes accusare possunt*, dit Paul, *crimen ejus quod vindictæ aut calumniæ judicium expectat, per alios intendi non potest* (1). » Une constitution de l'empereur Zénon, citée dans les Institutes, introduisit une dérogation à cette règle, en faveur des *personnes illustres* ou d'une dignité supérieure. Lorsqu'elles poursuivaient ou lorsqu'elles étaient poursuivies criminellement pour injure, on leur permettait d'accuser ou de défendre *per procuratorem* (2). La constitution de Zénon accordait le même privilége à leurs femmes et à leurs enfants.

Nous rappellerons ici que, d'après l'opinion de la plupart des commentateurs, les instances criminelles pour injures se prescrivaient par vingt ans, d'après les principes du droit commun.

§ 6.

Du concours de l'action civile et de la poursuite criminelle pour injures. — Du cumul de l'action d'injures avec d'autres actions.

Il ne nous reste plus à traiter que deux questions importantes : 1° L'*actio injuriarum* intentée au civil, pou-

---

incuriosum et negligentem vocas ! Si quemlibet ingenuorum hominum hâc contumeliâ læderes, injuriarum insolentium reus esses : certe illustriorem quempiam aut subliminorem etiam censuram *juris publici* sustineres. »

(1) Paul. Sent., lib. v, tit. iv, § 12.

(2) L. 11, Cod., De injur.

vait-elle se cumuler avec l'instance criminelle pour délit d'injure? 2° L'action d'injures pouvait-elle être exercée concurremment avec d'autres actions à l'occasion d'un fait unique?

Avant d'entrer dans l'examen des textes spéciaux à ces questions, il importe de rappeler quels étaient les principes généraux du droit romain, en matière de concours d'action (1).

Lorsque deux actions ne sont pas *identiques* et *communes*, quant à l'*objet juridique* et au *but* poursuivi, *il n'y a pas concours entre elles*. La seconde peut être alors exercée avec une entière efficacité, bien que la première ait produit tous ses effets.

Lorsqu'il y a concours entre les actions, par suite de l'*identité* et de la *communauté d'objet juridique* et de but, deux hypothèses peuvent se présenter. Ou bien il y aura concours complet, concours *électif* comme disent les Allemands, ou bien il y aura concours partiel. Le premier cas est régi par la règle : *Quoties concurrunt plures actiones ejusdem rei nomine, unâ quis experiri debet* (2). « Lorsqu'il y a concours de plusieurs actions ayant un même objet, une seule de ces actions peut être exercée. » La première action absorbe alors complètement le résultat de la seconde. Nous citerons pour exemple les actions *ex stipulatu* et *rei uxoriæ* qui compètent à la femme pour la restitution de la dot. — Il y a concours partiel, quand l'absorption de la seconde action par le résultat de la première, est incomplète. La seconde action peut alors être

(1) Comp. M. de Savigny, Dr. rom., trad. de Guenoux, t. v, p. 220 et suiv.

(2) L. 43, § 1, D, De reg. jur.

exercée sous déduction de la somme déjà reçue. Ce cas, dit M. de Savigny, peut se présenter dans plusieurs circonstances : tantôt la seconde action renferme plusieurs objets qui n'étaient pas contenus dans la première, par exemple, lorsque comme *actio mixta*, elle s'applique à l'indemnité et à la peine, tandis que la première n'avait pour objet que l'indemnité ou la peine (1) ; tantôt la seconde action procure desavantages accessoires, tels qu'un mode particulier d'estimation Le principe de ce concours nous est donné par Paul (2).

Tout ce système peut se résumer dans la formule suivante : La chose que nous avons obtenue par une première action ne peut être réclamée par une action nouvelle. Théroie éminemment juste, qui cependant ne fut pas admise dans le droit romain sans de longues controverses.

Ces principes généraux une fois posés, la solution de nos questions spéciales aux actions d'injures devient moins difficile.

En ce qui concerne l'exercice successif de l'action civile et de la poursuite criminelle, pour un même délit d'injure, il est évident pour nous que ce cumul n'était pas admis par la jurisprudence romaine. On avait, le choix entre l'action civile et l'action criminelle, mais l'une intentée, l'autre disparaissait. Les deux ins-

---

(1) « Par exemple, lorsqu'une chose a été volée, on peut d'abord exercer la *condictio furtiva* en indemnité ; on peut ensuite intenter l'action *vi bonorum raptorum*, non plus en indemnité, mais comme moyen d'obtenir le triple de la valeur à titre de peine (M. de Savigny). »

(2) L. 41, § 1, D., De oblig. et act. — V. la note N, de D. Godefroid sur cette loi ; Comp. Cujas et Pothier, ad hanc leg. ; M. de Savigny, loc. cit. (V. p. 147 supra, note 1). — *Sic* l. 88, D., De furtis ; l. 1, D., vi bon. rapt.

tances n'avaient-elles pas en effet le même objet juridique? Ne tendaient-elles pas au même but, l'application d'une peine (1)?—C'est du reste la solution qui nous est donnée par la l. 6, D., *De injuriis*, et qui doit s'appliquer, croyons-nous, en matière d'injures, aux *judicia publica*, aussi bien qu'aux *cognitiones extraordinariæ*. Ainsi, lorsque l'offensé intentait l'action privée, les tiers ne pouvaient plus accuser *publico judicio* devant le juge criminel, de façon à faire frapper l'offenseur d'une seconde peine. L'esprit général du droit romain et le but particulier que l'on s'était proposé en créant une instance publique pour certaines injures, conduisent à cette conclusion. L'admission d'une double peine pour un délit privé simple, dit M. de Savigny, serait en opposition avec les principes et ne pourrait se justifier par aucun motif même apparent (2).

Nous arrivons à la seconde question : l'action d'injures pouvait-elle être exercée concurremment avec d'autres actions à l'occasion d'un *fait unique*? D'après notre savant maître M. Pellat, dont l'opinion sur ce point est partagée par M. de Savigny, les jurisconsultes romains se divisaient (3). Les uns comme Modestin rejetaient complètement le cumul total ou partiel (4); les autres admettaient avec Paul le cumul par-

---

(1) *Sic* Demangeat, du Caurroy, de Savigny, etc.

(2) M. de Savigny, Droit rom., t. v.

(3) M. Pellat, Exposé des principes généraux de la propriété et de l'usufruit, édit. de 1853, p. 165 et suiv.; Comp. Pothier loc. cit., lib. XLIV, tit. VII, nos 66 à 69, p. 285 et suiv. Comp. également M. Demangeat, loc. cit. t. II, p. 638.

(4) L. 53, pr. D., De obligat. et act.

tiel (1) ; d'autres enfin, tels que Papinien et Ulpien, admettaient le cumul intégral (2). — Hermogénien, le plus moderne des jurisconsultes cités au Digeste, nous apprend que ce dernier système a prévalu : « *Cum ex uno delicto plures nascuntur actiones, sicut evenit cum arbores furtim cæsæ dicuntur, omnibus experirii permitti*, POST MAGNAS VARIETATES OBTINUIT (3). » — La théorie d'Ulpien et de Papinien est approuvée par M. Pellat qui l'explique en faisant remarquer qu'un seul fait, un délit *matériellement* unique, peut présenter plusieurs faces, contenir plusieurs infractions aux lois pénales, et constituer par conséquent plusieurs délits. Chacun de ces délits entraînant l'application d'une peine appropriée, doit être l'objet d'une action spéciale, distincte, qui ne fait pas double emploi avec les autres et qui peut être exercée isolément. D'après les principes généraux, que nous avons posés plus haut, il n'y a pas là *concours* véritable et chaque loi pénale doit recevoir son application complète. La communauté d'objet juridique qui est le principe fondamental du concours, ne se rencontre pas ici, et la punition de chacun des délits commis, constitue un but spécial et distinct. Ainsi l'*actio injuriarium* pourra être cumulée avec l'*actio legis Aquiliæ*, car d'une part le même fait peut constituer tout à la fois un *damnum injuriâ datum* et une injure (4) ; et d'autre part l'*actio injuriarum* a pour but la punition du délit d'injure, tandis que l'*actio legis*

(1) L. 34, pr., D., de obligat. et act.

(2) L. 6, D., ad leg. Jul., de adult. ; l. 60, D., De obligat. et act.; l. 25 et l. 15, § 46, D., De injur.; l. 130, D., De regul. jur.; l. 2, D., De privat. delict.

(3) L. 32, D., De obligat. et act.

(4) V. supra, p. 15.

Aquiliæ tend à la réparation du dommage et à la punition du délit de *damnum injuriâ datum*. De même l'action d'injures peut être cumulée avec les actions *furti, servi corrupti, sepulchri violati*, etc., (1). N'est-ce pas la juste application de la règle : « *Nunquam plura delicta concurrentia faciunt ut ullius impunitas detur : Neque enim delictum ob aliud delictum minuit pœnam* (2). »

Si les jurisconsultes romains se sont partagés sur cette question, dit M. de Savigny, cela tient à la confusion fréquente, mais certainement erronée de la communauté d'*origine* et de la communauté d'*objet* entre plusieurs actions. Les jurisconsultes ont pu être trompés en outre par la similitude apparente du rapport existant entre plusieurs actions pénales et plusieurs actions en réparation de dommage et enfin par la nature complexe des actions pénales mixtes, dont cependant, les éléments constitutifs peuvent toujours se distinguer sûrement (3).

Ajoutons que l'insertion dans les Institutes de Justinien du texte d'Ulpien, qui forme la l. 130, D., *De regulis juris*, semble confirmer l'assertion que la théorie d'Ulpien sur cette question controversée était généralement admise au temps de la législation Justinienne (4).

---

(1) Comp. Cujas, t. v, col. 252.

(2) L. 2, pr., D., De privat. delict.

(3) M. de Savigny, Droit rom., t. v, p. 255 et suiv. — M. de Savigny admet néanmoins une restriction à la règle que nous venons d'exposer sur le cumul des actions pénales : « Quand deux actions résultant d'un seul délit ont l'une et l'autre pour objet l'indemnité et une peine, le cumul complet ne s'applique qu'à la peine contenue dans chacune d'elles. L'indemnité déjà obtenue en vertu de la première action ne peut être réclamée par la seconde. (V. t. v, p. 266.) »

(4) Inst., lib. iv, tit. ix, § 1.

Nous ne pouvons cependant passer sous silence un texte du Digeste qui forme le § 1er de la loi 7 du titre *De injuriis* et qui, à première vue, peut sembler en opposition avec les principes que nous venons d'exposer, sur le concours des actions d'injures avec d'autres actions pénales. Voici ce texte : « *Si dicatur homo injuriâ occisus, numquid non debeat permittere prætor privato judicio, legi Corneliæ præjudicari? Idemque et si ita quis agere velit quod tu venenum dedisti hominis occidendi causâ? Rectius igitur fecerit, si hujus modi actionem non dederit. Atquin solemus dicere, ex quibus causis publica sunt judicia, ex his causis non esse nos prohibendos quominus et privato agamus. Est hoc verum; sed ubi non principaliter de eâ re agitur quæ habet publicam exsecutionem.— Quid ergo de lege Aquiliâ dicimus? Nam ea actio principaliter hoc continet; hominem occisum non principaliter : nam ibi principaliter de damno agitur quod domino datum est. At in actione injuriarum de ipsâ cæde vel veneno ut vindicetur; non ut damnum sarciatur. — Quid ergo si quis idcirco velit injuriarum agere, quod gladio caput ejus percussum est? Labeo ait non esse prohibendum; neque enim utique hoc (inquit) intenditur quod publicam habet animadversionem. Quod verum non est. Cui enim dubium est etiam hunc dici posse Corneliâ conveniri* (1)? » — A notre sens, il faut conclure seulement de cette loi que lorsqu'un délit donne naissance à une action privée et à un *publicum judicium*, si dans l'action

---

(1) L. 7, § 1, D., De injur. — Comp. D. Godefroid, loc. cit., notes *E* à *I*, ad h. leg. ; Pothier, loc. cit., p. 287, notes *F* à *I* ; Dormand, loc. cit., p. 16 et suiv.

privée l'infraction est envisagée au même point de vue que dans l'instance publique, le préteur agit sagement en refusant l'action privée, pour ne pas créer un préjudice à l'instance publique. Une espèce fait comprendre cette idée un peu subtile : un esclave est tué par une personne qui a agi *animo injuriandi*; ce seul fait donne naissance à trois poursuites : 1° l'instance publique de la loi Cornelia *De sicariis* pour le meurtre ; 2° l'action privée d'injures pour la *contumelia*, résultant du meurtre ; 3° l'action privée de la loi Aquilia pour le dommage causé par la perte de l'esclave. Mais la poursuite publique de la loi Cornelia et l'action d'injures portent en réalité sur la même face du délit : dans ces deux instances, on envisagera non pas le *damnum*, mais le meurtre lui-même : *de ipsâ cæde agitur ut vindicetur*. C'est cette sorte de confusion dans l'objet des deux poursuites, qui doit, selon notre texte, décider le préteur à refuser l'action privée d'injures *ne publico judicio præjudicetur*. Décision qui n'est pas applicable à l'action aquilienne, laquelle tendant à un but évidemment différent et reposant sur des considérations d'un autre genre, permet au demandeur de baser sa plainte sur de tout autres données. — Ainsi comprise, la loi 7, § 1er, n'est pas en opposition avec la théorie d'Ulpien, développée par MM. Pellat et de Savigny, d'après laquelle les différentes actions nées d'un même délit, peuvent être exercées successivement. Le texte que nous venons de commenter établit seulement que cette théorie n'est pas *toujours* applicable dans le cas spécial où un même fait matériel donne naissance à une action pénale privée et à un *judicium publicum*.— Notre texte n'est pas non plus en contradiction avec la l. 6,

D., *De injuriis*, dans laquelle Paul dit formellement qu'en cas de libelle diffamatoire, on *a le choix* entre l'instance publique et l'action privée. Paul, en effet, parle d'une action privée et d'une instance publique *pour injure*; en d'autres termes la l. 6, vise le cas où l'*infraction envisagée comme délit d'injure* donne naissance aux deux modes de poursuite. Ulpien, au contraire, dans la l. 7, prévoit l'hypothèse où l'infraction envisagée sous un double point de vue donne naissance à l'action privée d'injures comme *contumelia*, et à l'instance publique de la loi *Cornelia de sicariis* comme meurtre. On voit combien les deux espèces sont différentes.

Ajoutons que le texte, qui forme le § 1er de la l. 7, D., *De injuriis*, pourrait bien avoir été l'objet d'altérations ou d'interpolations qui en rendent le sens difficile à saisir et qui peut-être en ont dénaturé la portée. Nous ne trouvons pas dans ce fragment incorporé au Digeste sous le nom d'Ulpien, la clarté habituelle à ce grand jurisconsulte. La répétition malheureuse de certains membres de phrase, l'ambiguïté des expressions, la lourdeur de la construction, nous inspirent cette pensée qui, du reste, paraît n'être venue à l'esprit d'aucun commentateur et à laquelle nous ne voulons pas attacher plus d'importance qu'elle n'en mérite.

Nous voici arrivés à la fin de notre étude sur les injures et la diffamation en droit romain. Il ne nous reste plus qu'à réclamer l'indulgence de ceux qui nous liront pour les erreurs et les inexactitudes qui ont pu nous échapper.

Les matières que nous venons de traiter sont l'objet d'un enseignement très-sommaire dans les écoles de droit; d'autre part, les romanistes contemporains ne les ont approfondies dans aucun ouvrage spécial. Le plus souvent nous n'avons donc eu d'autres guides que les interprètes et les commentateurs des XVI°, XVII° et XVIII° siècles (1). Il en est résulté pour nous de sérieuses difficultés que notre inexpérience a sans doute imparfaitement surmontées, et qui ont rendu notre tâche d'autant plus délicate, que le système des actions d'injures se rattache, en droit romain, à des théories de droit criminel et d'organisation judiciaire peu connues.

---

(1) Sauf pour la partie relative à la preuve du fait diffamatoire, M. Grellet-Dumazeau ayant fait un examen très-approfondi de la question dans la *Revue de législation*. Nous avons cru devoir nous guider sur ce travail auquel nous nous sommes permis de faire un grand nombre d'emprunts.

TABLE.

DROIT ROMAIN.

Pages.

AVANT-PROPOS 5

CHAPITRE I.

DES INJURES EN GÉNÉRAL SELON LE DROIT DES PANDECTES...... 8

§ 1er.

De la volonté de faire l'injure 9

§ 2.

De l'atteinte outrageuse 16

§ 3.

De l'illégalité de l'acte qui constitue l'injure 20

CHAPITRE II.

DES DIFFÉRENTES ESPÈCES D'INJURES ET DE LEUR CLASSIFICATION. 22

§ 1er.

Du délit d'injure commis *RE* 32

§ 2.

Des délits d'injures commis *verbis* et *scripturâ*, et particulièrement de la diffamation 41

CHAPITRE III.

PRINCIPES GÉNÉRAUX SUR LES ACTIONS D'INJURES 82

§ 1er.

De la nature des actions d'injures 83

§ 2.

Pages.

Des personnes qui peuvent exercer les actions d'injures........ 86

§ 3.

Contre quelles personnes peuvent être intentées les actions d'injures.. 94

§ 4.

De la preuve du délit dans les actions d'injures............. 97

§ 5.

Des modes d'extinction des actions d'injures................. 99

CHAPITRE IV.

DES DIFFÉRENTES ACTIONS D'INJURES.......................... 105

§ 1er.

Actions de la loi des Douze-Tables.......................... 105

§ 2.

Action d'injures prétorienne................................. 110

§ 3.

Actions d'injures de la loi Cornelia......................... 130

§ 4.

Actions pour libelles diffamatoires......................... 140

§ 5.

Des poursuites criminelles pour les injures autres que les libelles diffamatoires et les délits prévus par la loi Cornelia.......... 144

§ 6.

Du concours de l'action civile et de la poursuite criminelle pour injure. — Du cumul de l'action d'injures avec d'autres actions. 146

Typ. Charles de Mourgues frères. — 4408.

DROIT FRANÇAIS.

DROIT FRANÇAIS.

DES FORMALITÉS SPÉCIALES PRESCRITES PAR LA LOI
POUR
LA PUBLICATION DES JOURNAUX ET ÉCRITS PÉRIODIQUES.

(Lois du 9 juin 1819, du 18 juillet 1828, du 16 juillet 1850. — Décret-loi du 17 février 1852. — Loi du 11 mai 1868.)

« Dans une nation libre, il est très-souvent indifférent que les particuliers raisonnent bien ou mal; il suffit qu'ils raisonnent: de là sort la liberté qui garantit des effets de ces mêmes raisonnements. — De même, dans un gouvernement despotique, il est également pernicieux qu'on raisonne bien ou mal; il suffit qu'on raisonne pour que le principe du gouvernement soit choqué. »

(MONTESQUIEU, *Esprit des Lois*, liv. XIX, ch. XXVII.)

« La tribune et la presse sont deux sœurs nées le même jour; elles ont toujours mêmes amis et mêmes ennemis, même fortune et mêmes revers. Elles ne peuvent vivre qu'en ne se séparant pas. »

(E. LABOULAYE, *Le parti libéral en France.*)

NOTIONS PRÉLIMINAIRES.

Il est peu de questions qui, à notre époque, aient été plus souvent et plus vivement débattues que la liberté de la presse. Philosophes, hommes d'État, publicistes, jurisconsultes, ont tour à tour étudié ce problème et proposé leur solution; à la tribune et dans les journaux, la théorie de la liberté de la presse a été mille fois discutée. Chacun a voulu dire son mot, émettre une opinion, présenter son système, sans que la question soit beaucoup plus avancée aujourd'hui qu'elle ne l'était au commencement du siècle.

Nous n'avons nulle intention de prendre part à ce grand débat. Il nous manque l'expérience et l'autorité nécessaires pour émettre une opinion sur une question qui divise tant d'excellents esprits. Notre but est plus modeste; nous nous proposons d'étudier, au point de vue du droit et de la jurisprudence, les mesures de police et de surveillance prescrites par le législateur, spécialement en ce qui concerne la publication des journaux.—Dans cette étude, à laquelle la promulgation récente d'une loi sur la presse donne peut-être une certaine actualité, nous nous efforcerons de rester autant que possible sur le terrain du droit, évitant les discussions irritantes que peut soulever le côté politique du sujet que nous traitons.—Notre travail, ainsi compris, se rattache à des controverses qui ne sont pas sans intérêt et dont la solution est intimement liée aux principes généraux du droit.

Avant d'aborder l'examen des lois actuelles, qu'il nous soit permis de résumer en quelques pages l'histoire de notre législation sur la presse. Cette histoire est à nos yeux pleine d'enseignements profitables. Les variations de nos lois en ces matières, variations si nombreuses, souvent si imprévues, parfois si funestes, n'ont-elles pas reflété tous les grands événements dont l'enchaînement depuis trois quarts de siècle n'est que la suite d'une longue révolution? Et si l'on veut remonter plus haut, si l'on interroge notre ancienne législation, l'histoire de l'imprimerie depuis le xve siècle jusqu'à la Révolution française, n'est-elle pas l'histoire même de la liberté de pensée?

SECTION Ire.

Aperçu sommaire des mesures restrictives imposées en France à la liberté de l'imprimerie, depuis le xve *siècle jusqu'à la Révolution française.*

Durant les premières années qui suivirent la découverte de l'imprimerie, l'industrie typographique, nous n'osons pas dire encore la presse, jouit d'une indépendance presque complète. Les gouvernements mirent un certain temps à comprendre quelle arme redoutable, quel irrésistible levier, la liberté venait de conquérir. — Louis XI, lui-même, le politique méfiant, le despote cauteleux, crut pouvoir sans danger favoriser l'introduction en France d'une découverte dont son esprit, si fin, si perspicace d'ordinaire, ne lui avait pas fait pressentir les conséquences (1). — Cet état de choses ne fut pas de longue durée.

Dans la seconde moitié du xve siècle, les controverses religieuses, les discussions théologiques, étaient à l'ordre

(1) Comp., *Mémoires* de Commines.

du jour; c'étaient les grandes questions du moment, c'étaient celles qui passionnaient le plus vivement les esprits. Le premier livre qui sortit des presses de Guttemberg, fut une Bible. Répondant aux préoccupations et aux besoins de l'époque, l'imprimerie se mit tout d'abord au service de la religion et de la théologie. Mais en répandant beaucoup de lumière, elle fit naître beaucoup de doutes, elle enfanta de dangereuses controverses. Rome s'émut, et le pape Alexandre VI Borgia, inventa la censure en 1501, défendit de publier aucun livre sans l'aveu des prélats, et ordonna de saisir et de brûler tout ouvrage qui n'aurait pas obtenu cette approbation. La religion faisait expier à l'imprimerie l'essor donné à la libre pensée. — Le bref d'Alexandre VI est resté comme le type de la plupart des mesures préventives dont la presse a été si souvent l'objet depuis le XVIe siècle.

En France, ce ne fut que plus de vingt années après, que l'autorité s'émut des progrès de l'art typographique et de son influence sur les mœurs, la politique et la religion. Une déclaration fort curieuse du bon roi Louis XII nous prouve, qu'en 1513, la découverte de Guttemberg était encore considérée de ce côté-ci des Alpes comme un bienfait pour l'humanité. Cette déclaration, relative à un impôt dont était frappé la ville de Paris et dont les *libraires*, *relieurs*, *illumineurs* et *escrivains* obtenaient d'être exempts contient le passage suivant : « Pour la « considération du grand bien qui est advenu en nostre « royaume, au moyen de l'art et science de l'imprimerie, « l'invention de laquelle, semble estre plus divine « qu'humaine, laquelle grâces à Dieu a esté inventée et

« trouvée de nostre temps par le moyen et industrie des « dits libraires, par laquelle notre sainte foy catholique « a été grandement augmentée et corroborée, justice « mieux entendue et administrée, et le divin service « plus honorablement et plus curieusement fait, dit et « célébré; au moyen de quoy tant de bonnes et salutaires « doctrines ont esté manifestées, communiquées et pu- « bliées à tout chascun, au moyen de quoy notre « royaume précelle tous les autres; et autres innumé- « rables biens qui en sont procédez et procèdent encore « chaque jour, à l'honneur de Dieu et augmentation de « nostre dicte foy catholique comme dit est. Pour ces « causes, etc., etc. »

Les désordres religieux et les dissensions politiques que suscita la Réforme, devaient bientôt inspirer aux gouvernements des idées toutes différentes et les porter à réagir contre l'influence chaque jour plus menaçante de l'imprimerie. L'heure était sonnée des luttes sanglantes, des guerres civiles sans trève et sans merci. L'orage venu de l'Allemagne s'étendait au loin. Le fanatisme et l'exaltation des esprits bouleversaient l'Occident. — Dans ces discordes civiles et religieuses, l'imprimerie joua certainement un grand rôle. Les partis savaient déjà manier l'arme nouvelle que la presse mettait entre leurs mains.

Aussi, dès le règne de François Ier peut-on constater un singulier revirement dans la manière dont le pouvoir apprécie le rôle et les services de l'imprimerie. Nous trouvons dans les registres du Parlement à la date du 13 août 1526 : « Défense de publier aucun ouvrage *qui n'ait « été premièrement vu par la Cour du Parlement ou les*

« *commis* (1). » C'est, croyons-nous, la première fois qu'en France, la censure est érigée en principe. Quelques actes isolés, échelonnés depuis 1515, faisaient du reste pressentir une décision de cette nature.

Six ans plus tard, à la date du 17 mars 1532, nous relevons un acte du Parlement donnant mission à deux conseillers auxquels doivent s'adjoindre deux docteurs en théologie « à l'effet d'aller visiter toutes les boutiques « de libraires de Paris et d'y saisir tous les livres de « mauvaise doctrine. »

L'année suivante, l'imprimerie faillit devenir l'objet d'une mesure bien plus radicale et plus expéditive. « François Ier étant à Lyon le 7 juin, la société de Sor« bonne lui présenta une requête fort pressante au sujet « des livres hérétiques. Elle y exposa fortement au roi « que s'il voulait sauver la religion attaquée et ébranlée « de tous côtés, il était d'une nécessité indispensable « d'abolir pour toujours en France, par un édit sévère, « l'art de l'imprimerie qui enfantait chaque jour une in« finité de livres qui lui étaient si pernicieux. *Ce projet « de la Sorbonne fut sur le point d'être réalisé.* Mais Jean « du Bellay, évêque de Paris, et Guillaume Budé, parè« rent heureusemens le coup; ils firent entendre au zélé « monarque qu'en conservant un art si précieux, il pour« rait efficacement remédier aux abus dont on se plai« gnait si justement (2). »

---

(1) Registres du Parlements MSS, (cité par M. Leber dans une brochure publiée en 1834, sous ce titre : *De l'état réel de la presse et des pamphlets depuis François Ier jusqu'à Louis XIV.*)

(2) *Notice sur la vie et les écrits du père Colonia*, par M. l'abbé Labouderie.

Le danger qui menaçait l'imprimerie, un instant détourné par Jean du Bellay et Guillaume Budé, reparut plus imminent que jamais après les excès auxquels les luthériens se livrèrent en 1534 à Paris et à Blois (1). — Enfin, poussé à bout par les violences des protestants, obsédé par les plaintes de la Sorbonne, François Ier supprima l'imprimerie en France sous *peine de la hart*, par un édit du 13 janvier 1535. Quarante jours après, le 23 février, sur une remontrance du Parlement, un second édit suspendit l'effet du premier. Il y était dit que le Parlement élirait vingt-quatre personnages *bien qualifiés* et *cautionnés* dont douze seraient choisis pour pouvoir seuls imprimer à Paris « *livres approuvés et néces-* « *saires pour le bien de la chose publique* (2). »

On voit que François Ier, malgré le glorieux surnom de Restaurateur des lettres que la postérité lui a décerné, sut, à l'occasion, sévir rigoureusement contre la presse. A l'appui de cette assertion, nous pourrions citer encore nombre d'édits et d'arrêts du Parlement rendus sous son bon règne, sans parler de quantité de livres brûlés avec ou sans les auteurs.

Le 11 décembre 1547, édit de Henri II ajoutant aux défenses d'imprimer aucun livre sans permission et visite préalables, l'obligation pour l'auteur et l'imprimeur d'apposer leurs noms et surnoms avec l'enseigne ou

---

(1) Comp., *Histoire ecclésiastique*, de Théodore de Bèze, livre Ier.

(2) Taillandier, *Introduction de l'Imprimerie à Paris*. M. Taillandier a été le premier à publier les lettres-patentes du 23 février. — M. Peignot, dans son *Essai historique sur la liberté d'écrire*, qui parut en 1832, a passé sous silence non-seulement l'édit du 23 février, mais même l'édit du 13 janvier.

marque du libraire, sur les ouvrages qu'ils publient et subordonnant cette publication à la permission donnée « par lettres du roy expédiées sous le grand seel de la chancellerie (1). » En parlant de cet édit de 1547, M. Gabriel Peignot (2) fait remarquer avec beaucoup de justesse qu'il ne faut pas lui attribuer la création des priviléges de librairie dont on trouve déjà des exemples sous Louis XII. Seulement, jusqu'à Henri II il n'y avait eu rien de coërcitif dans l'institution des priviléges; les auteurs les demandaient eux-mêmes uniquement pour se garantir des contrefaçons et se donner le droit de poursuivre les contrefacteurs.

Favorables au despotisme, en même temps qu'elles profitaient au fisc, les dispositions de l'édit de Henri II furent renouvelées avec quelques modifications dans les ordonnances d'Orléans, en 1560 (art. 20); de Moulins, en 1566 (art. 78); de Blois en 1580 (art. 36).

Ne passons pas sous silence une ordonnance fort remarquable, datée de Nantes le 10 septembre 1563 : « Faisons défenses à toutes personnes de quelque estat « et condition qu'elles soient, de publier, imprimer et « faire imprimer aucuns livres, lettres, harangues ou « autres escrits soit en rhythme ou en prose, faire se- « mer libelles diffamatoires, attacher placards, mettre « en évidence aucune autre composition..... sans per- « mission dudit seigneur roy, sur peines d'estre *pendus* « *et estranglez*, et que ceux qui se trouveront attachant « ou avoir attaché ou semé aucuns placards, seront pu-

(1) Néron, *Recueil d'ordonnances*.
(2) *Essai historique sur la liberté d'écrire*, par M. G. Peignot, 1832.

« nis de semblables peines (1). » M. Leber, après avoir cité cette ordonnance de Charles IX, ajoute : « On voulut faire, à l'égard des écrivains qui soufflaient le feu de la révolte, ce qu'on entreprit depuis contre ceux qui la soutenaient les armes à la main : on crut qu'en soulevant la massue d'Hercule on écraserait l'hydre d'un seul coup. On trancha dans le vif pour en finir. Mais la loi manquait déjà de cette puissance morale qui la sanctionne et sans laquelle elle cesse d'être loi (2). » N'est-ce pas contre le même écueil que toutes les mesures arbitraires et excessives qui ont frappé la libre expression de la pensée, sont venues successivement se briser? C'est que les mauvaises lois ont toujours été et seront toujours une arme impuissante ou dangereuse entre les mains des gouvernements assez imprévoyants pour y recourir. Une loi n'est acceptée pour telle par un peuple que quand elle ne révolte ni sa conscience, ni sa raison, et cette règle immuable contre laquelle aucun pouvoir ne peut lutter est la sauvegarde providentielle des nations. — Les édits, les règlements de police, les ordonnances, les arrêts des Cours ne purent tarir la source des libelles pendant les guerres civiles engendrées au XVIe siècle par la rivalité des Bourbons et des Guises. Actes législatifs et judiciaires restèrent sans force pour arrêter l'explosion des passions violentes surexcitées par les haines politiques et le fanatisme religieux; ni prohibitions, ni châtiments ne purent empêcher la

(1) *Recueil* de Fontanon.
(2) Leber, *loc. cit.*

presse de jouer son rôle, rôle important déjà dans les crises politiques qui agitèrent cette époque.

En 1590, pendant l'interrègne qui suivit la mort de Henri III, nous trouvons encore dans les registres du Parlement de Tours la peine « d'estre pendu et estranglé sans forme ni figure de procès » prononcée contre les auteurs et les détenteurs d'un « placard intitulé : *Le grand pardon général pour les chrétiens*, contenant des blasphèmes contre l'honneur de Dieu et la religion catholique, apostolique et romaine.»

Sous le règne de Henri IV, les passions sont encore brûlantes sans doute, mais l'autorité en s'affermissant perd de sa violence. Le pouvoir consolidé, fortifié, devient moins craintif et par cela même moins arbitraire. — N'est-ce pas le sort des gouvernements faibles, d'être amenés fatalement à la violence et à l'injustice par le fait même de leur fragilité, tandis que les gouvernements forts ne cherchent leur appui que dans la sagesse et la modération ?

Dans les registres du Parlement, nous trouvons, en 1597, la simple défense de rien imprimer sans permission de la Cour. On ne parle déjà plus de pendre les gens sans forme de procès.

L'assassinat du 14 mai fut l'occasion de nouvelles rigueurs. Les libelles et les pamphlets qui furent publiés à cette époque pour justifier le régicide, en répandant de dangereuses et coupables doctrines, amenèrent une réaction, « rendirent aux magistrats toute leur vigilance et aux lois répressives leur ancienne vigueur. » Citons, entre autres, un arrêt du 1er avril 1620, qui défend les *Gazettes à la main*. Nous signalons cet arrêt parce que les feuilles de nouvelles manuscrites peuvent être considérées comme la première forme des journaux. On retrouve l'usage de ces gazettes manuscrites en Allemagne, en Angleterre, dans les Pays-Bas, et partout, comme en France, elles ont précédé de très-près la création de véritables journaux, de feuilles imprimées et périodiques.

Les ordonnances de Louis XIII, résumées dans le Code Michaut (1629), sont encore fort sévères, et reproduisent, dans leur essence, la plupart des mesures préventives ou répressives qui avaient été précédemment édictées. On y sent la main de Richelieu.— Cette législation draconienne, qui servit de base aux ordonnances de Louis XIV et au règlement général du 28 février 1723, n'empêcha pas le journalisme de naître en plein XVIIe siècle. L'enfantement de cette nouvelle puissance fut, il est vrai, pénible et lent, au milieu des entraves de tout genre que l'état des esprits et les restrictions de la loi créaient à l'inexpérience des premiers *journalistes*. Voici d'abord le *Mercure français* qui ouvre la marche, en 1605. Puis vint la *Gazette de France*, imprimée, pour la première fois, le 30 mai 1631, sous la direction de Théophraste Renaudot, médecin de Louis XIII et maître général des bureaux d'adresses. Selon une tradition qui pourrait, croyons-nous, être fort contestée, avant de fonder la *Gazette*, Renaudot rédigeait depuis longtemps déjà des nouvelles à la main dont les nombreuses copies circulaient dans le public, et auxquelles il ne manquait que d'être imprimées pour devenir un véritable journal.

En offrant au roi le recueil de la première année de la *Gazette*, Renaudot exposa le but officiel de sa publication dans un compliment, assez mal tourné du reste, mais qui fait ressortir d'une étrange manière le chemin qu'ont parcouru les journaux depuis la *Gazette* de 1631 jusqu'aux feuilles politiques de nos jours. « La mémoire « des hommes est trop faible, dit Renaudot, pour lui con- « fier toutes les merveilles dont Votre Majesté va remplir « le septentrion et tout le continent. Il la faut désor- « mais soulager par des écrits, qui volent, comme en « un instant du nord au midi, voire par tous les coins « de la terre. C'est ce que je fais maintenant, Sire, « d'autant plus hardiment que la bonté de Votre Majesté « ne dédaigne pas la lecture de ces feuilles. Aussi « n'ont-elles rien de petit que leur volume et mon style. « C'est, au reste, le journal des rois et des puissants de « la terre; tout y est par eux et pour eux qui en forment « le capital. Les autres personnages ne leur servent « que d'accessoires. » Qu'il y a loin de là au langage de la presse d'après 89 ! Les rudes apostrophes du *Vieux Cordelier* ou du *Père Duchesne* ne ressemblent guère aux dédicaces musquées de Théophraste Renaudot ! — On prétend que Louis XIII, charmé des services de son gazetier, ne dédaigna pas d'être parfois son collaborateur anonyme. Pourquoi pas ? Les noms de Louis XVIII et de deux Napoléon viennent bien grossir le nombre des journalistes illustres ! — Ce qu'il y a de certain, c'est que Louis XIII conféra un privilége à Renaudot pour sa *Gazette*, et que ce privilège fut confirmé par Louis XIV et Louis XV pour les héritiers de Renaudot, qui continuèrent son entreprise (1). Sous Louis XIV parurent encore

(1) Voir Moreri, *Dict.*

la *Gazette burlesque* (1650), le *Journal des savants* (1665) et enfin le *Mercure galant* (1672), qui prit, en 1717, le titre de *Mercure de France* et vécut jusqu'en 1815 (1).

Le règlement du 28 février 1723 fut fait sous la régence du duc d'Orléans. C'est un véritable Code de l'imprimerie divisé en seize titres. Le titre XIV traite des libelles diffamatoires et autres livres prohibés. Le titre XV rend obligatoire pour les libraires, imprimeurs et graveurs, la permission par lettres scellées du grand sceau, laquelle ne pouvait être ni demandée, ni accordée qu'après la remise d'un manuscrit à la chancellerie du garde des sceaux, « sous peine de confiscation des exemplaires, déchéance des privilèges, clôture de boutique, amende et autres grandes peines, s'il y a lieu. » C'est toujours, à peu de chose près, l'édit de Henri II et la censure.

Le 9 juin de la même année, un arrêt du Conseil réitère l'injonction de soumettre tous les ouvrages à la censure du garde des sceaux.

Sous Louis XVI, les déclarations de 1778 et de 1785 confirment le règlement de 1723 et le commentent.

Six ans après la déclaration de 1785, la face des choses a bien changé ! « Tout citoyen peut parler, écrire, imprimer librement, sauf à répondre de l'abus de cette liberté dans les cas déterminés par la loi. » C'est la Déclaration des droits de l'homme qui s'exprime ainsi. La vieille législation, qui enchaînait la presse depuis trois siècles, vient de disparaître devant la volonté toute

(1) Voir Hatin, *Histoire de la presse*.

puissante de l'Assemblée constituante. Une ère nouvelle va s'ouvrir pour la liberté de pensée, et le *journal*, délivré des entraves qui avaient arrêté son essor sous l'ancienne monarchie, prendra bientôt une part active aux mouvements de la politique et à la lutte des partis. La presse périodique, devenue le principal agent de transmission de la pensée, va devenir l'objet d'une législation spéciale et distincte de celle qui régira la presse ordinaire.

SECTION II.

La presse périodique depuis 1789 *jusqu'au second Empire.*

On chercherait en vain, dans les discussions de l'Assemblée constituante, la démonstration du principe philosophique de la liberté de la presse. Ce principe, que personne ne songeait à contester dans ces jours de généreux enthousiasme, fut proclamé, pour ainsi dire, sans discussion; sur cette question, le gouvernement et la nation étaient d'accord (1). Ajoutons qu'au point de vue spécial qui nous occupe, au point de vue de la presse périodique, les discussions de l'Assemblée constituante ne pourraient être aujourd'hui d'un bien grand poids, car, au début de la Révolution, la puissance des journaux ne s'était pas encore entièrement révélée. On ne pouvait, par conséquent, ni en apprécier et ni en discuter les effets. — Nous remarquerons, néanmoins, que le projet de

(1) Léon Vingtain, *De la Liberté de la presse*, 1860.

loi sur la presse qui fut présenté en 1790 et qu'on n'eut point le temps de voter au milieu de tant d'autres travaux, consacrait les conditions que l'on regardait alors comme nécessaires à l'existence de la liberté de la presse. Il sauvegardait la personne du roi contre les attaques injurieuses. Il faisait peser sur l'écrivain la responsabilité des crimes publics ou privés, lorsque la complicité d'intention était établie. Il protégeait les bonnes mœurs et la morale publique. Enfin, ce projet de 1790 proposait, pour la répression des délits commis par voie de presse, un jury spécial, exclusivement composé d'écrivains.

La Constituante reconnaissait donc le principe de la liberté de la presse, mais elle n'admettait pas que cette liberté dût être illimitée. L'art. 11 de la Constitution du 14 septembre 1791 le prouve d'une manière incontestable. Art. 11 : « La libre communication des pensées et des opinions est un des droits les plus précieux pour l'homme. Tout citoyen peut donc parler, écrire, imprimer librement, *sauf à répondre de l'abus de cette liberté* dans les cas déterminés par les lois. » Ceci est en apparence très-net. Mais où est l'abus? Quelle est la limite de l'exercice légal du droit? Qui fixera cette limite? Grosses questions pleines de colère et d'orages qui, depuis 80 ans, sont toujours discutées, sans être jamais résolues.

La liberté de la presse fut à peine octroyée, qu'on en usa largement. La seule année 1789 vit naître 150 feuilles nouvelles. D'après des calculs dignes de foi, de 1789 à 1800, on en créa 750 ! Chaque parti fonda des journaux qui représentaient ses intérêts et ses passions. Parmi ces feuilles éphémères pour la plupart, nous signalerons l'*Ami du roi*, organe des royalistes ; le *Bulletin des amis de la vérité*, qui appartenait aux Girondins; le *Journal de la Montagne*, soutenu par les Jacobins; le *Père Duchêne*, aux Hébertistes; l'*Ami du Peuple*, journal de Marat; le *Vieux Cordelier*, rédigé par Camille Desmoulins; le *Journal des Débats et Décrets*, etc., etc.

Dans la constitution du 24 juin 1793, la Convention proclame bien encore le principe de la liberté de la presse; elle surenchérit même sur l'Assemblée constituante : « Le droit de manifester sa pensée et ses opi« nions, soit par la presse, soit par toute autre manière, « ne peut être interdit. La nécessité d'énoncer ces droits « suppose la présence ou le souvenir récent du despo« tisme. » Mais les faits démentaient déjà les théories, et la *loi des suspects*, en décrétant l'arrestation de tous ceux qui, « soit par leur conduite, soit par leurs « relations, soit par leurs propos ou *leurs écrits*, se sont « montrés partisans de la tyrannie ou du fédéralisme et « ennemis de la liberté, » méconnait singulièrement les théories proclamées par la constitution. Jamais le *despotisme* de l'ancien régime n'avait été aussi loin! Où étaient donc, alors, les vrais ennemis de la liberté? — Mais passons rapidement sur cette époque funeste, où la plus glorieuse des causes entraînait ses défenseurs à de si révoltants excès (1). La Révolution fit comme toutes les

---

(1) La Convention condamna à la peine capitale quiconque était convaincu d'avoir composé ou imprimé des écrits de nature à provoquer la dissolution du gouvernement républicain, et le rétablissement de la royauté ou de tout autre pouvoir attentatoire à la souveraineté du peuple (loi du 27 germinal an IV). — En fructidor an V, les propriétaires, rédacteurs et imprimeurs de quarante-deux journaux sont déportés le même jour. — Peu après, soixante autres journalistes sont encore frappés par la déportation. — Enfin le Conseil

révolutions : elle viola bien vite les principes au nom desquels elle était censée combattre (1).

Dans l'*Exposé des motifs* de la loi du 11 mai 1868, M. Pinard a parfaitement résumé, en quelques lignes, l'état de la législation de la presse pendant la Révolution. « De 1789 à 1800, le droit de la période intermédiaire a toutes les contradictions des temps d'orage. Les luttes sanglantes qui accompagnent la chute du vieux monde, l'ardeur avec laquelle on inaugure le monde nouveau, l'entraînement des esprits, comme les passions des partis, se reflètent dans ces pages tourmentées de la législation sur la presse. Les constitutions promettent à la pensée toutes les libertés : les lois spéciales donnent aux constitutions tous les démentis, et comme si la pratique voulait se jouer de la théorie, le démenti s'accuse toujours dans la proportion de la promesse. »

Le 18 brumaire trouva donc la liberté de la presse reconnue en droit, et parfaitement méconnue en fait.

La constitution de l'an VIII fut muette sur la presse. Mais le préambule de cette constitution, en rendant hommage aux principes de 89, reconnut implicitement la liberté de la presse comme droit naturel.

Le gouvernement consulaire inaugura, à l'égard des journaux, le système d'énergique répression qui devait se développer sous l'Empire. Nous ne ferons que rappeler l'arrêté du 27 nivôse an VIII, qui supprima un certain

---

des Cinq-Cents plaça les journaux sous la surveillance de la police, avec faculté de les supprimer sans forme de procès. (Loi du 19 fructidor.)

(1) Voir M. Desjardins, *Des Lois sur la presse* (*Revue Contemporaine*, n° du 30 septembre 1860).

nombre de feuilles politiques et soumit les autres au régime administratif, et la constitution de l'an XII, qui, distinguant la presse ordinaire et la presse périodique, accordait à l'une des garanties de liberté qu'elle déniait à l'autre. Les décrets de 1810 vinrent créer de nouvelles entraves à la liberté d'écrire. — Mais sous l'Empire, les plus grandes rigueurs contre la presse n'étaient pas écrites dans les lois. Elles émanaient de la volonté toute puissante de celui auquel la France s'était donnée. L'Empereur ne voulait pas seulement une presse soumise, il exigeait des journaux dévoués; et quand les journaux résistaient on les supprimait ou on les confisquait.

Aux jours de revers, quand l'Empereur, accablé par des désastres sans cesse renouvelés, tomba devant l'effort de tout un monde ligué contre lui, le Sénat, muet jusqu'alors pour défendre les droits de la libre pensée, songea enfin à cette presse qu'il avait abandonnée au bon plaisir du maître. L'un des considérants de l'acte qui prononça la déchéance de l'Empereur est ainsi conçu : « Considérant que la liberté de la presse, établie et con- « sacrée comme l'un des droits de la nation, a été cons- « tamment soumise à la censure arbitraire de la police, « et qu'en même temps, IL s'est toujours servi de la « presse pour remplir la France et l'Europe de faits con- « trouvés, de maximes fausses, de doctrines favorables « au despotisme et d'outrages contre les gouvernements « étrangers..... » La conviction du Sénat avait été lente à se former!

Au retour de l'île d'Elbe, Napoléon manifesta, à l'égard de la presse, des sentiments tout-à-fait contraires à ceux qu'il avait témoignés jusque-là. « Des discussions publi-

« ques, des élections libres, des ministres responsables, « la *liberté de la presse,* je veux tout cela ; la *liberté de la* « *presse surtout ; l'étouffer est absurde. Je suis convaincu* « *sur cet article* (1). » L'acte additionnel contenait une disposition aussi nette, aussi explicite qu'on pouvait le souhaiter : « Tout citoyen a le droit d'imprimer et de « publier ses pensées en les signant, sans aucune cen- « sure préalable, sauf la responsabilité légale après « publication, par jugement par jurés, quand même il « n'y aurait lieu qu'à l'application d'une peine correc- « tionnelle. »

La Restauration reconnut le principe de la liberté de la presse que la charte constitutionnelle de 1814 avait replacé aux nombre des droits fondamentaux des Français (2). Mais le gouvernement des Bourbons de la branche aînée ne se considéra pas comme irrévocablement lié par cette reconnaissance, et l'histoire des lois sur la presse de 1815 à 1830 nous offre de curieuses alternatives de liberté et d'oppression, d'arbitraire et de légalité. Ce fut une lutte quotidienne entre la presse et le pouvoir, lutte qui se reflète dans les lois nombreuses qui furent promulguées durant cette période. — Sans parler des lois de circonstances qui se succédèrent à des intervalles rapprochés, et qui furent, selon l'expression de M. Pinard, l'arme de combat, plutôt que l'arme pacifique du droit, nous signalerons les lois de 1819, de 1822 et de 1828.

---

(1) Benjamin Constant, *Mémoires sur les Cent-Jours*, t. II.

(2) Art. 8 : « Les Français ont le droit de publier et de faire imprimer « leurs opinions, en se conformant aux lois qui doivent réprimer les abus « de cette liberté. »

En 1819, trois lois inspirées par un esprit libéral forment un nouveau Code de la presse et accordent une certaine liberté (1). La première crée les qualifications des crimes et des délits et édicte les peines. La seconde est relative à la compétence et à la procédure. Elle défère au jury les crimes et les délits de presse à l'exception des délits de diffamation et d'injures contre les particuliers. La troisième, spéciale aux écrits périodiques, ne leur impose pour naître que la condition d'une déclaration préalable, mais exige le cautionnement et le timbre.

En 1820, le crime de Louvel amène une réaction funeste à la liberté de la presse. Les lois des 17 et 25 mars 1822 rétablissent la compétence des tribunaux correctionnels pour les délits de presse, introduisent les procès *de tendance* et soumettent les journaux au régime de l'autorisation préalable.

En 1828, sous l'influence de MM. de Martignac et Portalis, retour aux idées libérales de 1819, suppression de l'autorisation préalable et des procès dits *de tendance*, création des gérants, abaissement du taux du cautionnement, etc. (2).

S'il est un moyen presque infaillible de perpétuer les abus de la liberté de la presse, d'entretenir la licence des journaux, et de ranimer l'agitation des esprits et les discordes civiles, c'est de remettre chaque année en discussion les maximes établies et toutes les lois rendues sur ces importantes matières. — Cette pensée émise par Daunou en 1820 (3), a été pleinement justifiée par les événe-

---

(1) Lois du 17 mai, du 26 mai et du 9 juin 1819.
(2) Loi du 18 juillet 1828.
(3) Séance du 21 mars 1820.

ments. En 1830, à la suite d'une dernière ordonnance, qui *suspendait* la liberté des journaux, le gouvernement de la Restauration succomba devant l'émeute, et l'opinion publique énervée, fatiguée par tant d'incertitudes et de contradictions, applaudit à sa chute.

La charte de 1830 confirma la liberté de la presse (1) en reconnaissant de nouveau à tout Français le droit de publier et de faire imprimer ses opinions en se conformant aux lois.

La monarchie de juillet se montra pour la presse, et particulièrement pour les journaux, d'une bienveillance parfois poussée jusqu'à la faiblesse. Les partis ne se firent pas faute d'user et d'abuser de la liberté qui leur était accordée. « Parmi tous les moyens d'attaquer, ils exploitaient la presse avec une audace et une persévérance qui ne laissait aucun repos au gouvernement et le mettait dans la plus grande perplexité (2). »

Les passions hostiles amenèrent alors le journalisme aux excès les plus déplorables, et parfois les plus odieux. On ne peut relire sans dégoût quelques-uns de ces journaux haineux, où l'injure contre la personne d'un souverain vénérable se mêlait aux calomnies les plus révoltantes contre les membres de sa famille et les défenseurs de son gouvernement; on eût dit que tous les partis s'entendaient pour lancer le journalisme dans une lutte à outrance contre la dynastie régnante. Une presse si violente, si acharnée, devait nécessairement exercer sur l'opinion publique une influence funeste, et fausser, à la longue, le sentiment populaire.

(1) Art. 7.
(2) Hatin, *Manuel de la Liberté de la presse*, t. I, p. 237.

Les lois de septembre 1835, votées après l'attentat de Fieschi, n'opposèrent qu'une barrière impuissante à ces scandaleux excès. La monarchie de juillet ne pouvait pas ou ne voulait pas se servir des armes dont les gouvernements précédents avaient usé sans scrupule.

A son début, la république voulut se montrer plus libérale encore pour les journaux que le gouvernement de juillet. Elle abrogea les lois de septembre, supprima le timbre et laissa tomber en désuétude l'obligation du cautionnement. — La réaction se fit promptement sentir ; le décret du 9 août rétablit le cautionnement; par la loi du 27 juillet 1849 on remit en vigueur la plupart des dispositions de la loi du 9 septembre 1835; enfin la loi du 16 juillet 1850 imposa de nouveau l'obligation du timbre, et introduisit une grave innovation en astreignant les rédacteurs des journaux à signer leurs articles.

Après le coup d'Etat, le législateur se montra plus rigoureux encore, et le décret organique du 17 février 1852 soumit les journaux à un régime de police administrative qui amoindrit singulièrement l'action de la presse pendant les premières années de l'Empire.

Telles sont les phases principales qu'a traversées la législation de la presse en France. De tant de variations, de tant d'incertitudes et, disons-le, de tant d'impuissance, il nous paraît résulter qu'il est fort mal aisé de faire de bonnes lois sur une pareille matière. Entre la liberté absolue et le manque absolu de liberté, il est bien difficile de trouver le terme moyen qui laisse à la presse son indépendance tout en garantissant le pouvoir et la société contre ses excès. — Là est pourtant l'idéal d'une bonne législation sur la presse; mais nous avons grand'peur, que dans l'état actuel de nos mœurs, ce ne puisse être qu'un idéal.

Quoi qu'il en soit, nous allons étudier en détail les diverses formalités que la législation en vigueur prescrit spécialement pour la publication des journaux. Ces formalités, parfaitement compatibles avec le *principe* de la liberté de la presse depuis que l'autorisation préalable est supprimée, sont : 1° les déclarations préalables et de mutation ; 2° la nomination des gérants s'il s'agit de journaux politiques ; 3° le dépôt d'un cautionnement si l'écrit périodique traite de matières politiques ou d'économie sociale ; 4° la signature en minute du journal par le gérant ; 5° la signature des articles ; 6° le double dépôt judiciaire et administratif. — Les autres formalités, telles que l'acquittement des droits de timbre, etc., n'étant pas spéciales à la presse périodique, ne rentrent pas dans le programme de ce travail. — Nous commencerons par consacrer un chapitre à la définition juridique du journal et à la distinction des écrits périodiques en journaux politiques et non politiques.

CHAPITRE Ier.

Distinction entre la presse ordinaire et la presse périodique; entre la presse périodique politique et la presse périodique non politique.

SECTION Ire.

Distinction entre la presse ordinaire et la presse périodique.

Un *journal* peut être considéré sous deux points de vue différents : 1° comme un établissement industriel ; 2° comme un instrument de publicité.

Comme établissement industriel, le journal est régi par les lois des entreprises et sociétés commerciales, lorsqu'il est fondé par plusieurs personnes.

Comme moyen de publicité, le journal est soumis à des mesures de surveillance et de police toutes spéciales et prescrites dans l'intérêt général. C'est seulement à ce second point de vue que nous nous proposons d'étudier la condition légale des journaux.

Mais avant d'entrer dans l'examen des lois que nous voulons commenter, il est bon de préciser ce qu'il faut entendre par cette expression un peu vague de *journal*. Le législateur a établi de telles différences entre la législation de la presse ordinaire et celle de la presse périodique, qu'il est d'une extrême importance de bien définir le *journal* et de déterminer d'une façon nette les caractères qui le distinguent d'un écrit ordinaire.

Le caractère distinctif du journal c'est la périodicité. Sans périodicité point de journal. — Mais ce caractère, qui semble à première vue facile à saisir, est souvent dans la pratique difficile à reconnaître et à établir. Pour se soustraire aux lois d'exception qui les régissent, les journaux cherchent parfois à dissimuler leur périodicité soit par des changements de titre successifs, soit par des variations dans les intervalles de publication, soit par d'autres moyens qui, habilement employés, pourront plus d'une fois embarrasser la conscience des juges.

Pour constater le fait de périodicité il faut faire abstraction du titre de l'écrit, de la matière dont il traite, de la façon dont il est composé, de la durée de son existence ou de l'irrégularité de sa publication (1). Tous les écrits, quels que soient le mode ou les époques de leurs publications *successives*, qui, par leur plan et leur esprit forment un ensemble et un tout, peuvent être rangés par les tribunaux dans la classe des journaux. Et pour cela peu importe que l'écrit paraisse quotidiennement ou non; soit à jour fixe, soit à des intervalles inégaux (2); sous le même titre mais en formant une série de publications par ordre numérique (3), ou bien sous des titres différents (4); à des époques successives (5), détermi-

---

(1) Voir les art. 1er de la loi du 9 juin 1819, 2 et 3 de la loi du 18 juillet 1828, 1er des lois du 14 décembre 1830 et du 8 avril 1831, 13 de la loi du 9 septembre 1835, etc.; enfin l'art. 1er de la loi du 11 mai 1868.

(2) Trib. correct. de Lyon, 29 janv. 1834.

(3) C. C., 1er mars 1836.

(4) Paris, 2 août 1833; trib. correct. de la Seine, 12 avril 1834, etc

(5) Paris, 30 novembre 1835.

nées (1) ou indéterminées même sans abonnés ni listes d'abonnements (2) ; peu importe enfin que l'écrit soit rédigé en prose ou en vers (3).

C'est aux tribunaux qu'il appartient d'apprécier si le caractère de périodicité existe ou n'existe pas (4). Mais la Cour de Cassation ne voit pas cependant dans cette appréciation une pure question de fait qui échapperait à son contrôle. En effet cette Cour a cassé l'arrêt de la Cour de Paris qui avait jugé, le 10 décembre 1831, que la publication connue sous le nom de *Némésis*, ne pouvait être assimilée à un journal ou écrit périodique.

Par application des principes que nous venons d'énoncer, il semble que l'on doive critiquer l'arrêt de la Cour d'Aix qui a décidé, le 27 juin 1833 (5), que des bulletins extraits de journaux, imprimés et publiés irrégulièrement, même plusieurs fois par mois pendant dix mois de l'année ne constituaient ni un journal, ni un écrit périodique. Une pareille décision nous paraît violer l'esprit et la lettre de la loi ; car elle tend à établir que, pour caractériser la publicité périodique, il est nécessaire que le nombre des publications mensuelles soit déterminé à l'avance. Prendre ainsi l'irrégularité en

---

(1) Paris, 2 août 1833.

(2) Trib. correct. de la Seine, 12 avril 1834. — C. C., 5 novembre 1867.

(3) C. C., 20 décembre 1831 ; Paris, 2 avril 1833 ; Id., 26 janvier 1839.

(4) Voir l'excellent ouvrage de M. Chassan, *Traité des délits de la parole*, etc., 2e édit., t. I, p. 570 et suiv. — Pour la partie de la législation sur la presse antérieure à 1846, nous avons fait au *Traité* de M. Chassan de nombreux emprunts. On ne peut reprocher à cet ouvrage remarquable à tous égards, qu'une seule chose : C'est d'avoir été publié il y a 22 ans.

(5) Dall., 1834, p. 6. (Min. pub., C. Bousquet.)

considération, ce serait ouvrir un subterfuge à la mauvaise foi (1).

On s'est bien souvent demandé si le législateur a agi avec sagesse et équité en établissant une distinction entre la condition légale des écrits périodiques et celle des écrits non périodiques. On a beaucoup discuté la grave question de savoir s'il est utile et juste de soustraire ainsi les journaux au droit commun de la presse pour les soumettre à une législation qui leur est propre. — C'est discuter la question même de la liberté de la presse et nous ne voulons pas aborder ici cette question délicate. Disons cependant qu'au point de vue juridique la distinction entre le livre et le journal se justifie de la manière la plus absolue par la nature même des choses. La publication d'un livre et la publication d'un journal sont deux faits si dissemblables par eux-mêmes, qu'il peut sembler parfaitement rationnel de ne pas les confondre dans une seule et unique réglementation (2).

Mais nous n'entendons pas soutenir ici que la presse périodique doive être assujettie à des *lois d'exception*. Confondre les lois spéciales et les lois d'exception, ce serait violer ouvertement le sens des mots (3).

La distinction entre le livre et le journal n'existait pas en France avant la Révolution, et cela s'explique aisément lorsqu'on se rappelle combien était restreinte,

---

(1) Voir M. de Grattier, *Commentaires sur les lois de la presse*, t. II, p. 12. — Voir également Dalloz, *Répert.*, t. XXXVI, p. 410.

(2) Comp. Edm. Bertrand, *Régime légal de la presse en Angleterre* (1868), p. 47 et suiv. Voir aussi l'*Exposé des motifs* de la loi du 11 mai 1868.

(3) Voir M. Chassan, *loc. cit.*, t. I, p. 562 et suiv.

pour ne pas dire nulle, l'action de la presse périodique sous l'ancienne monarchie. C'est, si nous ne nous trompons, la Convention qui, par le décret du 9 mars 1793, introduisit pour la première fois dans la législation une disposition spéciale à la presse périodique (1).

La loi du 28 germinal an IV, celles du 5 nivose an V, du 19 fructidor an V, l'arrêté du 3 brumaire an VI, etc., contenaient également des dispositions particulières aux écrits périodiques.

SECTION II.

Distinction entre les journaux politiques et les journaux non politiques.

Sous tous les régimes qui se sont succédé depuis la révolution, la distinction entre les journaux et les livres a été maintenue en s'accusant chaque jour plus nettement. Mais de 1810 à 1819 apparut une sous-distinction plus subtile, parmi les écrits périodiques eux-mêmes.

Les journaux *consacrés aux matières politiques* deviennent alors l'objet de mesures particulières de la part du législateur (2). La loi du 9 juin 1819 établit expressément, dans son art. 1er, cette division secondaire en-

(1) Décret du 9-14 mars 1793 : « La Convention décrète que les membres de la Convention qui rédigent des *journaux*, seront tenus d'opter entre les fonctions de députés et celles de rédacteur du journal. »

(2) Voir le décret du 3 août 1810, art. 3, et la loi du 28 mars 1817 sur les finances.

tre les journaux politiques et non politiques (1). Nous la retrouvons mentionnée principalement dans les lois du 31 mars 1820, du 17 mars 1822 et du 18 juillet 1828. Enfin le décret organique sur la presse du 17 février 1852 consacre une dernière fois dans différents articles une distinction devenue en quelque sorte fondamentale :

Art. 3. « Les propriétaires de tout journal ou écrit pé- « riodique *traitant de matières politiques* ou *d'économie* « *sociale* sont tenus, avant sa publication, de verser au « Trésor un cautionnement en numéraire, etc. »

Ici se place une première question, et c'est une des plus importantes que soulève la législation de la presse : Que faut-il comprendre dans les *matières politiques* ou d'*économie sociale?*

Remarquons, tout d'abord, que les *matières politiques* sont sous l'empire du décret de 1852 ce qu'elles étaient sous la législation antérieure. D'où il résulte que la jurisprudence qui était formée sous cette législation n'ayant rien perdu de son autorité, peut nous guider dans l'interprétation des lois actuelles.

Or, d'après la jurisprudence, ces mots : *matières politiques* comprennent tout ce qui a trait à la politique et embrassent, non-seulement la politique générale, mais encore tout ce qui touche de près ou de loin à la science du gouvernement, à l'administration des villes et des états et à la politique des gouvernements étrangers (2).

---

(1) Art. 1er : « Les propriétaires ou éditeurs de tout journal ou écrit pé- « riodique consacré en tout ou en partie aux nouvelles ou matières poli- « tiques.... seront tenus, etc., etc. »

(2) Lyon, 30 décembre 1834 ; — trib. correct. de la Seine, 28 août 1835 ;

Ainsi doivent être considérés comme politiques, les articles sur la police générale, sur l'administration locale, sur les élections municipales, sur les intérêts de la commune et de l'arrondissement, sur les actes de l'autorité aussi bien que sur ceux de l'administration centrale et des grands pouvoirs de l'Etat ; sur la légalité de l'arrestation d'un citoyen et sur la critique à ce sujet des actes des agents de l'autorité ; sur les matières de l'économie politique. Sont également réputés politiques les articles contenant : l'annonce d'une cérémonie commémorative d'un événement politique ; la discussion des actes relatifs à la direction de l'enseignement et la critique du choix des professeurs ; la discussion des actes relatifs à l'organisation administrative des théâtres, tels que le choix des directeurs. — La jurisprudence fait encore rentrer dans les matières politiques, la critique des mesures prises par l'autorité locale pour l'exécution des lois politiques ; notamment la critique de l'usage fait par les préfets des droits qui leur ont été conférés pour la désignation des journaux dans lesquels seront publiées les annonces judiciaires et les tarifs arrêtés par ces fonctionnaires. Même décision pour les articles contenant le récit d'une expédition militaire et la discussion de ses causes et de son opportunité (1). — Le journal qui publie,

— C. C., 2 septembre 1844 ; — trib. correct. de la Seine, 13 décembre 1844. — Voir Chassan, *loc. cit.*, t. I, p. 593, et Hatin, *Manuel théorique et pratique de la liberté de la presse* (1868), t. II, p. 331 et suiv.

(1) Douai, 9 juillet 1830 ; — Lyon, 8 avril 1835 ; — trib. correct. de Dieppe, 18 novembre 1836 ; — trib. correct. de la Seine, 5 août 1843 ; — C. C., 3 juillet 1840, 21 septembre 1844, 6 juin 1840, 11 juillet 1851, 31 janv. 1855 ; — Paris, 10 avril 1851, etc., etc.

sans commentaire ni appréciation, des *jugements* et *arrêts* alors même qu'ils ont été rendus dans une affaire politique, ne doit pas être considéré comme traitant de matières politiques. Il en serait autrement pour le compte rendu *des débats* d'un procès politique. La reproduction d'un discours politique, prononcé, même par un magistrat, ferait tomber le journal sous le coup de l'art. 3 du décret de février (1).—Il a été jugé que la simple publication, après promulgation, des lois, décrets et règlements d'administration publique, la reproduction sans discussion personnelle des arrêtés préfectoraux et des documents statistiques du territoire de la France et l'insertion des nominations judiciaires ne doivent pas être considérées comme constituant des matières politiques (2). Mais, d'autre part, la Cour suprême a jugé plus récemment : « Qu'*en supposant* qu'un journal non politique puisse reproduire un document officiel et politique, tel que l'exposé de la situation de l'empire, sans encourir le reproche de traiter des matières qui sont l'objet de ce document, il n'en est pas de même lorsqu'il se borne à en donner des extraits, le choix de ceux-ci constituant une véritable appréciation de la pièce à laquelle ils sont empruntés; qu'il en est ainsi, à plus forte raison, lorsque les passages détachés du document officiel et politique ont été, non pas reproduits textuellement, mais donnés par analyse, surtout s'ils ont été accompagnés de réflexions critiques (3). »— Sont encore politiques d'a-

---

(1) Paris, 10 avril 1851.
(2) Dijon, 13 mai 1831 ; — C. C., 1er juillet 1854, 4 novembre 1852.
(3) C. C., 13 mai 1864.

près les décisions de la jurisprudence : les articles contenant une revue des principales puissances de l'Europe, l'exposé de la situation des différents peuples, de leurs souffrances, de leurs besoins et des institutions qu'ils repoussent; les articles traitant de la nature du commerce intérieur et extérieur de la France; traitant de la condition morale de certaines classes de la société ; renfermant des vœux pour l'amélioration d'une certaine classe de travailleurs et contenant la comparaison des salaires en France et dans d'autres pays. Mais, d'après la jurisprudence de la Cour de Cassation, les journaux qui ne traitent que des questions de droit ne sont pas considérés comme journaux politiques (1).

Ainsi que le font remarquer judicieusement MM. Chassan et de Grattier, la forme employée dans les articles ne saurait constituer, pour les journaux politiques, un moyen d'échapper à l'application de la loi. La forme légère, ironique, les vers mêmes, peuvent être empruntés dans la rédaction d'un article politique, sans fournir au journaliste prétexte de soutenir qu'il n'a point entendu traiter de matières politiques (2). Ainsi, il a été jugé, par la Cour de Cassation, et cette doctrine nous semble devoir être approuvée, qu'un ouvrage paraissant tous les huit jours et contenant des satires contre les personnages politiques vivants et des allusions aux événements politiques du temps, ne saurait être déclaré étranger aux ma-

---

(1) C. C., 11 août 1860.

(2) Trib. correct. de la Seine, 27 juin 1843 ; — C. C., 29 décembre 1831 ; — Paris, 2 avril 1833 ; — id., 26 janvier 1839. — Voir Chassan, *loc. cit.*, t. I, p. 394, et de Grattier, *loc. cit.*, t. II, p. 138.

tières politiques, sous ce double prétexte que les allusions aux événements contemporains ont toujours été du domaine de la poésie satirique, et que cet ouvrage écrit tout entier en vers, ne renfermant ni nouvelles ni discussions politiques proprement dites, doit être considéré comme une œuvre purement littéraire (1). M. Dalloz, qui cite en entier le texte de cet arrêt, le fait suivre d'un commentaire qui nous semble parfaitement résumer l'esprit de la loi (2).

Nous venons de voir dans quel sens la jurisprudence interprète les expressions : *matières politiques*. Mais ces termes ne sont pas les seuls que l'on trouve dans le décret du 17 février. Le législateur a ajouté : *ou d'économie sociale*, expressions encore plus vagues que les premières, et dont la signification juridique est véritablement bien difficile à établir d'une manière quelque peu précise. Le décret de 1852 ne contient rien qui puisse nous éclairer sur la véritable portée de ces mots. La circulaire ministérielle du 27 mars 1852, destinée à guider les dépositaires du pouvoir dans l'interprétation du décret, n'entre, à ce sujet, dans aucun développement.

Selon beaucoup de publicistes, les expressions d'économie sociale et d'économie politique seraient synonymes. Selon d'autres, l'économie sociale embrasse un ordre d'idées plus étendu que l'économie politique, et comprend « la théorie économique et les différents sys-« tèmes socialistes, peut-être même la science sociale

(1) C. C., 29 décembre 1831.
(2) Dalloz, *Répertoire*, t. XXXVI, p. 455.

« (sociologie), jusqu'à la politique (1). » Tout ceci est, en vérité, fort obscur.

Nous trouvons, dans la jurisprudence, quelques décisions de nature à jeter un peu de lumière sur la question. Ainsi, il a été jugé par la Cour de Montpellier, sous l'empire du décret du 17 février, que les *matières d'économie sociale* comprennent soit les théories, soit les faits qui y sont relatifs; qu'ainsi, un journal rentre sous l'application du décret de 1852, s'il discute, en traitant de l'agriculture, des intérêts généraux et collectifs, et spécialement les intérêts viticoles du Midi (2). — La Cour de Cassation a décidé qu'on doit entendre, par article d'économie sociale, toute discussion relative aux richesses nationales, et s'occupant de l'agriculture, de l'industrie ou du commerce, non au point de vue purement technique ou pratique et professionnel, mais en les considérant dans leurs rapports avec les intérêts généraux et collectifs, et avec l'action gouvernementale et administrative (3).—Le tribunal de Carpentras a jugé que par matières d'économie sociale, il faut entendre, dans le sens le plus large, toutes les questions qui se rattachent à l'organisation de la société; que pour un journal spécial, c'est faire invasion dans ces matières que de rattacher des discussions pratiques à des intérêts collectifs et généraux; qu'ainsi, on doit considérer comme relatif à une matière d'économie sociale l'article qui s'occupe de la question du salaire des femmes, non à un

(1) M. Block, *Dictionnaire de politique*.
(2) Montpellier, 22 novembre 1854.
(3) C. C., 1er juillet 1854.

point de vue pratique et professionnel, mais au point de vue de l'influence que peuvent exercer, sur la moralité d'un peuple, le travail et le salaire des femmes (1). — Il a été jugé, d'autre part, qu'on doit considérer comme traitant de matières d'économie sociale tout article dont l'auteur compare une industrie à une autre, pour signaler leurs conditions d'existence, leurs avantages, leurs inconvénients, leur antagonisme et les réformes par lesquelles on pourrait établir entre elles un équilibre qui paraît être troublé. Même décision lorsque l'article contient un examen critique des tarifs d'un chemin de fer et des droits imposés à la navigation, en indiquant les modifications que réclament les intérêts généraux du public.—Enfin, la Cour d'Amiens, donnant à l'économie sociale une acception plus large qu'à l'économie politique, y fait rentrer toutes les questions commerciales et industrielles qui se rattachent aux intérêts des populations (2).—« En résumé, on peut dire que les matières politiques comprennent tout ce qui touche à l'administration, et les matières d'économie sociale tout ce qui touche à l'organisation de la société. Mais il est assez difficile de distinguer entre ces deux ordres d'idées : entre la politique pure et l'économie sociale. Il y a là des affinités, des intimités, des coïncidences, des analogies, des identités qui rendent la distinction mal aisée, et la jurisprudence elle-même tend à les confondre (3). »

Quelles que soient les conséquences que l'on puisse

---

(1) Trib. de Carpentras, 24 mai 1855.
(2) Amiens, 30 avril 1858.
(3) Hatin, *loc. cit.*, t. II, p. 334.

tirer des décisions de la jurisprudence, il n'en est pas moins certain que les mots d'*économie sociale* laissent une très-grande marge au pouvoir d'appréciation des tribunaux.

Sous la législation antérieure au décret de 1852, alors que la loi, ne parlant pas encore de l'économie sociale, ne mentionnait que les nouvelles ou matières politiques, la Cour de Dijon avait déclaré qu'il suffisait de quelques légers doutes sur la question de savoir si un journal traite ou non de matières politiques, pour qu'on dût juger en faveur du prévenu (1). Cette jurisprudence libérale doit paraître plus équitable encore sous l'empire de la législation actuelle, et l'on ne saurait mieux faire que de la recommander aux méditations des magistrats chargés de la mission souvent difficile d'interpréter le décret de 1852.

Remarquons, du reste, que la question de savoir quelle est la portée des expressions *matières politiques ou d'économie sociale* ne rentre pas d'une manière absolue dans le domaine souverain des tribunaux. La Cour Suprême se réserve le droit d'apprécier les articles des journaux incriminés, pour déterminer s'ils rentrent ou ne rentrent pas dans les matières politiques ou d'économie sociale.— Ce système, que la Cour de Cassation a consacré par un arrêt du 3 juillet 1840, n'a pas toujours été admis par elle. Antérieurement à 1840, la Cour avait décidé qu'il appartient aux juges du fond d'apprécier souverainement si tel article d'un écrit périodique a ou n'a pas le carac-

---

(1) Dijon, 13 mai 1831.

tère d'une nouvelle politique (1). De ces deux arrêts contradictoires, le plus récent nous paraît le plus conforme aux vrais principes. En effet, ainsi que le fait observer M. Chassan (2), la Cour de Cassation, en appréciant le caractère d'un article de journal, ne fait, par là, que déterminer le sens d'une expression employée par la loi pénale, comme elle l'a fait dans différents autres cas, et notamment pour les mots *marchandises, repris de justice*, etc. (3).

Avant de terminer notre étude sur la distinction entre les journaux politiques et non politiques, faisons une dernière observation. L'art. 1er de la loi de 1819 et les lois postérieures qui en ont reproduit la disposition parlaient des « journaux CONSACRÉS en tout ou en partie aux nouvelles ou matières politiques, etc. » Le décret du 17 février s'exprime autrement : « ... Tout journal ou écrit périodique TRAITANT de matières politiques, etc. » Il faut conclure, de cette modification, que le législateur de 1852 a voulu insister particulièrement sur ce point : que la publication, même isolée et accidentelle, d'un article relatif aux matières politiques ou d'économie sociale, doit suffire pour imprimer au journal le caractère politique. Ainsi, pour qu'il y ait délit de publication d'un journal non cautionné, il n'est pas nécessaire qu'il y ait eu plusieurs publications successives. Cette doctrine, que la jurisprudence avait déjà

---

(1) C. C., 10 oct. 1823.

(2) Chassan, *loc. cit.*, t. I, p. 594.

(3) Voir, dans ce sens, Tarbé, *Lois et Règlements de la Cour de Cassation*, et Dalloz, *Répertoire*, t. XXXVI, p. 456, *in fine*.

consacrée sous la loi de 1819 (1), mais qui, antérieurement au décret de 1852, pouvait paraître discutable, nous semble maintenant au-dessus de toute controverse. Ces mots : *traiter de politique*, ont effectivement un sens beaucoup plus large que l'expression : *consacré à la politique*.

Nous nous sommes longuement étendus sur la distinction entre les journaux politiques et les journaux non politiques, parce que, ainsi que nous l'avons dit en commençant ce chapitre, la loi établit, entre la condition légale de ces deux classes d'écrits périodiques, des différences capitales. Parmi ces différences, les deux plus importantes consistaient, sous l'empire du décret du 17 février, dans l'obligation de l'autorisation préalable et du dépôt d'un cautionnement, imposée à la presse politique, obligation dont les journaux qui ne traitent pas de matières politiques ou d'économie sociale étaient implicitement dispensés.

L'autorisation préalable vient d'être supprimée par la loi du 11 mai 1868 pour les journaux publiés en France. Nous en dirons quelques mots cependant, dans un intérêt purement historique.

---

(1) C. C., 22 juin 1826.

CHAPITRE II.

Fondation des journaux; autorisations préalables; Conditions d'idonéité imposées aux personnes qui publient des journaux. — Introduction en France de journaux étrangers. — Déclarations préalables et de mutations. — Déclarations contestées ou attaquées.

SECTION Ire.

Fondation des journaux; autorisations préalables; conditions d'idonéité imposées aux personnes qui publient des journaux.

Le droit de fonder un journal repose sur la liberté de l'industrie et sur le principe écrit pour la première fois dans la Constitution de 1791, que tout citoyen peut parler, écrire et imprimer librement, sauf à répondre de l'abus de cette liberté dans les cas déterminés par la loi (1).

Nous avons déjà vu que ce principe, si largement consacré en 1791, a subi pendant et depuis la Révolution de graves et nombreuses restrictions. — En 1852, au lendemain d'une crise politique des plus violentes, le législateur crut devoir porter une nouvelle atteinte au principe

(1) V. supra, p. 173.

de la liberté de la presse. Du même coup, par le décret du 17 février, il enleva aux Cours d'assises la connaissance des délits de presse, il créa l'avertissement, donna à l'administration le droit de suspendre ou de supprimer les journaux. Enfin il soumit la fondation des journaux politiques à *l'autorisation préalable* du gouvernement.

Le législateur de 1852 n'inventa du reste rien de nouveau, en imposant aux journaux politiques l'obligation d'obtenir l'agrément du pouvoir. L'autorisation préalable remonte à un arrêté dictatorial du pouvoir consulaire. Établie pour la première fois par cet arrêté, le 27 nivôse an VIII, elle fut maintenue par la loi du 28 février 1817, abrogée implicitement par la loi du 9 juin 1819, puis rétablie par les loi du 31 mars 1820 et du 17 mars 1822, et enfin abolie par la loi du 18 juillet 1828.

Dans une circulaire adressée le 30 mars 1852 aux préfets de l'Empire, le ministre de la police a longuement développé la pensée qui a inspiré le décret du 17 février en ce qui concerne l'autorisation préalable : « Le gouvernement, tout en réservant une liberté légitime à l'expression des opinions et aux manifestations de l'intelligence, a voulu sauvegarder la société contre les abus qui, tant de fois, l'avait mise en péril. Il a fait la part du droit et celle de l'ordre; il a considéré la mission de la presse comme une haute fonction qui ne devait s'exercer qu'au profit des intérêts sérieux et qui, si on voulait en abuser pour soulever les passions et réveiller les mauvais instincts, devait rencontrer dans la loi des obstacles insurmontables..... Le gouvernement ne veut user du droit de refus de l'autorisation que dans l'intérêt de la société, de l'ordre et de la morale. Son intention est de refuser l'autorisation chaque fois que sous prétexte de journaux il s'agira de créer des tribunes politiques, soi-disant sociales, dans un but de mauvaise propagande..... Vous vous souviendrez que l'administration trahirait les intérêts placés sous sa sauvegarde, si elle usait d'une indulgence ou d'un laisser-aller qui ne sont ni dans la pensée ni dans le but de la loi (1). »

Quoi qu'il en soit, l'autorisation préalable, au dire des hommes les plus compétents, est « une violation directe et formelle du droit de libre publication des opinions (2). » Aussi ne doit-elle, ne peut-elle être inscrite que dans des lois d'exception, lois temporaires par leur nature même, édictées dans des circonstances exceptionnelles, pour atteindre un but immédiat de sûreté générale. Le législateur de 1852 se trouvait-il dans de semblables circonstances? Nous ne voulons pas le rechercher ici. — Constatons seulement que l'autorisation préalable a certainement contribué à assurer au début de l'empire, les années de calme intérieur dont le nouveau gouvernement avait besoin pour asseoir son autorité sur un fondement solide et durable.

L'autorisation préalable était le corrélatif en quelque sorte obligé du droit de suppression administrative que le gouvernement s'était réservé en 1852, et auquel il a renoncé en 1868, en même temps qu'à l'autorisation

---

(1) Voir la circulaire ministérielle du 30 mars 1852, reproduite *in extenso* dans le *Nouveau Code annoté de la presse*, de M. Gustave Rousset, page 176. L'ouvrage de M. Rousset, rédigé sous une forme qui le met à la portée de tout le monde, est excellent à consulter pour les questions usuelles. Nous y avons puisé plus d'une bonne remarque.

(2) Chassan, *loc. cit.*, t. I, p. 564.

préalable elle-même. Ces deux mesures, l'une préventive, l'autre répressive, se combinent, se justifient réciproquement et se prêtent mutuellement une telle force que les journaux, sous un pareil régime, doivent être nécessairement dans la dépendance absolue du gouvernement; d'un trait de plume, l'autorité peut les supprimer et les empêcher de renaître sous une autre forme.

Il faut bien reconnaître que sans l'autorisation préalable, la suppression, même *judiciaire*, perd beaucoup de sa puissance et court grand risque de devenir entre les mains des tribunaux une arme assez inoffensive. Que si, par exemple, un journal est supprimé judiciairement, il arrivera plus d'une fois que la feuille condamnée reparaîtra bientôt sous un autre titre ou avec un titre légèrement modifié. La répression se trouve ainsi neutralisée, et, qui pis est, la dignité de la justice reçoit une grave atteinte (1).

Le législateur de 1852 s'est efforcé de remédier à cet inconvénient en prévoyant l'hypothèse où la publication d'un journal frappé de suspension ou de suppression est continuée sous le même titre ou avec un titre déguisé. L'art. 20 du décret de février édicte en pareille circonstance contre les auteurs, gérants ou imprimeurs, une peine d'un mois à deux ans d'emprisonnement, et solidairement une amende de 500 à 3,000 fr. par chaque nu-

---

(1) Voir l'affaire du *National*, en 1834, et tant d'autres du même genre.— L'autorisation préalable a trouvé parfois des défenseurs convaincus. Voir l'étude de M. Fernand Giraudeau sur *la presse périodique de* 1789 *à* 1867; voir également la lettre fort curieuse adressée par M. le duc de Persigny aux directeurs des journaux de Paris. (Journaux du 18 janvier 1868.)

méro ou feuille publiée en contravention. — Cet article a pris une nouvelle importance depuis la loi du 11 mai 1868. Mais son application, reposant le plus souvent sur l'examen de questions de fait très-délicates, est difficile, et pourra plus d'une fois embarrasser les juges (1).

Ces préliminaires une fois posés, arrivons aux art. 1, 2 et 5 du décret de 1852 relatifs aux autorisations préalables. L'art. 1er étant abrogé par la loi du 9 mai 1868, nous nous bornons à en reproduire la teneure, en nous dispensant de la commenter :

« Art. 1er. Aucun journal ou écrit périodique traitant « de matières politiques ou d'économie sociale, et pa- « raissant soit régulièrement et à jour fixe, soit par « livraison et irrégulièrement, *ne pourra être créé ou* « *publié sans l'autorisation préalable* du gouvernement.

« Cette autorisation ne pourra être accordée qu'à un « Français majeur et jouissant de ses droits civils et po- « litiques.

« L'autorisation préalable du gouvernement sera pa- « reillement nécessaire à raison de tous changements « opérés dans le personnel des gérants, rédacteurs en « chef, propriétaires ou administrateurs du journal. »

Cet article est maintenant remplacé par l'art. 1er de la loi du 11 mai 1868, lequel est ainsi conçu :

« Art. 1er. Tout Français majeur et jouissant de ses « droits civils et politiques peut, *sans autorisation préa-* « *lable*, publier un journal ou écrit périodique, parais-

(1) La peine portée par cet article n'est applicable aux auteurs, gérants et imprimeurs, que dans le cas où ils avaient, avant de commettre la contravention qui leur est reprochée, connu l'existence des condamnations. (C. C., 11 juin 1868.)

« sant soit régulièrement et à jour fixe, soit par livraison « et irrégulièrement. »

L'art. 1er de la loi du 11 mai a un double objet : 1° il abroge implicitement l'autorisation préalable ; 2° il énumère les conditions de capacité et d'idonéité imposées à ceux qui veulent *publier* un journal.

Ici se place une première question : notre article a-t-il été rédigé seulement en vue des journaux politiques, ou bien s'applique-t-il à toutes les feuilles périodiques, quelle que soit leur nature. La question ne laisse pas d'offrir un certain intérêt. Effectivement, antérieurement à la nouvelle loi, les conditions de capacité et d'idonéité exigées de ceux qui publiaient un journal politique, n'étaient pas identiques aux conditions qu'on exigeait de ceux qui publiaient un journal non politique. Les premiers tombaient sous le coup de l'art. 1er du décret de 1852. Ils devaient être Français, majeurs et en jouissance de leurs droits *civils et politiques*. Aux seconds, la loi du 18 juillet 1828 était seule applicable, et par conséquent la jouissance des droits politiques ne pouvait être exigée d'eux (1). L'art. 1er de la loi nouvelle a-t-il apporté l'unité sur ce point de la législation ? — Nous croyons qu'il faut admettre l'affirmative. En effet, notre article est conçu en termes généraux qui excluent toute idée de distinction entre les deux classes de journaux. D'autre part, il est la reproduction presque textuelle de l'art. 1er de la loi de 1828, lequel avait été rédigé en vue des journaux po-

(1) Loi du 18 juillet 1828, art. 1er : « Tout Français majeur et jouissant de ses droits civils, pourra, sans autorisation préalable, publier un journal ou écrit périodique, en se conformant aux dispositions de la présente loi. »

litiques et non politiques. — Cette solution étant admise, il faut en conclure que les femmes qui, sous l'empire de la législation antérieure, pouvaient, sans autorisation préalable publier des journaux non politiques, ne le peuvent plus depuis la promulgation de la nouvelle loi. — L'étranger majeur qui a obtenu la naturalisation, étant apte à jouir tant des droits civils que des droits politiques, remplit les conditions exigées par notre article.

Remarquons que ces mots : *jouissant des droits civils et politiques*, doivent être entendus dans un sens absolu et comprennent la généralité de ces droits. D'où il résulte que la perte de quelques-uns seulement des droits civils ou des droits politiques suffirait pour priver de la faculté de publier un journal.

La loi de 1828 avait considéré la capacité au moment même de la publication. Les termes de son article premier l'indiquent : « Tout Français, etc., *pourra*, sans autorisation préalable, *publier* un journal, etc. » Le législateur de 1852 s'était placé pour envisager la question de capacité, non pas seulement au moment de la publication, mais aussi à l'époque où l'autorisation était accordée. Cela résulte de ces mots : « L'autorisation de *publier* ou *créer* un journal, ne *pourra être accordée* qu'à un Français, etc. » La loi nouvelle fait retour sur ce point à la législation de 1828.

Notre art. 1er énumère les conditions d'idonéité imposées à ceux qui *publient* un journal. Mais quel sens faut-il donner ici à l'expression *publier?* En d'autres termes, quelles sont les personnes auxquelles sont imposées les conditions énumérées dans l'art. 1er de la loi nouvelle? Nous croyons que les prescriptions de cet article sont applicables aux *propriétaires-fondateurs* du journal, ou tout au moins à ceux des propriétaires-fondateurs dont le nom doit figurer dans la déclaration préalable (1). C'est, du reste, une question très-délicate que nous retrouverons sous une autre forme à propos des déclarations de mutations, et que nous approfondirons alors en recherchant si la transmission de la propriété d'un journal faite à un incapable est valable (2).

Si depuis la fondation du journal, pendant le cours de sa publication, un des copropriétaires fondateurs cesse de remplir les conditions d'idonéité exigées par l'art. 1er de la loi du 11 mai, si par exemple un des copropriétaires, étant frappé d'interdiction perd la jouissance de ses droits civils, nous croyons que cette incapacité postérieure à l'établissement du journal ne devra exercer aucune influence sur sa publication et ne saurait être un obstacle à ce qu'il continue de paraître. Il y a là un droit acquis que le législateur a évidemment entendu respecter (3). Cette décision était admise sous la loi de 1828, et même sous l'empire du décret de 1852. Nous ne trouvons rien dans la loi nouvelle qui autorise à croire que le législateur de 1868 ait voulu déroger sur ce point à l'esprit des lois antérieures.

On peut se demander, si sous l'empire de la loi du 11 mai, les personnes qui ne réunissent pas les conditions d'idonéité imposées par cette loi, sont dans l'impos-

---

(1) Comp. Dalloz, *loc. cit.*, p. 480, comp. *infra*, p. 221.

(2) V. *infra*, p. 223 et suiv.

(3) *Sic*, de Grattier, *loc. cit.*, t. II, p. 130. — L'art. 9 de la loi de 1828 fournit, en faveur de cette opinion, un argument qui nous paraît décisif.

sibilité absolue de publier un journal. Nous croyons, en raisonnant *a contrario*, d'après l'art. 1er de cette loi, que les femmes, les mineurs et les étrangers, peuvent actuellement publier un journal politique ou non, en demandant l'autorisation du gouvernement. Tout Français majeur, jouissant de ses droits civils et politiques, dit notre loi, pourra, *sans autorisation préalable*, publier un journal, etc. Ne doit-on pas induire de la forme et des expressions employées dans ce texte, que les personnes ne réunissant pas les conditions exigées, pourront publier un journal *après en avoir obtenu l'autorisation?*

L'art. 1er de la loi du 11 mai n'a point de sanction pénale. Qu'arriverait-il donc si un incapable publiait un journal? Ce cas peut se présenter dans deux hypothèses : ou bien l'incapable publiera son journal sans déclaration, et alors il tombera sous le coup des peines édictées contre la publication d'un écrit périodique sans déclaration; ou bien l'incapable commencera la publication de son journal après avoir déclaré faussement qu'il remplit les conditions prescrites. Il tombera alors sous le coup de l'art. 11 de la loi de 1828, qui, ainsi que nous le verrons plus loin, prévoit le cas d'une déclaration fausse et frauduleuse.

L'art. 5 du décret du 17 février fixe la pénalité, en cas d'infraction relative à l'autorisation préalable. Cet article est maintenu par la loi du 11 mai. Seulement, les peines qu'il édicte seront désormais applicables aux contraventions relatives aux *déclarations* que la loi nouvelle a substituées à l'ancienne formalité de l'autorisation préalable. C'est donc en traitant des déclarations que nous aurons à étudier cet article.

SECTION II.

Introduction en France de journaux étrangers.

Nous venons de voir que par une disposition expresse, la loi du 11 mai a abrogé l'autorisation préalable pour les journaux imprimés en France. Par une contradiction au moins apparente qui, pendant la discussion du projet de loi, a été l'objet de critiques très-vives, l'autorisation préalable est conservée pour les journaux politiques imprimés à l'étranger (1). C'est l'art. 2 du décret du 17 février qui règle actuellement cette matière :

« Art. 2. Les journaux politiques ou d'économie so-« ciale publiés à l'étranger ne pourront circuler en France « qu'en vertu d'une autorisation du gouvernement.

« Les introducteurs ou distributeurs d'un journal « étranger dont la circulation n'aura pas été autorisée « seront punis d'un emprisonnement d'un mois à un an « et d'une amende de 100 fr. à 5,000 fr. »

Remarquons, d'une part, que la loi ne distingue pas entre les journaux publiés en langue française ou en langue étrangère (2); d'autre part, qu'il importe peu, pour l'application de notre article, que les publications introduites clandestinement aient perdu leur caractère d'actualité et qu'elles soient antérieures à la promulgation du décret organique (3).

---

(1) Voir la discussion qui a eu lieu à ce sujet au Corps législatif, séance du 18 février 1868.

(2) Circul. minist. du 30 mars.

(3) Douai, 23 juin 1854. Cette décision peut paraître trop rigoureuse et peu conforme à l'esprit du décret de 1852

C'est au ministre de l'intérieur qu'il appartient de donner ou de refuser l'autorisation de laisser circuler en France les journaux politiques imprimés à l'étranger (1). Nous croyons qu'il n'existe aucune voie légale de recours contre la décision du ministre, dont le pouvoir, en cette matière, est purement discrétionnaire.

Le deuxième § de l'art. 2 fixe la pénalité en cas d'infraction à la prohibition du § 1er. La pénalité est la même dans le cas d'*introduction* et dans le cas de *distribution*. Cette assimilation de deux actes si différents par leur nature et par leurs résultats ne nous semble pas très-équitable. Est-il juste qu'une personne qui, en rentrant en France, oublie au fond d'une malle un numéro de journal non autorisé, soit confondue par la loi avec l'agent qui distribue clandestinement, dans un but coupable, une publication interdite?

Il est vrai que la loi du 11 mai a atténué indirectement ce que l'on pouvait trouver de trop rigoureux dans la confusion commise par le législateur de 1852. En effet, la loi nouvelle a étendu aux crimes, délits et *contraventions* de presse l'art. 463 du Code pénal, relatif aux circonstances atténuantes, article que, jusqu'alors, les tribunaux n'appliquaient en matière de presse qu'à certaines classes d'infractions fort mal déterminées. Or, bien que punie de peines correctionnelles, l'infraction à notre art. 2 ne constitue qu'une simple *contravention* (2). Nous trouvons ici la conséquence de ce principe établi par la

(1) Circul. minist. du 30 mars.

(2) C. C., 15 sept. 1854; Douai, 26 avril 1853. — Voir Roussel, *loc. cit.*, p. 34, note 138. — *Contrà*, C. C., 2 mai 1850.

doctrine et consacré en maintes circonstances par la jurisprudence, que la distinction entre les crimes, les délits et les contraventions, telle qu'elle est définie par l'art. 1er du Code pénal, n'est pas applicable aux infractions de la législation spéciale à la presse (1). Les crimes restent bien, dans cette législation, ce qu'ils sont dans le Code pénal, mais il n'en est pas de même en ce qui touche les délits et les contraventions. Pour distinguer le délit de la contravention, selon le Code, il faut uniquement considérer la pénalité : l'infraction est-elle punie de peines correctionnelles? c'est un délit ; est-elle punie de peines de police? c'est une contravention. — En matière de presse, il arrive parfois, au contraire, que les contraventions sont frappées de peines égales ou supérieures à celles que la loi édicte contre certains délits. Quel est donc le caractère qui, dans cette législation spéciale, distingue le délit de la contravention? — Les délits en cette matière, dit un des plus savants commentateurs des lois sur la presse, résident dans une manifestation d'opinion ; ils ne peuvent exister qu'autant que l'écrit est apprécié dans la signification de son contexte, dans l'intention qui l'a dicté, dans l'opinion qui le constitue. Pour caractériser le délit, il faut, selon l'expression de Portalis, que la volonté de nuire soit jointe au fait matériel de l'action. — A la différence du délit, la contravention n'a rien de commun avec la nature ni avec le sens de l'écrit. Elle consiste purement et simplement dans le défaut matériel d'accomplissement d'une obli-

---

(1) Il en est de même pour d'autres législations spéciales, notamment en matières de douanes, de timbre et d'enregistrement, etc.

gation ou dans la violation matérielle d'une formalité, d'une interdiction imposée par la loi comme mesure de police (1). Ainsi, la contravention réside dans l'existence d'un fait matériel, indépendamment de l'intention qui a pu présider à ce fait.

La distinction a une grande importance. En effet, par sa nature même, la contravention, ne doit admettre, en principe, aucune justification tirée de la bonne foi ou du défaut d'intérêt (2). Les juges condamneront, même avec la conviction que le prévenu a agi sans intention coupable, sauf, bien entendu, la faculté, pour le tribunal, de réduire la peine au *minimum*.— Antérieurement à la loi du 11 mai, la distinction avait un intérêt plus grand encore, car, en principe, l'art. 463 du Code pénal, relatif aux circonstances atténuantes, ne devait pas être applicable aux *contraventions* de presse. La loi de 1868, dans un but vraiment libéral, a, ainsi que nous l'avons dit plus haut, étendu à tous les crimes, délits et *contraventions* de presse les bénéfices de l'art. 463 (art. 15). Nous aurions voulu voir les rédacteurs de la loi nouvelle aller plus loin dans cette voie, en étendant également aux *contraventions* de presse l'art. 365 du Code d'instruction criminelle, qui interdit le cumul des peines en cas de conviction de plusieurs *crimes* ou *délits*. Une pareille

---

(1) Paris, 6 mars 1858 ; C. C., 20 nov. 1858. — *Sic*, Chassan, *loc. cit.*, t. I, p. 499 et les arrêts qu'il cite. — Voir également de Grattier, t. I, page 14.— Comp. Ortolan, *Éléments de droit pénal;* Batbie, *Cours de droit public et administratif*, t. II, p. 456.

(2) C. C., 11 août 1860. Comp. Ortolan, *loc. cit.*, part. II, tit. III, chap. II, n° 612 et suiv.

disposition aurait mis fin à la controverse qui divise la jurisprudence sur la question de savoir si l'art. 365 du Code d'instruction criminelle est applicable aux *contraventions* de presse punies de peines correctionnelles (1). —Au point de vue de la prescription, la distinction entre les délits et les contraventions de presse entraîne aussi des conséquences d'une certaine gravité, la prescription n'étant pas la même en matière de délits qu'en cas de contravention (2).

Nous avons tenu à faire cette digression sur la qualification des infractions aux lois de la presse, pour éviter toute confusion, tout équivoque résultant des différences de terminologie qui existent entre le Code pénal et les lois spéciales.

SECTION III.

Déclarations préalables et de mutations.

Sous l'empire du décret organique de 1852, l'autorisation préalable n'était pas la seule formalité que devaient accomplir les propriétaires d'écrits périodiques politi-

---

(1) Le tribunal correctionnel de la Seine admet la négative (11 février 1868). La Cour de Paris admet l'affirmative (25 mars 1868). — *Sic*, C. C., 26 juillet 1855 et 13 juillet 1860.

(2) Art. 637, 638 et 639 du Code d'instruction criminelle. — Comp. Dalloz, *loc. cit.*, p. 518, n° 510, et les arrêts qu'il cite, d'après lesquels la distinction entre les contraventions et les délits de presse, telle que nous venons de l'établir, n'est pas applicable en matière de prescription.

ques, avant de commencer la publication de leur journal. Sans parler du cautionnement, il était une autre formalité que le décret de 1852 a passé sous silence, et qui, néanmoins, continuait à être en vigueur en vertu des lois antérieures. Nous voulons parler de la *déclaration préalable*, mesure d'ordre public éminemment juste et utile que la législation française a emprunté aux lois anglaises (1), et qui s'appliquait non pas seulement aux journaux politiques, comme l'autorisation préalable, mais à tous les écrits périodiques, quelle que fût leur nature.

Dans la législation française, pour retrouver l'idée première de la déclaration, il faut remonter à l'arrêté du 27 nivôse an VIII (2). La loi du 9 juin 1819 prescrivit la déclaration préalable seulement pour les journaux consacrés, en tout ou en partie, aux matières et nouvelles politiques. La loi du 18 juillet 1828 imposa l'obligation d'une déclaration préalable, tant aux journaux politiques qu'aux journaux non politiques. Seulement, les énon-

---

(1) Les formalités de la déclaration ont été établies en Angleterre dès la fin du siècle dernier, par un statut de la 38e année du règne de George III (1798). D'après ce statut, l'impression ou la publication d'un écrit périodique doit être précédée d'une déclaration à l'administration du timbre. Cette déclaration doit indiquer au moins deux des propriétaires, leur demeure, leur part dans l'intérêt, le titre de la feuille et le lieu où elle s'imprime. Cette déclaration doit être signée et jurée devant les commissaires du timbre. L'infraction est punie d'une amende de 100 livres sterling. (Chassan, *loc. cit.*, t. 1, p. 576 en note ; comp., Ed. Bertrand, *loc. cit.*, p. 52.)

(2) Art. 4. « Les propriétaires et rédacteurs des journaux conservés se présenteront au ministère de la police pour justifier de leur qualité de citoyen, de leur demeure et signature, et promettront fidélité à la Constitution. »

ciations contenues dans la déclaration étaient différentes, selon qu'il s'agissait d'un journal politique ou d'un journal consacré à des matières étrangères à la politique. Le décret de 1852 était muet sur la déclaration préalable. Mais la circulaire ministérielle du 27 mars 1852, commentaire officiel du décret, ne laisse aucun doute sur le sens qu'il fallait donner à ce silence : « ... Ainsi, sont encore en vigueur toutes les dispositions législatives qui existaient avant le 17 février, relativement à la création et à la publication d'un journal, et, par conséquent, celles qui régissent les déclarations préalables à faire par les parties intéressées; la régularité et la sincérité de ces déclarations; la capacité et la responsabilité du gérant; sa signature au bas du journal ; la signature des auteurs de tout article rentrant dans les spécifications des art. 3 et 4 de la loi du 16 juillet 1850; le dépôt au parquet d'un exemplaire-minute ; enfin, en dernière analyse, les diverses obligations relatives à la publication d'un journal coexistant avec la nécessité de l'autorisation, si elles sont préalables, et à plus forte raison si elles ne sont que concomitantes (1). »

La formalité de la déclaration, prescrite par la loi de 1828, était donc toujours en vigueur sous l'empire du décret de 1852, pour tous les écrits périodiques, quelle que fût leur nature.

L'art. 2 de la loi du 11 mai 1868 a réglementé à nouveau cette matière, tout en se rapprochant, sur les points prin-

(1) Circul. minist. du 27 mars 1852, chap. Ier, § Ier.

cipaux, de la législation de 1828. Voici le texte de cet article :

« Art. 2, § 1er. Aucun journal ou écrit périodique ne « peut être publié, s'il n'a été fait à Paris, à la Préfec- « ture de police, et dans les départements à la Préfec- « ture, et quinze jours au moins avant la publication, « une déclaration contenant :

« 1° Le titre du journal ou écrit périodique et les « époques auxquelles il doit paraître ;

« 2° Le nom, la demeure et les droits des propriétaires « autres que les commanditaires ;

« 3° Le nom et la demeure du gérant ;

« 4° L'indication de l'imprimerie où il doit être im- « primé.

« § 2. Toute mutation dans les conditions ci-dessus « énumérées est déclarée dans les quinze jours qui « suivent.

« § 3. Toute contravention aux dispositions du présent « article est punie des peines portées dans l'art. 5 du « décret du 17 février 1852. »

Remarquons tout d'abord que la loi de 1868, de même que celle de 1828, impose aux journaux deux sortes de déclarations : 1° une déclaration *préalable* à la publication ; 2° une déclaration de *mutation* chaque fois qu'il survient un changement pendant la durée de l'entreprise, dans les conditions de la déclaration préalable. Nous étudierons séparément ces deux espèces de déclarations.

La question que nous avons soulevée au sujet de l'art. 1er de la loi du 11 mai trouve place encore ici : notre art. 2 est-il applicable à tous les journaux politiques ou non politiques? Ou bien crée-t-il seulement une réglementation nouvelle pour les journaux politiques, se référant à la législation antérieure, relativement aux feuilles non soumises au cautionnement? A première vue, on serait tenté de croire que notre article se réfère seulement aux déclarations d'écrits périodiques politiques, car la déclaration dont il parle doit indiquer le nom et la demeure des gérants. Or, ainsi que nous le verrons dans le chapitre suivant, les journaux politiques sont les seuls qui soient obligés de désigner un gérant. Mais, d'autre part, quand on étudie la loi du 11 mai dans son ensemble, il nous paraît que l'on doit arriver à résoudre la question dans le sens opposé. En effet, nous trouvons, dans la loi du 11 mai, d'autres articles qui, évidemment, s'appliquent aux deux classes de journaux et qui, néanmoins, font mention du gérant, sans entrer dans la distinction des cas où la gérance est ou n'est pas obligatoire. Ainsi, l'art. 7, qui, d'après l'*Exposé des motifs*, est incontestablement applicable aux journaux cautionnés et non cautionnés, porte qu'il sera déposé des exemplaires du journal signés par le *gérant*. Il est clair que les rédacteurs du projet qui est devenu la loi du 11 mai n'ont pas pris la peine de distinguer dans cet article le cas où le journal a un gérant et le cas où il n'en a pas. Ils ont statué *de eo quod plerumque fit*, sans vouloir entrer dans les détails d'exécution, et ils ont été amenés, de la sorte, à faire une confusion de termes à coup sûr très-peu propre à donner de la clarté aux lois. — Nous croyons donc que l'art. 2 de la loi du 11 mai conçu en termes généraux, s'applique aux journaux non politiques aussi bien qu'aux feuilles politiques (1). — Le législateur de 1828, plus prudent, plus désireux d'éviter toute controverse dans l'explication du texte légal, avait pris la peine de prescrire une déclaration différente pour les deux catégories de journaux.

Avant d'étudier séparément les différentes énonciations que doit contenir la déclaration préalable, il importe de faire quelques observations sur la première partie du § 1er de notre article. Ainsi, notons dès à présent que selon l'opinion des meilleurs auteurs, confirmée par la jurisprudence, en cas d'interruption et de reprise de la publication sans qu'il soit intervenu de changement dans l'entreprise, il ne doit pas être fait une nouvelle déclaration *préalable* (2). La déclaration exigée par la loi, en cas de publication d'un nouveau journal, ne serait nécessaire que si la cessation (et non la simple suspension) de la première publication ayant été notifiée à l'autorité, il y avait en réalité création d'un nouveau journal.

L'ordre naturel des idées indique que les déclarations doivent être précédées, s'il s'agit d'un journal politique, du versement du cautionnement. Les ordonnances du 9 juin 1819 et du 18 novembre 1835 ne peuvent à cet égard laisser subsister aucun doute.

Le § 1er de notre article 2 (loi du 11 mai), porte qu'au-

---

(1) Notre opinion est confirmée par la circulaire ministérielle du 4 juin 1868.

(2) Comp. Chassan, *loc. cit.*, t. 1, p. 576, et de Grattier, *loc. cit.*, t. II, p. 157 et 158. — C. C., 30 nov. 1833. Mais doit-on considérer qu'il y a changement dans les conditions de la périodicité, et, par suite, doit-on faire une déclaration de mutation, conformément au § 2 de notre article? V. *infra*, p. 233.

« un journal ou écrit périodique ne peut être PUBLIÉ s'il n'a été fait préalablement une déclaration, etc., etc. Ce mot *publié* soulève une question que nous retrouverons en traitant du cautionnement, mais qui nous semble devoir trouver place plus naturellement ici. Que faut-il entendre par publication? Quel est le moment précis où l'on peut dire juridiquement qu'il y a eu publication? Quel est le caractère du fait de publication? — On comprend aisément combien la solution de ces questions doit présenter d'importance dans la pratique.

En effet, pour qu'il y ait infraction aux lois sur la presse, pour que la contravention ou le délit soit consommé, pour que le fait répréhensible, le seul qui puisse donner lieu à des poursuites, existe, il faut évidemment qu'il y ait *publication*. — *Cogitationis pœnam nemo patitur*, disait le droit romain (1). — Dans les procès de presse, le fait de publication doit donc en général constituer le premier point à établir pour prouver la culpabilité du prévenu.

Remarquons qu'il ne faut pas confondre la *publication* avec la *publicité*. La *publication* est un acte individuel, la *publicité* est le résultat de cet acte. L'une est la cause, l'autre est l'effet, et s'il ne peut jamais y avoir publicité sans publication, il peut y avoir, ainsi que nous le verrons tout à l'heure, publication sans publicité. — Quel est donc le caractère auquel nous reconnaîtrons qu'il y a eu publication d'un journal dans le sens des lois sur la presse? — La publication est RÉPUTÉE accomplie, dans

(1) L. 18, D., *De pœnis*.

le sens légal du mot (quoiqu'il n'y ait pas encore eu publicité), du moment que les exemplaires du journal ont été déposés conformément à l'art. 7 de la loi du 11 mai (1). Dès cet instant, l'action du ministère public est ouverte, et le journal tombe sous le coup des lois fiscales et répressives qui régissent le mode et les effets de sa publication (2). — Nous avons dit que la publication est RÉPUTÉE accomplie. En effet, ainsi que le font observer avec raison MM. Chassan et de Grattier, il peut arriver que, malgré le dépôt, le fait matériel de la publication ait été suspendu ou arrêté par une circonstance quelconque, et qu'aucun autre exemplaire du journal ne soit en réalité sorti de chez l'imprimeur (3). Mais ce serait au journaliste à prouver cette circonstance, l'accomplissement du dépôt établissant une présomption de droit, qui ne peut être détruite que par la preuve contraire (4).

Il peut y avoir aussi publication sans qu'il y ait eu dépôt. Avant la loi du 11 mai ce cas pouvait se présenter pour les journaux non cautionnés que la loi de 1828 n'avait pas soumis à l'obligation du dépôt ; depuis la loi nouvelle, cette hypothèse peut encore se réaliser pour les journaux cautionnés eux-mêmes, si la formalité du dépôt a été négligée. Dans ce cas, il faut, croyons-nous, décider que la publication du journal résulte de la *distri-*

---

(1) Cela résulte des termes mêmes de l'art. 7 : « Au moment de la publication de chaque feuille ou livraison du journal ou écrit périodique, il sera remis à la préfecture, etc »

(2) Orléans, 7 juillet 1828.

(3) Chassan, *loc. cit.*, t. I, p. 38.

(4) La saisie des exemplaires faite par l'autorité ne saurait être regardée comme ayant empêché la publication.

bution, et par ce mot, nous entendons non pas seulement la répartition des exemplaires entre les abonnés, mais aussi le dépôt opéré aux bureaux de poste, ou, en termes plus généraux, la remise d'un certain nombre d'exemplaires à une administration chargée de les distribuer (1). La remise aux facteurs qui portent le journal au domicile des abonnés, et même la remise en ballot à un entrepreneur de transports, constituent avec raison, aux yeux de la jurisprudence, le fait de distribution. Et en effet, dans les espèces que nous venons de citer, la publication est consommée par les propriétaires du journal, autant qu'il dépend d'eux d'y participer. — Dans le cas de remise aux facteurs du journal, M. de Grattier fait cependant une distinction qui nous semble fondée. Suivant lui, il n'y a alors distribution et par conséquent publication, que lorsque les facteurs auxquels on a confié les exemplaires ont quitté le bureau du journal. Tant qu'ils sont dans ce bureau, il dépend des propriétaires d'arrêter la distribution ; la publication n'est donc pas consommée (2). — Nous n'avons pas besoin d'ajouter que la vente ou même la mise en vente d'un journal, qu'elle soit apparente ou clandestine, impliquant la distribution, suffit pour établir le fait de publication.

La loi de 1828 ne fixait aucun délai pour la publication, du moment que la déclaration était faite conformément à la loi. Aussitôt après cette formalité dûment accomplie, le cautionnement étant d'ailleurs versé, le

(1) C. C., 29 janvier 1851. — *Sic*, circul. du garde des sceaux du 4 juin 1868.

(2) De Grattier, *loc. cit.*, t. II, p. 134.

journal pouvait paraître (1). L'art. 1er de la loi du 11 mai a introduit une innovation sur ce point en déclarant qu'il doit s'écouler un délai de quinze jours au moins entre la déclaration et la publication du journal. Ce délai a été jugé nécessaire pour permettre à l'administration de vérifier la sincérité de la déclaration et la capacité du déclarant (2).

Avant d'arriver aux énonciations que doit contenir la déclaration préalable, il nous reste encore à dire quelques mots sur les détails de l'accomplissement de cette formalité.

Antérieurement à la loi du 11 mai, les déclarations devaient être faites, pour le département de la Seine, au ministère de l'intérieur, et dans les départements, au secrétariat général de la préfecture. La loi nouvelle n'a rien changé pour les déclarations qui ont lieu dans les départements. Pour les journaux de Paris, elle substitue la préfecture de police au ministère de l'intérieur.

D'après l'art. 7 de la loi de 1828, article que la loi nouvelle n'a pas abrogé (3), les déclarations doivent être signées par les propriétaires du journal ou par leur fondé de pouvoir, et accompagnées des pièces justificatives. Pour les déclarations préalables, ces pièces justificatives sont : 1° le reçu du caissier central du Trésor, à Paris, ou du receveur des finances dans les départements, justifiant du versement du cautionnement (4); 2° l'expédition de l'acte

---

(1) Loi du 18 juillet 1828, art. 6.
(2) Circul. du ministre de l'intérieur du 2 juin 1868.
(3) Circul. du garde des sceaux du 4 juin 1868.
(4) Ord. du 18 nov. 1835, art. 2 et 3.

de société, dûment publié, s'il y a une société (1); 3° l'acte de nomination des gérants si cette nomination n'a pas eu lieu dans l'acte de société (2); 4° l'acte de naissance de chacun des gérants (3) et celui de chacun des propriétaires dont le nom doit figurer dans la déclaration (4); 5° l'acte de naturalisation ou la preuve de l'accomplissement des formalités prescrites par l'art. 9 du Code civil, si le propriétaire ou le gérant est naturalisé ou né en France de parents étrangers (5); 6° la justification de la part des gérants dans la propriété du journal ou du cautionnement (6). — Ajoutons que les déclarations doivent être faites sur papier timbré (7).

L'administration donne acte de l'accomplissement de ces formalités. Cet acte est nécessaire pour qu'il en soit justifié auprès du procureur impérial du lieu de l'impression (8).

La disposition de l'art. 7 de la loi de 1828 par sa généralité, s'applique à toutes les déclarations prescrites par les divers paragraphes de l'art. 6 de la même loi et comprend en conséquence les déclarations préalables

---

(1) Art 4, § 1er de la loi de 1828.

(2) Art. 4, § 2, id.

(3) Art. 5, § 2, id.

(4) Art. 1er, id.

(5) Art. 1er et art. 5, § 2, id.

(6) Art. 5, § 2, de la loi de 1828, et art. 1er, § 2, de la loi du 14 décembre 1830 (Rousset, *loc. cit.*, p. 41, note 174.) C'est à tort, croyons-nous, que l'administration exige la justification de la part des gérants dans la propriété du cautionnement. V. chap. IV, sect. II.

(7) Circul. du ministre de l'int. du 2 juin 1868.

(8) Ordonn. du 9 juin 1819; du 29 juillet 1828, art. 1er; du 18 nov. 1835, art. 3. — Voir Chassan, *loc. cit.*, t. I, p. 581.

ou de mutations des journaux cautionnés ou non cautionnés.

Aux termes de l'art. 2 de la loi du 11 mai, la déclaration préalable doit contenir :

1° Le titre du journal ou écrit périodique et les époques auxquelles il doit paraître;

2° Le nom, la demeure et les droits des propriétaires autres que les commanditaires;

3° Le nom et la demeure du gérant;

4° L'indication de l'imprimerie où il doit être imprimé.

Reprenons séparément ces différentes énonciations :

1° *Le titre du journal ou écrit périodique et les époques auxquelles il doit paraître.* — Cette disposition est copiée textuellement dans l'art. 6 de la loi de 1828, laquelle avait sur ce point complété une lacune de la législation antérieure. Effectivement, la loi du 9 juin 1819 n'imposait pas la déclaration du titre ni celle du mode de publication. L'innovation introduite en 1828 et reproduite par la loi du 11 mai, est parfaitement motivée : La déclaration constituant en quelque sorte l'état civil de l'écrit périodique, l'autorité doit être mise complètement à même de constater l'identité du journal dont on lui déclare la fondation, et il est naturel qu'elle soit renseignée sur le titre aussi bien que sur les époques de périodicité de la feuille qui va naître. — Si le journal a plusieurs titres, il va de soi que la déclaration doit les comprendre tous. Ainsi, un journal qui prendrait pour titre : *Le Spectateur, journal politique et du commerce*, ne serait pas suffisamment désigné par le premier nom.

Il est non moins évident qu'après avoir adopté une

désignation complexe, le journal ne peut pas la scinder et paraître, tantôt sous une dénomination et tantôt sous une autre. Ces changements seraient de nature à faire naître des confusions embarrassantes, et à détourner l'application de la loi de son véritable but (1). — Si le journal doit paraître à des époques indéterminées, si, en d'autres termes, la périodicité doit être irrégulière, ce qui, sous l'empire de la loi actuelle, est parfaitement légal, il suffit d'indiquer cette irrégularité dans la déclaration.

2° *Le nom, la demeure et les droits de tous les propriétaires autres que les commanditaires.* — Cette disposition est encore empruntée à la loi de 1828.

Les personnes désignées dans la déclaration préalable sont, au point de vue de la police des journaux, les seules qui soient propriétaires aux yeux de la loi, les seules, par conséquent, dont on doive exiger les conditions de capacité prescrites par l'art. 1er de la loi du 11 mai. Du moins telle est l'opinion qui nous paraît la meilleure. (V. p. 205, 233 et suiv.) — Mais il y a controverse précisément sur le point de savoir quels sont les propriétaires dont le nom doit figurer dans la déclaration préalable. Pour résoudre cette question, nous croyons devoir faire plusieurs distinctions.

On sait que les journaux constituent, au point de vue industriel, des entreprises commerciales soumises aux règles qui régissent les sociétés, lorsque ces entreprises sont fondées par plusieurs personnes. La société fondée pour l'exploitation d'un journal doit être l'une de celles qui sont définies et réglées par le Code de com-

(1) Voir Dalloz, *loc. cit.*, p. 418.

merce, ce qui comprend la société en nom collectif, la société en commandite, la société anonyme et la société en participation (1). Si la société est en nom collectif, l'application de notre article n'entraîne aucune difficulté. Le nom de tous les associés doit figurer dans la déclaration, et cela n'a rien de contraire aux principes sur lesquels repose le société en nom collectif. Il n'y aura non plus aucune complication s'il s'agit d'une société en commandite, le législateur ayant pris la peine d'expliquer que le nom des *commandités* doit seul figurer dans la déclaration. — Mais si la société formée pour l'exploitation du journal est une société anonyme, il surgit une difficulté déjà soulevée par la loi de 1828. De ce que, d'une part, la déclaration doit, aux termes de notre article, contenir en principe *les noms de tous les propriétaires* ; de ce que, d'autre part, l'art. 2 n'excepte de cette règle générale que les noms des commanditaires, on peut conclure : 1° que si le journal appartient à une *société anonyme*, il faut que les noms de tous les associés soient déclarés ; 2° que de plus, pour atteindre le but de la loi, il faut que les actions de cette société soient nominatives et transmissibles par voie de transfert, conformément à l'art. 36 du Code de commerce, afin que les mutations successives puissent être connues et déclarées (2).

---

(1) On a parfois soutenu qu'un journal ne peut appartenir à une association en participation. Cette discussion ne rentrant pas directement dans les matières que nous nous sommes proposé de traiter, nous ne voulons pas l'approfondir. Nous constaterons seulement que la jurisprudence a varié sur la question. Voir Chassan, *loc. cit.*, t. I, p. 572 en note, et Dalloz, *loc. cit.*, p. 418, n° 242.

(2) Voir, dans ce sens, MM. Duvergier, *Collect. des lois*, t. 28 ; Chassan, *loc. cit.*, t. I, p. 577 ; de Grattier, *loc. cit.*, t. II, p. 140 et 158.

Cette double conclusion est rejetée énergiquement par M. Dalloz comme contraire à l'esprit de la loi (1). Ce jurisconsulte fait remarquer que si la loi renonce à exiger qu'on déclare le nom des bailleurs de fonds dans les sociétés en commandite, il n'y a aucune raison plausible pour qu'elle ait d'autres exigences à l'égard des sociétés anonymes qui ne sont, à proprement parler, que des associations de capitaux. — Cette opinion nous paraît devoir être préférée. Ne serait-ce pas, en effet, méconnaître la nature même de la société anonyme telle qu'elle est réglée dans le Code de commerce et dans la loi du 24 juillet 1867, que d'exiger qu'une sorte de publicité fût donnée au nom de tous les associés. Or, les art. 4 et 8 de la loi de 1828, articles sur lesquels nous reviendrons tout à l'heure en parlant des gérants, prouvent d'une manière évidente que le législateur de 1828 n'a pas voulu déroger aux principes généraux du Code de commerce en ce qui concerne les sociétés anonymes. Rien n'indique que les rédacteurs de la loi nouvelle, qui ont, en cette matière, servilement copié le 2° de l'art. 6 de la loi de 1828, aient eu une autre intention. — Quant à l'argument tiré de la règle : *qui dicit de uno negat de altero* et fondé sur ce que le législateur, en mentionnant l'exception en faveur des commanditaires, prouve par cela même qu'il n'a voulu excepter qu'eux seuls, cet argument

---

(1) Dalloz, *Répert.*, t. XXXVI, p. 448. Ce volume a été publié antérieurement à la loi de 1868; mais la controverse étant la même sous l'empire de cette loi et sous la loi de 1828, l'argumentation de M. Dalloz est intacte, aussi bien que celle de MM. Duvergier, Chassan et de Grattier, dont les ouvrages sont également antérieurs à la loi nouvelle.

n'a aucune force. Le législateur n'a pas mentionné d'exception relative aux sociétés anonymes, parce qu'il n'y a pas là une véritable dérogation aux principes par lui posés, mais purement et simplement la saine application de la loi et des principes du droit commercial. Ajoutons que cette discussion a plus d'importance au point de vue doctrinal qu'au point de vue pratique, car il est rare que les propriétaires d'un journal se constituent en société anonyme. Il est fâcheux néanmoins que les rédacteurs de la loi du 11 mai n'aient pas songé à trancher une fois pour toutes la controverse. Au lieu de conserver cette source de procès et de contraventions en copiant purement et simplement la loi de 1828, n'auraient-ils pas mieux fait de résoudre une difficulté qui peut, à un moment donné, compromettre les intérêts et les droits des propriétaires de certains journaux.

Si l'association fondée pour l'exploitation d'une feuille périodique est une société en participation, il faut décider également, croyons-nous, que les noms des participants ne doivent pas figurer dans la déclaration. La nature même de leurs engagements entièrement secrets et privés, vis-à-vis du chef de l'entreprise seul et unique propriétaire aux yeux de la loi, explique cette décision (1).

Il a été jugé que celui qui a déclaré qu'il était propriétaire d'un journal, et qui depuis a signé des feuilles en qualité de propriétaire, ne peut se soustraire aux poursuites encourues pour infraction à la police de la presse, en justifiant qu'il n'est qu'un *prête-nom* et que

(1) De Grattier, *loc cit.*, t. II, p. 158.

par conséquent le véritable auteur du délit est une personne qu'il nomme (1). Cette décision n'a rien que d'équitable et nous paraît conforme tout à la fois aux lois spéciales et aux principes généraux du droit d'après lesquels nul ne doit profiter de son propre dol.

3° *Le nom et la demeure du gérant.* — Ce 3° de notre art. 2 devrait nous amener à traiter les questions relatives à la gérance des journaux ; mais ces questions entraînent de si longs développements, que nous y consacrerons un chapitre spécial lorsque nous aurons terminé notre examen des formalités de la déclaration. Nous nous bornerons à dire ici que le gérant responsable d'un journal *politique* est l'individu que la loi a préposé d'après le choix des co-intéressés du journal, et qu'elle reconnaît pour représenter l'entreprise (2). Lorsqu'un journal politique est fondé par une seule personne, le propriétaire unique, s'il réunit les conditions d'idonéité nécessaires pour être gérant, peut occuper lui-même la gérance. Dans le cas contraire, il est tenu de présenter un gérant qu'il associe à son entreprise conformément à la loi de 1828 qui exige que le gérant soit copropriétaire du journal.

La déclaration du nom et de la demeure des gérants responsables doit être faite nonobstant celle des noms et demeure des propriétaires. C'est que le gérant a vis-à-vis de l'autorité un caractère officiel de responsabilité qu'il n'acquiert que par la déclaration. Le gérant se trouve ainsi accrédité auprès du gouvernement par la notifica-

---

(1) Paris 17 août 1843; trib. correct. de la Seine, 4 juin 1842.
(2) Chassan, *loc. cit.*, t. I, p. 606.

tion de sa qualité et par la reconnaissance de cette même qualité, résultant soit du défaut de contestation sur la régularité de la déclaration, soit d'un jugement qui déclare les contestations mal fondées (1).

Le 3° de l'art. 6 de la loi de 1828 exigeait la déclaration du nom et de la demeure *des gérants* responsables. Remarquons, à ce propos, que la loi nouvelle, tout en reproduisant ici encore le texte de la loi de 1828, l'a altéré d'une façon malheureuse. Notre art. 2 porte en effet qu'on doit déclarer le nom et la demeure *du gérant*. N'aurait-il pas mieux valu mettre *gérants* au pluriel, comme dans la loi de 1828, pour éviter dans l'avenir la possibilité d'un doute sur la question de savoir si les journaux ont le droit de désigner plusieurs gérants. — Querelle de mots, dira-t-on. — Nous répondrons qu'en matière de législation il n'y a pas de querelle de mots. Une lettre, une virgule de plus ou de moins suffit parfois pour dénaturer le sens d'un texte légal et pour donner matière à procès. Si malheureusement les lois humaines sont forcément imparfaites quant au fond, efforçons-nous donc de leur donner une forme irréprochable !

La troisième énonciation prescrite pour les déclarations préalables peut faire naître une autre difficulté. Ainsi que nous l'avons déjà dit plus haut, la loi du 11 mai prescrit une déclaration unique pour les journaux politiques et non politiques. S'il s'agit de la fondation d'un journal non politique faudra-t-il ne tenir aucun compte de l'obligation de déclarer le nom du *gérant*, et consi-

(1) De Grattier, *loc. cit.*, t. II, p. 189.

dérer qu'elle ne s'applique qu'aux journaux cautionnés, les seuls auxquels la loi de 1828 impose des gérants responsables? Doit-on admettre au contraire que, par cette disposition incidente, le législateur de 1868 a voulu étendre aux journaux non politiques l'obligation de désigner un gérant responsable? — La première solution nous paraît la meilleure. Rien, ni dans l'*Exposé des motifs* de la loi de 1868, ni dans le rapport de la commission législative, ni dans la discussion du projet de loi, n'autorise à admettre que le législateur ait voulu introduire ainsi, accessoirement, une innovation aussi considérable que l'extension de la gérance aux écrits périodiques non soumis au cautionnement. — Ajoutons que si l'opinion contraire à la nôtre était admise, il faudrait reconnaître que le législateur de 1868 a commis une grave inconséquence. La loi nouvelle aurait imposé des gérants aux feuilles non politiques, et elle aurait omis d'exiger de ces gérants de nouvelle espèce, les conditions de capacité et d'idonéité qui sont la garantie d'une responsabilité sérieuse! Une pareille négligence peut-elle se présumer?—Il faut donc admettre que la troisième énonciation prescrite par l'art. 2 de la loi du 11 mai n'est obligatoire que pour les déclarations préalables relatives aux journaux politiques (1).

4° *L'indication de l'imprimerie où le journal doit être*

---

(1) *Contra*, Hatin, *loc. cit.*, t. II, p. 396. — Au moment de mettre sous presse, nous lisons dans le *Moniteur* du 7 juin la circulaire adressée par le Garde des sceaux aux procureurs généraux, sur l'interprétation de la loi du 11 mai. Nous sommes forcés de reconnaître qu'un passage de ce document peut, jusqu'à un certain point, fournir un argument en faveur de l'opinion que nous combattons.

imprimé.—Cette disposition, qui existait déjà dans la loi de 1828 ne soulève aucune difficulté. Elle se justifie d'elle-même comme mesure de police et de surveillance.

Telles sont les quatre énonciations que doit contenir, d'après l'art. 2 de la loi du 11 mai 1868, la déclaration relative à la fondation d'un journal.

La loi de 1828 exigeait en outre, pour les journaux politiques, l'affirmation que les propriétaires et gérants réunissaient les conditions de capacité prescrites (1). La loi nouvelle n'a pas reproduit cette disposition, qui par conséquent est abrogée.

Arrivons aux déclarations de mutation. Le deuxième paragraphe de l'art. 2 de la loi du 11 mai porte que toute mutation survenue dans les conditions de la déclaration préalable doit être déclarée dans les quinze jours qui la suivent. Il s'agit ici seulement des mutations qui proviennent du fait de l'homme par suite d'un changement dans les conditions de l'entreprise, ou bien en raison d'un déplacement de la propriété résultant d'une succession, d'une donation, d'une vente, etc. Les mutations survenues par suite de la promulgation d'une loi nouvelle, qui apporte quelques modifications aux conditions d'existence des journaux, ne sont pas soumises à la formalité de la déclaration (2). Ainsi, il a été jugé sous l'empire de la loi de 1828 qui prescrivait, comme

(1) Cette affirmation n'était pas un serment dans le sens de l'art. 1363 du Code civil. Elle présentait à peu près le caractère des affirmations des créanciers dans les faillites. (Art. 497 du Code de commerce.)

(2) Voir Chassan, *loc. cit.*, t. I, p. 578; *sic* de Grattier et Dalloz.

la loi du 11 mai, les déclarations de mutations, qu'il n'y avait pas lieu de déclarer les changements nécessités par la loi du 14 décembre 1830, qui exigeait que le gérant possédât en son propre et privé nom la totalité du cautionnement (1).

Il a été jugé également sous l'empire de la loi de 1828, et cette jurisprudence doit toujours être en vigueur, qu'une nouvelle déclaration est nécessaire non-seulement en cas de changement complet du titre, mais encore toutes les fois que ce titre subit, dans l'un de ses éléments, une modification quelconque consistant, par exemple, dans l'addition d'un sous-titre. Ainsi, lorsqu'au titre : Le *Libéral du Nord* sous lequel un journal a été déclaré, il a été plus tard ajouté comme sous-titres, d'abord : *Journal des intérêts démocratiques*, puis : *Journal démocratique des arrondissements de Douai et de Valenciennes*, ces additions sont assujetties à une nouvelle déclaration (2).

Il a été jugé enfin, toujours sous l'empire de la loi de 1828, que les modifications apportées à l'acte de société, lorsqu'elles sont de nature à modifier la propriété en dénaturant la forme et la transmissibilité des actions, en détruisant la proportion d'intérêt entre les associés, et en substituant à une société ayant un but commercial une société d'une toute autre nature, constituent une mutation parmi les propriétaires et doivent être déclarées (3). Cette décision est parfaitement conforme à l'esprit de la loi.

---

(1) C. C., 24 septembre 1831.
(2) C. C., 8 août 1851.
(3) C. C. 22 mars 1851.

Lorsqu'un journal cesse momentanément de paraître, il doit, croyons-nous, le déclarer à l'autorité. Conformément au § 2 de notre article, une déclaration est également nécessaire quand le journal reprend sa publication. En effet, l'interruption et la reprise de la publication constituent des changements dans la périodicité et rentrent, par conséquent, dans les cas prévus par la loi. Pour la même raison on doit déclarer la suppression, même momentanée, d'un des jours auxquels le journal devait paraître d'après la déclaration primitive (1). Cette solution, fait observer M. Dalloz, peut paraître rigoureuse, mais elle n'est, en réalité, que l'exacte application de la loi dans l'interprétation de laquelle on peut se montrer d'autant plus sévère, que toutes les déclarations et contre-déclarations ont lieu sans autres frais que le prix du papier timbré.

A propos de la déclaration de mutation prescrite par le § 2 de notre art. 2, nous allons aborder une question très-délicate et d'une grande importance, car elle touche au droit de propriété.

Nous avons vu que le législateur, en 1868 comme en 1828 et en 1852, a imposé aux personnes qui veulent user du droit de publier un journal certaines conditions d'idonéité qu'il a énumérées. En cas de mutations dans la propriété d'un journal dont les copropriétaires fondateurs remplissaient les conditions voulues, l'autorité peut-elle exiger des nouveaux propriétaires les mêmes conditions d'idonéité? Cette question avait peu d'intérêt, au point de vue pratique, lorsque l'autorisation préa-

(1) C. C., 25 juin 1851.

lable était exigée à raison des mutations survenues dans le personnel des propriétaires ; le pouvoir discrétionnaire de l'administration ne laissait point place à la question légale, qui prend une très-grande importance depuis l'abrogation de l'art. 1er du décret de février. — Pour résoudre ce point de droit, il faut, d'après certains auteurs, distinguer entre les différentes manières dont la propriété du journal est transmise (1).

Sommes-nous dans le cas d'une succession *ab intestat*, les héritiers du propriétaire, d'après l'opinion universellement admise, sont dispensés des conditions d'idonéité. A leur égard, il s'agit d'une propriété que la loi ne saurait dépouiller de son caractère essentiel qui est l'hérédité. Les héritiers sont donc aptes à la recevoir et à la posséder alors même qu'ils ne seraient pas aptes à fonder eux-mêmes un journal (2). Nous nous trouvons là en présence des principes du droit commun, et ces principes, en matière de propriété, sont trop respectables, et doivent être trop respectés, pour que l'on puisse admettre qu'une loi spéciale y déroge autrement que par une disposition expresse. Or, non-seulement une pareille disposition ne se trouve ni dans la loi de 1828, ni dans le décret de 1852, ni dans la loi de 1868, mais en outre, la pensée des législateurs à cet égard, pensée qui ressort clairement de certaines dispositions, prouve que l'esprit de ces diverses lois ne saurait se

---

(1) Nous ferons remarquer que la loi du 11 mai 1868, en reproduisant presque textuellement l'art. 1er de la loi de 1828, a fait revivre les principes que le législateur de 1828 avait posés sur la matière.

(2) Voir Chassan, *loc. cit.*, t. 1, p. 574 ; *sic* MM. Duvergier et de Grattier.

concilier avec une pareille violation des règles auxquelles est soumis, en France, le droit de propriété. Ainsi l'art. 9 de la loi du 18 juillet 1828 en exemptant des conditions d'idonéité les propriétaires des journaux existants en 1828, et l'art. 33 du décret de février en dispensant les propriétaires des journaux déjà créés en 1852 de l'autorisation préalable, et par *a fortiori* des conditions de capacité exigées pour obtenir cette autorisation, prouvent que les rédacteurs des lois sur la presse ont toujours entendu respecter le droit de propriété dans ce qu'il a d'essentiel. L'art 12 de la loi de 1828, qui n'a été modifié ni expressément, ni tacitement, selon nous, par le décret organique, non plus que par la loi du 11 mai, est plus concluant encore. Ce dernier article reconnait positivement à la veuve et aux héritiers du propriétaire d'un écrit périodique le droit de recueillir héréditairement la propriété du journal (puisqu'il leur accorde un délai pour présenter un gérant), sans faire aucune réserve au sujet de leur nationalité ou de leur position civile. On nous objectera peut-être que ces arguments propres à faire ressortir la pensée des législateurs de 1828 et de 1852, ne prouvent rien quant à la portée qu'il faut accorder à la loi nouvelle. Nous répondrons qu'il est de toute évidence à nos yeux que les rédacteurs de la loi du 11 mai n'ont prétendu modifier en rien les principes antérieurement reconnus sur cette matière. L'innovation eût été trop grave pour ne pas être l'objet d'une disposition formelle. En conséquence, la législation ancienne peut être considérée ici, comme toujours en vigueur, et les arguments applicables aux lois de 1828 et de 1852 le sont également à la loi du 11 mai 1868.— Ajoutons que si l'opinion contraire à celle que nous avons adoptée dans le cas de succession *ab intestat*, était admise par la jurisprudence, on serait amené dans la pratique à des résultats inconciliables avec les principes fondamentaux de notre droit civil.

D'après ce que nous venons de dire, on voit que la transmission par succession *ab intestat* ne soulève vraiment pas de difficulté sérieuse. Il n'en est pas de même pour la transmission volontaire, à titre onéreux ou à titre gratuit. Ici les auteurs se divisent. Selon MM. Chassan et Duvergier (1), la transmission volontaire ne peut être faite qu'à un individu ayant la capacité exigée par la loi. S'il en était autrement, fait observer M. Chassan, la disposition qui veut que le fondateur d'un journal soit Français, majeur et jouisse de ses droits civils et politiques, serait facilement éludée. D'après cet auteur, il y a donc ici dérogation au droit commun, quoique la loi ne le dise pas, parce que cette dérogation résulte de la nature des choses. — M. de Grattier est d'une opinion contraire, et nous croyons rester dans la lettre et dans l'esprit de la loi en nous rangeant à son avis (2). Selon cet auteur, la transmission *volontaire à toute personne* des droits du propriétaire d'un journal est valable. Et, en effet, du moment que la loi reconnait la validité de la transmission qui serait faite de ces droits *par succession ab intestat*, à une femme, à un mineur ou à un interdit, on ne voit pas de raison bien concluante pour décider autrement, si la transmission a lieu en vertu d'un

(1) Chassan *loc. cit.*, t. I, p. 575; Duvergier, *Collect. de lois et ordonn.*, année 1828.

(2) De Grattier, *loc. cit.*, t. II, p. 129.

testament, d'une *donation* ou d'une *vente* au profit d'une personne quelconque privée de tout ou partie de ses droits civils ou politiques. — Ce système amène à conclure que les expressions *publier un journal*, dans l'art. 1er de la loi nouvelle comme dans l'art. 1er de la loi de 1828, sont synonymes d'*établir un journal*. Si l'on admettait que ce mot *publier* a ici le sens technique qu'on lui prête souvent dans le langage du droit, on arriverait à un résultat vraiment bizarre : En effet, si l'on prend le mot *publier* à la lettre, quels seront les propriétaires de journaux auxquels notre article sera applicable? Ce ne seront pas les propriétaires de journaux politiques, car lorsque ces journaux sont en exercice, ils sont représentés par un gérant, qui, en principe, est le seul *publicateur* aux yeux de la loi. Ce seront donc les propriétaires de feuilles non politiques, s'ils publient eux-mêmes leur journal. On avouera qu'en ce qui concerne les feuilles non cautionnées, il est d'une faible importance, au point de vue de l'intérêt général, que le propriétaire publicateur jouisse de ses droits civils et politiques. Or si, dans notre article, le mot *publier* était pris dans son acception technique, ce serait seulement à l'encontre de ce propriétaire que le législateur aurait jugé à propos de porter une si rude atteinte aux principes du droit commun en matière de propriété ! Une telle hypothèse est-elle admissible? — Mais, nous objectera-t-on peut-être, en supposant que l'art. 1er de la loi du 11 mai se serve du mot *publier* dans le sens restreint que vous lui prêtez, on doit encore prohiber les transmissions de propriété volontaire au profit d'incapables, ou tout au moins celles qui auraient lieu par acte entre vifs. Sans cela, les garanties de capacité que, d'après votre propre aveu, le législateur a exigées des *fondateurs* de journaux, ces garanties deviendraient elles-mêmes illusoires! — C'est l'argument invoqué par M. Chassan. Il ne nous paraît nullement concluant. Il est bien évident que la loi, en imposant certaines conditions d'idonéité à ceux qui veulent établir un journal, a entendu que les garanties qu'elle a cru devoir exiger fussent réelles. Pour que la transmission volontaire à un incapable soit valable, il faut donc qu'elle soit faite de bonne foi *et non avec l'intention d'éluder la loi*. Dans ce dernier cas, la déclaration préalable ou la déclaration de la transmission tomberait, croyons-nous, sous le coup de l'art. 10 de la loi de 1828; la sincérité de la déclaration serait contestée par l'autorité, et les tribunaux auraient à statuer en appréciant la bonne ou la mauvaise foi des parties; si la fraude était reconnue, le journal cesserait de paraître. N'est-ce pas suffisant pour écarter le danger signalé par M. Chassan, et qui, d'après lui, est assez sérieux pour qu'à défaut de disposition formelle, on doive induire du silence de la loi une dérogation aux principes du droit commun en matière de propriété! — Nous le répétons, une semblable dérogation est chose trop grave pour qu'on puisse la présumer, et l'unique argument qu'invoque M. Chassan pour justifier cette présomption perd toute sa valeur en présence de l'art. 10 de la loi de 1828 (1).

---

(1) M. Chassan reconnaît lui-même que les conditions de capacité ne doivent être exigées, en principe, que des propriétaires-fondateurs. Après avoir parlé de ces conditions, il ajoute : « Il ne faut pas perdre de vue qu'il s'agit,

Nous ajouterons qu'on peut se demander si le législateur n'a pas été au delà du but qu'il devait se proposer, en imposant des conditions de capacité aux fondateurs de journaux politiques, alors que d'autre part il oblige les feuilles cautionnées à être représentées par un gérant qui est seul responsable de la publication. N'y a-t-il pas là surabondance de précautions ? — Tel paraît être l'avis de M. Dallóz, qui va même beaucoup plus loin que nous, car il soutient que, dans le cas où il y a des gérants, les propriétaires-fondateurs ne sont tenus de remplir aucune condition d'idonéité (1). L'opinion de M. Dalloz, fondée peut-être en équité, nous semble inadmissible en droit, comme contraire au texte et à l'esprit des lois de 1828 et de 1868.

Avant la promulgation de la loi du 11 mai 1868, il existait d'interminables controverses sur la question des peines à appliquer en cas de défaut de déclaration. Pour les déclarations préalables, comme pour les déclarations de mutations, la question divisait les auteurs et la jurisprudence.

Pour les journaux politiques, MM. Chassan et de Grattier enseignaient, contrairement à l'opinion de MM. Rauter, Dalloz et Parant, qu'à défaut de la déclaration préalable prescrite par l'art. 6 de la loi de 1828, les entrepreneurs du journal tombaient sous le coup de la

---

dans ce qui vient d'être dit, *d'un journal qui commence à s'établir, et non d'une entreprise déjà existante*... » (T. I, p. 574, n° 789).

(1) Dalloz, *loc. cit.*, p. 450, n° 231. — Pour soutenir son opinion, M. Dalloz est forcé d'admettre que l'art. 5 de la loi de 1828 a été détourné de son véritable sens par suite d'une négligence de rédaction dans le texte de cet article.

loi du 9 juin 1819 (art. 6), et étaient passibles d'un emprisonnement d'un à six mois et d'une amende de 200 à 1,200 francs (1). — MM. Rauter, Dalloz et Parant soutenaient au contraire, que, dans ce cas, les entrepreneurs du journal n'encouraient d'autre peine que l'interdiction de continuer la publication, conformément à l'art. 6 de la loi de 1828. — La jurisprudence elle-même s'était partagée sur cette question délicate (2).

Pour le défaut de déclaration préalable des journaux non politiques, la question était aussi très-discutée. D'après M. Chassan et la jurisprudence, cette infraction ne donnait lieu à l'application d'aucune peine (3).

En ce qui concernait les déclarations de mutations, l'infraction, pour les journaux politiques, était punie d'une amende de 500 francs prononcée contre le gérant en cas de négligence. Pour les journaux non politiques, l'infraction devait être punie de la même peine, d'après l'opinion de M. de Grattier (4). M. Chassan, d'accord avec la jurisprudence, rejetait cette opinion et soutenait que les journaux non cautionnés n'étaient pas astreints

---

(1) Chassan, *loc. cit*, t. I, p. 581; de Grattier *id.*, t. II, p. 17 et suiv. *Contra*; Parant, *Lois de la presse en* 1836, page 166; Rauter, *Traité de droit criminel*, t. I, p. 556; Dalloz, *loc. cit.*, p. 452. — M. Dalloz qui, à la page 452, n° 264, rejette le système de MM. Chassan et de Grattier, paraît l'admettre incidemment à la page précédente, n° 261.

(2) La Cour de Paris a jugé le 28 mai 1835 conformément à l'opinion de M. Parant. La Cour de Douai a jugé dans le même sens. La jurisprudence du Tribunal de la Seine (16 février 1838) et de la Cour de Cassation (31 mai 1850), a donné raison à MM. Chassan et de Grattier.

(3) Chassan, *loc. cit.*, t. I, p. 584 et suiv.; *sic* Dijon, 13 mai 1831. *Contra*, M. de Grattier.

(4) *Loc. cit.*, t. II, p. 162.

à déclarer les mutations survenues depuis la déclaration préalable (1).

Le § 3 de l'art. 2 de la loi nouvelle a mis fin à ces discussions en établissant que toutes les contraventions relatives tant aux déclarations préalables qu'aux déclarations de mutations, seraient punies des peines portées dans l'art. 5 du décret du 17 février. L'article visé par la loi du 11 mai est ainsi conçu :

« Art. 5, § 1. Toute publication de journal ou écrit pé-
« riodique sans autorisation préalable, sans cautionne-
« ment ou sans que le cautionnement soit complété sera
« punie d'une amende de 100 à 2,000 francs pour chaque
« numéro ou livraison publié en contravention, et d'un
« emprisonnement d'un mois à deux ans.

« § 2. Celui qui aura publié le journal ou écrit pério-
« dique et l'imprimeur seront solidairement responsables.

« § 3. Le journal ou écrit périodique cessera de pa-
« raître. »

Nous rappellerons que les juges peuvent user ici du droit qui leur est conféré par l'art. 463, du Code pénal, en diminuant la durée de l'emprisonnement, et en réduisant à un minimum insignifiant la valeur de l'amende et même en substituant purement et simplement la peine de l'amende à la peine de la prison. C'est une atténuation à ce que l'on peut voir d'excessif dans la pénalité de l'art. 5 du décret organique appliquée aux contraventions de l'art. 2 de la loi du 11 mai (2). — Néanmoins il nous

(1) Trib. corr. Seine, 30 décembre 1836 ; Chassan, *loc. cit.*, t. I, p. 870.

(2) L'interdiction de paraître, contenue dans le § 3 de l'art. 5 du décret de février, est considérée par la jurisprudence comme une peine accessoire. V. *infra*, chap. IV, sect. II, *in fine*.

semble que la loi nouvelle va encore au delà du but que le législateur devait se proposer et que la sanction pénale n'est pas proportionnée à la gravité de l'infraction. En outre on peut trouver peu rationnelle la confusion dans une même pénalité des infractions résultant du défaut de déclaration préalable et de l'omission de déclaration de mutation. Ces deux contraventions si différentes par leur caractère et leur gravité n'auraient peut-être pas dû être assimilées. Nos critiques doivent paraître d'autant plus fondées que si l'on s'en tient à la lettre de l'art. 5 du décret organique, les infractions successives à l'art. 2 doivent être considérées comme constituant des contraventions distinctes, dont la peine ne doit pas se confondre (1). Par exemple : qu'une mutation survienne dans la propriété du journal ; si, au bout de quinze jours elle n'est pas déclarée à l'autorité, il y a contravention à l'article 2 de la loi du 11 mai ; d'autre part, si le journal n'est poursuivi qu'un mois après l'expiration du délai de quinzaine, la prévention pourra relever trente contraventions successives et les prévenus devront être condamnés pour les trente infractions sans que les peines puissent se confondre ! Il dépendra par conséquent du procureur impérial d'augmenter la peine en ne poursuivant que longtemps après la première infraction. — Nous reprocherons aussi à la pénalité adaptée par les rédacteurs de la loi nouvelle, à leur art. 2, de rendre l'imprimeur responsable de faits que, selon toute apparence, il ignorera le plus souvent, et de le punir ainsi pour des in-

(1) C'est la jurisprudence du trib. correct. de la Seine et de la Cour impériale de Paris (Paris, mars 1868).

fractions qu'il n'a pas commises en réalité. On peut comprendre jusqu'à un certain point que le législateur de 1852 ait voulu punir l'imprimeur lorsqu'il concourt à la publication d'un journal politique qui paraît sans autorisation ou sans cautionnement. Rien de plus facile en effet pour l'imprimeur que de s'assurer si le cautionnement a été versé ou l'autorisation préalable obtenue. Mais si la présomption de complicité admise par l'art. 5 du décret peut se justifier dans l'espèce qu'avaient spécialement en vue les rédacteurs du décret, cette présomption nous paraît moins admissible dans le cas de certaines contraventions prévues par l'art. 2 de la loi du 11 mai. Par exemple, dans l'hypothèse que nous soulevions tout à l'heure, lorsqu'il survient des changements dans la propriété du journal, n'arrive-t-il pas neuf fois sur dix que l'imprimeur ignore le fait de ces mutations. Et néanmoins, si ces mutations ne sont pas déclarées en temps opportun, l'imprimeur est réputé complice du défaut de déclaration et condamné solidairement avec le publicateur du journal ! Cela est-il équitable? — La loi de 1828 était plus juste et plus libérale. En cas de contravention relative aux déclarations de mutation, le gérant seul était poursuivi, et encore ne devait-il être condamné qu'en *cas de négligence*.

SECTION IV.

Déclarations contestées ou attaquées.

Il peut arriver que l'administration *conteste* la sincérité ou la régularité des déclarations faites par les entrepreneurs de journaux. Sur cette matière, à laquelle la suppression récente de l'autorisation préalable donne eun nouvelle importance, les art. 10 et 11 de la loi du 18 juillet 1828 sont toujours en vigueur (1). Voici le texte de ces articles :

« Art. 10. — En cas de contestation sur la sincérité « ou la régularité de la déclaration prescrite par l'art. 6 « et des pièces à l'appui, il sera statué par les tribunaux, « à la diligence du préfet, sommairement et sans frais, « la partie ou son défenseur et le ministère public en- « tendus.

« Si le journal n'a pas encore paru, il sera sursis à la « publication jusqu'au jugement à intervenir, lequel « sera exécutoire nonobstant appel. »

« Art. 11.— Si la déclaration prescrite par l'art. 6 est « reconnue fausse et frauduleuse en quelqu'une de ses « parties, le journal cessera de paraître. Les auteurs de « la déclaration seront punis d'une amende dont le « minimum sera d'une somme égale au dixième, et le « maximum d'une somme égale à la moitié du cautionnement. »

Les *déclarations* PRÉALABLES peuvent être, en vertu de ces deux articles, *contestées* ou *attaquées*. Il y aura *contestation* toutes les fois que le litige sera engagé par l'administration, sur la question de régularité ou de sincérité de la déclaration, avant la publication du journal. La déclaration ne pourra être *attaquée*, au contraire, comme fausse et frauduleuse, que lorsqu'elle aura été acceptée par l'administration, et seu-

(1) Comp., Circul. du garde des sceaux du 4 juin.

lement après que le journal aura commencé sa publication (1).

Nous verrons plus loin que les *déclarations* DE MUTATIONS peuvent également être l'objet de poursuites, soit en cas de contestation par l'administration, soit que le ministère public les attaque.

Examinons d'abord comment les choses se passeront lorsque la déclaration *préalable* sera contestée ou attaquée.

Quand il s'agira de la première déclaration avant toute publication d'un journal politique ou non, cette déclaration *et les pièces à l'appui* pourront être *contestées* par l'administration, quant à leur sincérité ou quant à leur contenu, c'est-à-dire au fond ou en la forme (2).— Quels seront les tribunaux compétents pour statuer sur cette contestation? Evidemment ce seront les tribunaux civils, car il ne s'agit pas ici d'appliquer une peine, de réprimer un délit, mais de prononcer sur la régularité ou la sincérité de la déclaration (3). C'est, du reste, ce qui résulte clairement de l'*Exposé des motifs* de la loi de 1828 et de la discussion de l'art. 10 à la Chambre des députés (4).—A qui appartient-il de saisir les tribunaux? L'article 10 nous le dit en termes formels : à l'administration, au préfet, qui est ici la partie contestante. Quant au ministère public, dont l'audition a lieu comme partie jointe, il ne saurait intervenir comme partie principale,

(1) *Sic*, Chassan, de Grattier, Batbie, etc., *loc. cit.*
(2) Art. 10, § 1.
(3) Parant, *loc. cit.*, p. 169. — *Sic* Chassan et de Grattier.
(4) Séance du 16 juin 1828.

il ne peut donc pas saisir le tribunal (1). Ce droit appartient-il à l'auteur de la déclaration ? Oui, certainement, quoique l'art. 10 porte seulement qu'il sera statué à la diligence du préfet. Sans cela, il dépendrait de la négligence ou de la mauvaise volonté de l'administration, de retarder la publication du journal et même d'y apporter un obstacle insurmontable. Cette opinion, émise par par M. Pardessus dans la discussion de la loi, et admise depuis par les auteurs, a été consacrée implicitement par la Cour de Cassation. La Cour a jugé, en effet, que le refus par le préfet (ou par le secrétaire-général) de recevoir, comme dénuée de sincérité, la déclaration préalable à la publication d'un journal, constitue une contestation dans le sens de la loi de 1828 (2).

Le tribunal statue sur mémoire, sommairement et sans frais, la partie *ou son défenseur entendu* (3). Ce n'est que par suite d'un amendement que la partie intéressée a été admise à produire un défenseur. Les rédacteurs du projet s'étaient arrêtés à la forme la plus expéditive. Mais on fit observer avec raison qu'il fallait laisser au droit de défense toute sa latitude (4).—Si le journal n'a pas encore paru au moment de la contestation, d'après notre art. 10, il sera sursis à la publication jusqu'au jugement à intervenir, lequel est exécutoire nonobstant appel, quelle que soit sa teneur.

Il peut arriver que le journal paraisse pendant que la

(1) Duvergier, *loc. cit.*; *sic* Chasson et de Grattier; confirm. C. C., 25 mai 1850; C. C. 7 août 1850.

(2) C. C. 2 juillet 1847.

(3) Art. 10.

(4) De Grattier, *loc. cit.*, t. II, p. 186.

déclaration est contestée. Dans ce cas, si la déclaration est reconnue n'être pas régulière ou sincère, elle est considérée comme non avenue et ne peut servir à la publication d'un journal pour lequel, dès lors, les formalités prescrites par la loi n'ont pas été accomplies. Il y a donc là contravention par suite de publication sans déclaration, et il y a lieu d'appliquer les peines de l'art. 5 du décret de février. Cette solution est rigoureuse peut-être, mais le journaliste qui, sans tenir compte du vœu de la loi, a publié un journal pendant que la déclaration était contestée, devait savoir à quoi il s'exposait. Si, au contraire, la déclaration est admise, si la contestation est jugée par le tribunal mal fondée, la publication sera légale, pourvu, toutefois, qu'elle ait été commencée quinze jours après la déclaration faite à la préfecture.— Le plus souvent, les entrepreneurs du journal attendront, pour commencer la publication, que le tribunal ait statué, et alors, si les juges donnent gain de cause à l'administration, il n'y aura d'autre peine à prononcer que la continuation du sursis à la publication, c'est-à-dire l'injonction de ne pas paraître. Ce sera aux propriétaires à faire une nouvelle déclaration, s'ils persistent à vouloir publier leur journal. Que si, malgré l'injonction de ne pas paraître, le journal était publié, il y aurait lieu d'appliquer, conformément au § 3 de l'art. 2 de la loi nouvelle, les peines édictées par l'art. 5 du décret de 1852.

Nous venons de voir que l'administration peut *contester* les déclarations préalables comme étant *non sincères ou irrégulières*, avant que le journal soit en exercice (art. 10). Aux termes de l'art. 11 de la loi de 1828, la déclaration peut être aussi *attaquée* comme *fausse et frauduleuse* si elle contient une dissimulation sciemment commise de la vérité. Nous trouvons là, non plus une contravention consistant seulement dans la matérialité d'un fait, mais un véritable délit. Ici, en effet, c'est une question de fraude, c'est-à-dire d'intention, qui est en litige. L'art. 2 de la loi du 11 mai ne renvoyant aux pénalités du décret de 1852 (art. 5) qu'en cas de contravention relative à la formalité des déclarations, nous appliquerons donc ici la pénalité de l'art. 11 de la loi de 1828.

Lorsque la déclaration préalable est *attaquée*, c'est au ministère public et non pas à l'administration qu'il appartient de saisir les tribunaux, car il s'agit non plus d'un fait à constater, mais d'un délit à poursuivre et le préfet est sans qualité pour requérir devant les tribunaux l'application des lois pénales. — Au point de vue de la compétence, il existe encore une différence, selon la plus part des auteurs, entre le cas de contestation prévu par l'art. 10 et le cas où la déclaration préalable est attaquée conformément à l'art. 11. Dans ce dernier cas, en effet, l'action ne doit plus être intentée devant le tribunal civil, mais devant le tribunal correctionnel, seul compétent, d'après les principes du droit commun, pour prononcer une peine (1). Cette doctrine n'a pas toujours été admise par la jurisprudence. Ainsi, la Cour d'Orléans assimilant les deux hypothèses de l'art. 10 et de l'art. 11, a admis que l'amende édictée par l'art. 11 peut être prononcée par le tribunal civil (2). Mais une telle décision nous paraît devoir être critiquée comme reposant sur la con-

---

(1) Toulouse, 1er juin 1837. *Sic* de Grattier, Chassan, etc.

(2) Orléans, 16 juillet 1836. Voir de Grattier, t. II, p. 106.

fusion de deux cas différents, prévus par les dispositions de deux articles spéciaux à chacun d'eux.

Toutefois, la Cour de Cassation a admis que lorsque la publication du journal a été précédée d'une déclaration fausse et frauduleuse, les tribunaux correctionnels, saisis pour ce fait, sont également seuls compétents pour apprécier la sincérité de la déclaration et qu'il n'est pas nécessaire alors que cette appréciation soit préalablement faite par les tribunaux civils (1).

Il a été également jugé que dans le cas où la juridiction civile est saisie d'une contestation portant sur la régularité de la déclaration, par exemple sur la validité d'une transmission de cautionnement faite pendant la publication du journal, la juridiction correctionnelle doit surseoir à statuer jusqu'à la sentence du tribunal civil saisi de l'examen des pièces justificatives de la transmission; et que le tribunal correctionnel ne peut se livrer lui-même à cet examen (2).

Lorsque la déclaration préalable est *attaquée*, nous ne pensons pas que l'on doive suivre les règles de procédure sommaire indiquées à l'art. 10 pour le cas de contestation. Le droit de défense exige un débat oral et contradictoire selon le droit commun, auquel l'art. 10 ne déroge que pour l'espèce particulière qu'il prévoit.

Autre différence entre l'hypothèse de l'art. 10 et celle de l'art. 11. La déclaration préalable doit être *contestée*

(1) C. C., 5 juillet 1850.

(2) C. C., 29 novembre 1850 et 30 août 1850. Il s'agit, dans ces arrêts, d'une déclaration de mutation, mais la même jurisprudence serait applicable, croyons-nous, aux déclarations préalables.

par l'administration *avant* la publication, dans le délai de quinze jours qui s'écoule entre la déclaration et la publication. — La déclaration ne peut être *attaquée* par le ministère public *qu'après* la publication. Cela s'explique aisément : quel est le but que poursuit le ministère public en exerçant son action? l'application d'une peine. la répression d'une contravention. Or, ainsi que nous croyons l'avoir déjà démontré (1), la publication est, en matière d'infraction aux lois sur la presse, l'élément essentiel de la contravention ou du délit. Lorsque le journal n'a pas paru, il n'y a pas de peine à prononcer, car jusque là, il n'y a eu que tentative de publication, et la contravention n'est pas consommée (2). Au point de vue spécial de l'art. 11, ce principe est confirmé par ce qui a été dit dans la discussion de la loi de 1828 (3).

Tandis qu'au cas de contestation l'irrégularité et le manque de sincérité s'applique non-seulement à la déclaration préalable mais aussi aux pièces justificatives (art. 10); lorsque la déclaration est attaquée, la fausseté dont parle l'art. 11 ne s'applique qu'à la déclaration elle-même. Dans l'hypothèse de l'art. 11 si les pièces à l'appui étaient fausses et frauduleuses, il y aurait lieu à poursuite pour crime de faux; la loi n'ayant pas statué, nous rentrons dans le droit commun.

Si le ministère public triomphe dans l'exercice de son action, la déclaration préalable reconnue fausse et frau-

---

(1) Voir *supra*, page 218.

(2) *Sic* Parant, *loc. cit.*. p. 169.

(3) Séance du 16 juin. Voir les observations de M. Bourdeau, commissaire du gouvernement.

duleuse en quelqu'une de ses parties ne peut servir de base à la publication, qui doit par conséquent cesser du moment que le jugement est devenu exécutoire. Les auteurs de la déclaration seront en outre condamnés à l'amende dont le maximum et le minimum sont fixés par l'art. 11. Il résulte d'une observation faite par le commissaire du gouvernement pendant la discussion que cette peine doit porter non-seulement sur les gérants, mais encore sur les propriétaires qui auront fait une déclaration fausse et frauduleuse (1).

Après le jugement qui décide que la déclaration préalable est fausse et frauduleuse, les propriétaires du journal ont le droit de publier un nouvel écrit périodique en remplissant les formalités prescrites (2). Mais si, malgré la prohibition de paraître prononcée par le tribunal conformément à l'art. 11, les entrepreneurs du journal continuent la publication commencée, ils tombent sous l'application des peines édictées par l'art. 20 du décret du 17 février.

Il importe de noter que les art. 10 et 11 s'appliquent aux journaux politiques aussi bien qu'aux journaux non politiques et exemptés du cautionnement.

Tout ce que nous venons de dire concerne les *déclarations préalables* à la publication des journaux et écrits périodiques. Ajoutons quelques mots sur l'hypothèse d'une *déclaration de mutation* contestée ou attaquée.

Les règles de compétence et de procédure qui régissent la déclaration préalable en vertu des art. 10 et 11

(1) *Sic* Duvergier, *loc. cit.*
(2) C. C., 4 avril 1834.

s'appliquent également à la déclaration des mutations qui surviennent soit dans le mode de publication, soit parmi les propriétaires, soit parmi les personnes désignées à l'autorité comme devant concourir à la publication du journal. Ainsi en cas de mutations survenues dans le journal, la déclaration relative à ces mutations peut être *contestée* par l'administration au moment où elle est faite, comme non sincère ou irrégulière. C'est alors devant le tribunal civil que le procès doit être porté; on procède sommairement et sans frais, il n'y a point d'amende à encourir; en un mot on rentre dans le cas de contestation que nous venons d'étudier. — Si après qu'elle a été acceptée par l'administration, la déclaration de mutation parait devoir être *attaquée* comme fausse et frauduleuse, c'est par le ministère public que l'action doit être exercée; en cas de condamnation il y aura amende à prononcer conformément à l'art. 11, et le tribunal correctionnel sera seul compétent. Et dans ce cas, si après l'annulation de la déclaration de mutation avec défense de continuer la publication du journal, la partie condamnée enfreint cette défense, il y a lieu d'appliquer les peines de l'art. 20 du décret de février.

Rappelons que l'art. 2 de la loi du 11 mai accorde un délai de quinze jours pour faire la déclaration de mutation, et que ce n'est qu'après l'expiration de ce délai que la négligence des propriétaires ou gérants les rend passibles d'une peine. Mais lorsque la déclaration de mutation a été annulée judiciairement comme irrégulière ou non sincère, les propriétaires ou gérants n'ont point un nouveau délai légal de quinze jours pour réparer cette irrégularité. — Il a été jugé sous l'empire de la loi de 1828, que si les juges accordent un délai de grâce pour régulariser la déclaration, ce délai court du jour de la prononciation du jugement, s'il a été rendu contradictoirement, et non de celui de sa signification (1). Par suite, la publication du journal, après l'expiration du délai de grâce, sans que la déclaration ait été régularisée fait encourir au gérant ou au publicateur les peines prononcées par la loi en cas de défaut de déclaration.

Remarquons enfin que l'infraction prévue et réprimée par l'art. 11 de la loi de 1828 constitue, aux yeux de la jurisprudence, une infraction continue (2).

APPENDICE AU CHAPITRE II.

D'après un arrêt de la Cour de Cassation (3), les déclarations dont nous avons parlé dans ce chapitre ne seraient pas les seules auxquelles sont soumis les écrits périodiques. L'autorité aurait le droit d'exiger en outre que l'imprimeur de journaux non cautionnés fît la déclaration prescrite par l'art 14 de la loi du 21 mai 1814 pour tous les imprimés. — Cette théorie doit être repoussée, parce que la loi de 1828, en prescrivant une décla-

(1) C. C., 11 juillet 1845.

(2) C. C., 3 septembre 1842. — *Sic* Chassan. — Sur les déclarations contestées ou attaquées, comp. Rolland de Villargues, *Code des lois de la presse*, et les nombreux arrêts cités (p. 215 et suiv.)

(3) C. C., 17 février 1844.

ration spéciale aux journaux politiques ou non politiques, a abrogé l'art. 14 de la loi du 21 mai en ce qui concerne les écrits périodiques (1). Notre opinion est, du reste, confirmée par de nombreux arrêts postérieurs à celui dont on pourrait arguer pour exiger des imprimeurs de journaux non politiques la déclaration prescrite par la loi de 1814 (2). Nous ne nous étendrons donc pas davantage sur ce point, qui vraiment paraît au-dessus de toute controverse sérieuse, et que l'autorité ne songe même plus à contester.

---

(1) Voir Dalloz, *loc. cit.*, p. 481 et suiv.

(2) C. C., 28 novembre 1830 ; Amiens, 22 novembre 1841 ; C. C., 4 octobre 1845 ; C. C., 22 février 1851.

CHAPITRE III.

Gérants responsables des journaux politiques; nomination; attributions; conditions d'idonéité; responsabilité; cessation de la gérance. — Obligations des gérants; signature en minute; dépôt administratif et judiciaire; signature des auteurs. — Principes de la responsabilité pour les journaux non politiques.

SECTION 1re.

Gérants responsables; leur nomination; leurs attributions; conditions d'idonéité qui leur sont imposées; caractère et étendue de leur responsabilité; cessation de la gérance.

Nous avons eu occasion de dire dans le chapitre précédent ce qu'il faut entendre par *gérant* d'un journal : c'est l'individu que, d'après le choix des cointéressés, la loi a préposé et qu'elle reconnaît pour le représentant de l'entreprise lorsque le journal traite de matières politiques ou d'économie sociale (1).

Il résulte de cette définition que les écrits périodiques *non politiques* ne sont pas soumis à l'obligation d'être

---

(1) C'est à la législation anglaise, statut de la 38e année du règne de Georges III (1798), qu'est empruntée l'institution des gérants. La législation italienne impose également des gérants responsables aux écrits périodiques.

représentés par des gérants ou éditeurs responsables, ce qui constitue une nouvelle différence entre ces journaux et les feuilles cautionnées (1).

L'organisation des journaux non cautionnés est soumise à des règles particulières que nous étudierons à la fin de ce chapitre. — Occupons-nous seulement, quant à présent, de l'organisation des journaux politiques et des questions qui se rattachent à la gérance de ces entreprises.

C'est l'art. 4 de la loi de 1828 qui oblige les journaux politiques à être représentés par un gérant responsable. Le paragraphe 2 de cet article est conçu en ces termes :

Art. 4 « .... § 2. Hors le cas où le journal serait « publié par une société anonyme, les associés sont « tenus de choisir entre eux un, deux ou trois gérants « qui, aux termes des art. 22 et 24 du Code de com- « merce, auront chacun individuellement la signature. »

Remarquons que la loi excepte le cas où le journal est publié par une société anonyme. Dans cette hypothèse, l'administration du journal est soumise aux règles qui régissent cette espèce de société ; mais la responsabilité de la rédaction et de toutes les formalités relatives à la police spéciale de la presse périodique pèsent sur l'administrateur qui a la signature, conformément à l'art. 8, § 1er de la loi de 1828.

On s'est demandé si le choix du gérant peut être fait par un certain nombre de propriétaires en l'absence ou à défaut des autres. En d'autres termes, pour que le gérant réunisse les conditions de responsabilité requises,

---

(1) *Contra*, Hatin. V. *supra*, p. 229.

faut-il que tous les propriétaires participent à sa nomination? La loi est muette sur ce point. Mais, d'après la généralité des termes dont elle s'est servie, on peut croire que le législateur a entendu qu'un acte aussi important que la nomination d'un gérant ne pût s'accomplir sans que tous les propriétaires y prissent part. Ce qui ne veut pas dire que le choix du gérant doit être fait à l'unanimité, mais seulement que tous les propriétaires doivent être appelés à prendre part au vote personnellement, ou par un fondé de pouvoirs en cas d'absence ou d'incapacité civile. Au surplus il pourrait être, croyons-nous, dérogé à cette régle, si les conventions sociales contenaient sur ce point quelque disposition contraire.

Nous nous trouvons ici en présence d'une question fort délicate : l'héritier qui voudrait profiter du délai pour faire inventaire et délibérer, aux termes de l'art. 795 du Code Napoléon, pourrait-il concourir à la nomination d'un gérant sans faire acte d'acceptation et sans prendre qualité d'héritier acceptant? La question a été soulevée à la Chambre des députés pendant la discussion de la loi de 1828. L'affirmative doit être admise. En effet, ainsi que l'a fait remarquer le ministre de l'intérieur, aux termes de l'article 779 du Code Napoléon, les actes purement conservatoires, les actes de surveillance et d'administration provisoire ne constituent pas l'adition d'hérédité, si l'on n'y a pas pris le titre et la qualité d'héritier. Or l'existence d'un gérant est une condition essentielle à la publication du journal et sans laquelle l'exploitation de l'entreprise ne saurait continuer. S'il n'y a qu'un seul gérant et qu'il vienne à cesser ses fonctions, la loi veut même qu'il soit remplacé dans les quinze jours, sous peine d'amendes, qui peuvent s'élever à des sommes considérables. La nomination d'un gérant est donc, dans ce cas, un acte d'urgence qui a le caractère de tous les actes conservatoires autorisés par le droit commun. De même lorsqu'il n'y a qu'un seul propriétaire qui est à la fois gérant, l'art. 12 de la loi de 1828 obligeant la veuve ou les héritiers de ce propriétaire à présenter *dans les dix jours du décès* un rédacteur responsable (voir *infra*, p. 266 et suiv.), dans ce cas encore, la nomination de ce rédacteur responsable n'est-elle pas un acte d'urgence, un acte conservatoire? Que si le journal a plusieurs gérants, l'urgence ne sera plus, il est vrai, aussi incontestable; mais dans cette dernière hypothèse, nous croyons cependant qu'il faut adopter la même décision. Il est possible, en effet, que la société ait un grand intérêt à ce que le nombre des gérants qu'elle avait primitivement fixé ne soit pas diminué. Dans ce cas, comme dans les premiers, l'héritier ne fera donc qu'un acte purement conservatoire en prenant part à la nomination du gérant.— Rappelons, néanmoins, qu'aux termes de l'art. 779 du Code Napoléon, il faudrait que l'on n'eût point pris la qualité d'héritier dans l'acte de nomination du gérant. Il sera donc toujours prudent, en pareille circonstance, d'agir comme *successible et habile à se porter héritier* en prenant toutes réserves pour le droit de répudier la succession ou de l'accepter sous bénéfice d'inventaire (1).

Chaque journal politique peut avoir un, deux ou trois

---

(1) *Sic* de Grattier, *loc. cit.*, t. I, p. 144, et Chassan, *loc. cit.*, t. II, p. 622.

gérants responsables. Ce maximum, fixé implicitement par le § 3 de l'art. 8, est de rigueur (1). Dans l'intérêt de l'entreprise, le législateur a permis que la responsabilité pût être répartie sur trois personnes. Mais, dans l'intérêt de l'ordre public, pour que le but de la loi fût atteint, il n'a pas admis que cette responsabilité fût divisée outre mesure.

Jusqu'à la loi du 11 mai 1868, les lois en vigueur sur la police de la presse n'établissaient aucune incompatibilité entre les fonctions de gérant et certaines professions. Toutefois, il semble résulter de la discussion sur la loi du 16 juillet 1850 que le gérant qui signe un numéro du journal comme gérant ne peut point signer comme auteur un article inséré dans le même numéro (2). Cette restriction, qui nous paraît difficile à justifier équitablement, n'est point admise dans la pratique.

La loi du 11 mai a créé dans son art. 8 une incompatibilité entre les fonctions de *gérant signataire* et la qualité de sénateur ou membre du Corps législatif. Cette disposition renouvelée d'un décret de la Convention (3). et qu'avait rejetée la Chambre des députés en 1828, s'explique par l'inviolabilité dont jouissent les membres du Sénat et du Corps législatif, inviolabilité qui peut rendre illusoire la responsabilité des gérants signataires. Des raisons de convenance auxquelles des faits récents donnent encore plus de poids, plaident aussi en faveur

(1) § 3 « .... les propriétaires auront, *dans les limites ci-dessus désignées*, le droit d'augmenter ce nombre, etc. »

(2) *Moniteur* du 11 juillet 1850.

(3) Décret du 9 mars 1793 déjà cit.; *id.*, loi du 27 juillet 1849, art. 9.

de cette incompatibilité (1). L'art. 9 de la loi du 27 juillet 1849, tombé en désuétude, établissait, du reste, l'incompatibilité entre les fonctions de gérant signataire et celle de représentant du peuple.

D'après l'art. 8 de la loi du 11 mai, lorsque le journal est *signé* par un membre du Sénat ou du Corps législatif, ce journal est considéré comme non signé, et la peine de 500 à 3,000 fr. d'amende est prononcée contre les imprimeurs et propriétaires. — En prenant à la lettre les expressions de cet article on peut admettre qu'un sénateur ou un député peut être l'un des gérants d'un écrit périodique, à la condition de confier la signature au second gérant.

M. de Grattier, reproduisant l'opinion de M. Dupin aîné, soutient qu'il y a incompatibilité absolue entre les fonctions de gérant d'un journal et plusieurs autres professions qu'il énumère. Ainsi, d'après lui, ne sauraient être gérants, les membres de l'Université, les magistrats, les avocats, les officiers ministériels en général, et une foule d'autres fonctionnaires auxquelles différentes lois ne permettent pas d'être agents comptables et qui ne peuvent signer des engagements commerciaux (2). — Cette opinion ne nous paraît pas devoir être adoptée. En effet, les fonctionnaires dont parle M. de Grattier ne sont pas frappés de l'incapacité de faire le commerce ; les engagements commerciaux souscrits par eux ne sont point nuls, et doivent au contraire être déclarés valables dans l'intérêt des parties contractantes. Que si, par consé-

(1) Voir l'exposé des motifs et le rapport de la commission.
(2) De Grattier, *loc. cit*, p. 140.

quent, un magistrat, un officier ministériel, un avocat accepte la qualité de gérant, il sera soumis à des mesures disciplinaires pour avoir violé la loi ou les règlements de sa profession, mais sa responsabilité comme gérant subsistera néanmoins, et sa nomination ne pourra être contestée par l'autorité. — En un mot, M. de Grattier a confondu l'*incapacité* avec la *prohibition* de faire le commerce, prohibition qui ne porte aucune atteinte à la capacité commerciale, et laisse subsister comme valables les actes passés au mépris de la prohibition.

Quelles sont les conditions d'idonéité imposées aux gérants de journaux? Aux termes de l'art. 5, § 2 de la loi de 1828, chaque gérant doit être propriétaire d'une part ou action dans l'entreprise; il doit, en outre, réunir les qualités requises par l'art. 980 du Code Napoléon, c'est-à-dire être Français (ou naturalisé), mâle, majeur et jouissant de ses *droits civils*. Le décret de 1852 et la loi du 11 mai 1868 ont innové implicitement sur ce dernier point au moins pour le cas où il s'agit de la gérance d'un journal qui se fonde : le gérant, dans ce cas, doit maintenant, non-seulement réunir les qualités requises par l'art. 980 du Code Napoléon, mais aussi jouir de ses droits politiques (1). En effet, d'après l'art. 5 de la loi de 1828, il est nécessaire que le gérant soit propriétaire d'une part ou action dans l'entreprise; or, pour être propriétaire d'un journal qui s'établit, il faut, en principe, sous la législation actuelle, avoir la jouissance de ses droits politiques (2).

---

(1) Sauf exception.

(2) Nous appliquons ici le principe que nous avons cherché à établir dans le chapitre précédent et d'après lequel la transmission de la propriété du journal est valable même quand le nouveau propriétaire serait incapable de fonder

Si le gérant n'était pas majeur, ou s'il n'était pas Français, en un mot, s'il ne réunissait pas les conditions d'idonéité exigées par la loi, pourrait-il exciper de cette circonstance pour se soustraire aux poursuites dirigées contre lui à raison des faits de sa gérance ? La négative n'est pas douteuse, son dol ne saurait lui profiter en aucun cas.

Outre sa part dans la propriété du journal, le gérant doit-il être propriétaire du cautionnement ? C'est une question controversée que nous étudierons en traitant du cautionnement.

Pour que le vœu de la loi soit accompli, il va sans dire que le gérant doit être *réellement* propriétaire d'une part ou action dans l'entreprise du journal. S'il a emprunté pour se procurer l'argent nécessaire à l'acquisition de sa part, il n'en est pas moins propriétaire aux yeux de la loi, à condition, bien entendu, que l'emprunt soit lui-même réel et sérieux. Lorsque le contraire est prouvé, il y a déclaration frauduleuse de la part du gérant et des entrepreneurs du journal. Cette preuve peut résulter de l'aveu du prétendu gérant ou des documents produits au procès (1). Mais lorsque le gérant a été accepté par l'administration, sa propriété est couverte par une

---

un journal. — Dans l'opinion de ceux qui rejettent ce système, il ne peut arriver qu'exceptionnellement que le gérant ne jouisse pas de ses droits politiques. Dans le cas, par exemple, où une personne privée d'une partie de ses droits politiques étant devenue par succession *ab intestat* propriétaire d'un journal, et remplissant d'ailleurs les conditions prescrites par l'art. 980 du Code Napoléon, est proposée pour la gérance.

(1) Trib. corr. de la Seine, 4 mai 1842 et C. C. 7 août 1830 ; *sic* Chassan.

présomption de droit; c'est à celui qui soutient le contraire à le prouver (1).

La loi de 1819 n'exigeait aucune condition d'idonéité, aucune garantie de propriété de la part des *éditeurs responsables* qui remplissaient alors, à peu de chose près, les fonctions de gérants. Il en résulta que les journaux désignèrent, pour éditeurs responsables, des individus qui, moyennant salaire, subissaient toutes les condamnations prononcées (2). La loi perdait ainsi sa sanction et n'atteignait pas son but. La loi de 1828 a donc comblé une véritable lacune en exigeant des gérants de journaux politiques des garanties sérieuses, qui assurent une responsabilité réelle et une répression efficace en cas d'infraction aux lois.

Le décret de 1852 avait été plus loin, trop loin selon l'opinion de bien des gens, en exigeant que toutes les mutations survenues dans le personnel des gérants d'un journal, soient soumises à la formalité de l'autorisation préalable du gouvernement (3).

Suivant un arrêt dont la doctrine est justement approuvée par M. Dalloz, un individu dont la capacité intellectuelle est notoirement insuffisante pour lui permettre de juger du sens et de la portée de la rédaction d'un journal, un homme complètement illettré, par

(1) Le Tribunal de la Seine a jugé dans ce sens le 21 septembre 1852. Il s'agissait alors de la propriété du gérant dans le cautionnement, mais nous croyons que cette jurisprudence doit s'étendre à la propriété du gérant dans l'entreprise elle-même.

(2) Victor Jacquemont s'est moqué fort spirituellement, dans une de ses lettres, des hommes de paille qui tenaient lieu d'éditeurs responsables. (*Correspondance*, t. I, p. 207.)

(3) Art. 1 et 8.

exemple, ne peut être revêtu de la qualité de gérant (1). D'après le même arrêt, le tribunal peut conclure de l'état d'insolvabilité d'un individu proposé pour la gérance, et même du propre aveu de cet individu, qu'il n'a accepté la gérance que sous promesse de gratifications en cas d'emprisonnement, et que les déclarations relatives, soit à la copropriété du prétendu gérant dans l'entreprise, soit à sa propriété dans le cautionnement versé, sont fausses et frauduleuses.

L'art. 4, § 3 de la loi de 1828, prévoit les cas de cessation de fonctions des gérants responsables.

Aux termes de cet article, lorsqu'il existe plusieurs gérants responsables, si l'un d'eux vient à cesser ses fonctions, soit pour cause de décès, soit pour toute autre raison, les propriétaires sont tenus, dans le délai de deux mois, de le remplacer ou de réduire, par un acte revêtu des mêmes formalités que celui de la société, le nombre des gérants. Les entrepreneurs du journal ont aussi, dans les limites du maximum *de trois* fixé par le § 2 du même article, le droit d'augmenter le nombre des gérants, en remplissant les mêmes formalités (2). — Il résulte de la discussion de la loi de 1828 et des explications données alors par M. de Ricard, que le défaut de remplacement d'un des gérants (lorsqu'il y a plusieurs gérants bien entendu) n'est passible d'aucune peine à l'encontre des propriétaires. L'amende édictée par la disposition finale de l'article 4, s'applique seulement au cas où le journal

---

(1) Angers, 7 décembre 1847.

(2) Sans préjudice des déclarations de mutations auxquelles sont astreints les gérants restés en fonctions.

n'a qu'un seul gérant, ce qui du reste est parfaitement conforme au bon sens et à l'équité.

Lorsque le journal n'est représenté que par un seul gérant, les propriétaires doivent le remplacer dans les quinze jours qui suivent son décès ou la cessation de ses fonctions. Si le remplacement n'a pas lieu dans le délai prescrit, le journal doit cesser de paraître, et l'infraction à cette prohibition de publication est punie d'une amende de mille francs pour chaque feuille ou livraison publiée après l'expiration des quinze jours (1).

De ce que le journal doit *cesser* de paraître au bout des quinze jours accordés pour désigner un nouveau gérant, il résulte implicitement que pendant ce délai, le journal peut continuer sa publication. Dans ce cas, sur qui faudra-t-il faire peser la responsabilité de la rédaction? Si le journal est signé par l'un des propriétaires, c'est à celui-là qu'incombera, en principe, la responsabilité. Lui seul sera responsable, en qualité d'auteur principal de l'infraction, comme étant le publicateur. Si le journal n'est pas signé par l'un des propriétaires, tous les propriétaires nommés dans la déclaration seront responsables (2).

Admettons que les propriétaires aient présenté un nouveau gérant dans le délai que la loi leur accorde. Il peut arriver, en raison des incidents que soulèvera cette présentation, que l'administration n'accepte le nouveau gérant que longtemps après l'expiration des quinze jours. Dans ce cas, le journal devra-t-il cesser de paraître? Non certes, car les propriétaires ont satisfait au

(1) L. de 1828, art. 4, § 3, *in fine*.
(2) Chasson, *loc. cit.*, t. I, p. 618.

vœu de la loi en faisant ce qui dépendait d'eux pour remplacer le gérant dans le délai légal. On ne peut leur imputer les nouveaux délais que peut entraîner l'acceptation. Si l'on admettait une solution contraire, il dépendrait de l'administration d'arrêter indirectement la publication du journal (1). — M. de Grattier fait toutefois observer avec raison que le délai de quinzaine est de rigueur, en ce sens qu'il ne recommence pas à courir si le gérant proposé n'est pas accepté. Autrement il serait possible, en présentant successivement des gérants qui ne réuniraient pas les conditions exigées, d'éluder les dispositions de la loi. Les propriétaires, il est vrai, auront, en général, intérêt à présenter un gérant responsable qui puisse être accepté, afin de se décharger de la responsabilité qui pèse sur eux pendant cette espèce d'*intérim*. Mais il peut arriver aussi que la propriété du journal soit passée entre les mains de mineurs, de femmes ou d'interdits dont la responsabilité morale et légale serait loin d'être efficace.

Remarquons que l'art. 4, § 3, *in fine*, dont nous parlons prévoit le cas où il y a *cessation* des fonctions de gérant pour cause de décès ou pour toute autre raison.

Il importe de ne pas confondre cette hypothèse avec le cas où il y seulement *suspension* d'une partie des fonctions de la gérance, cas prévu par l'art. 14 de la loi du 27 juillet 1849, et sur lequel nous reviendrons bientôt.

L'art. 12 de la loi de 1828 prévoit un cas tout particulier où la mort du gérant aurait pu donner lieu à quelques complications, si le législateur n'avait été au-devant de la

(1) *Sic* Chassan et de Grattier.

difficulté par une disposition spéciale. — Il s'agit du cas où le propriétaire unique d'un journal politique, qui est en même temps le gérant de ce journal, vient à mourir. Il est alors accordé à la veuve commune en biens et aux héritiers un délai de *trois mois* pour présenter un gérant responsable. Ce gérant, indépendamment des qualités requises par l'art. 980 du Code Napoléon, doit être propriétaire *non plus d'une action ou part dans l'entreprise du journal*, mais d'immeubles libres de toute hypothèque et payant au moins 500 fr. de contribution directe, si le journal est publié dans les départements de la Seine, Seine-et-Oise et Seine-et-Marne, et 150 fr. dans les autres départements. — La disposition de cet art. 12, dont le but est facile à saisir, est toute dans l'intérêt des propriétaires du journal et doit être interprétée en leur faveur. D'où il résulte que, si la veuve et les héritiers préfèrent rentrer dans le droit commun des articles 4 et 5, ils sont parfaitement libres d'associer à l'entreprise la personne qu'ils ont l'intention de présenter comme gérant, et de la dispenser ainsi de la condition, imposée par l'art. 12, d'être propriétaire d'immeubles. Pour la même raison, on doit décider, croyons-nous, que la veuve et les héritiers ont le droit de présenter, dans les conditions de l'art. 12, deux ou même trois gérants, quoique cet article ne parle que d'un gérant (1).

Dans l'intervalle du décès du propriétaire unique à la présentation du gérant, nous avons vu qu'il peut s'écouler trois mois. La loi permet au journal de paraître pendant ces trois mois, mais elle veut cependant que les

(1) Chassan, *loc. cit.*, t. I, p. 620; *sic* de Grattier.

propriétaires fournissent certaines garanties, la responsabilité à laquelle ils sont soumis comme publicateurs n'ayant pas semblé suffisante. Aux termes du § 3 de l'art. 12, la veuve ou les héritiers devront donc présenter dans les dix jours du décès un rédacteur qui deviendra responsable du journal jusqu'à ce que le gérant soit *accepté*. Si les héritiers ou la veuve ne présentent pas de *rédacteur responsable* dans ce délai, il sont déchus du bénéfice de l'art. 12, et sont censés y avoir renoncé pour rentrer dans le droit commun des art. 4 et 5. — De ce que les fonctions du *rédacteur responsable* doivent durer jusqu'à ce que l'administration ait *accepté* le nouveau gérant, il résulte que ces fonctions peuvent durer au delà des trois mois accordés pour la présentation du gérant; car, ici encore, ce n'est que pour la *présentation* que le délai fixé par la loi est imposé; il se peut que l'*acceptation*, dans des circonstances données, exige plus de temps. — Remarquons, en passant, que les délais indiqués dans l'art. 12 sont de rigueur comme ceux de l'art. 4. Nous renvoyons à ce que nous avons dit plus haut à ce sujet.

Il n'est certainement pas nécessaire que le rédacteur responsable, dont parle le 3ᵉ § de l'art. 12, réunisse toutes les conditions d'idonéité exigées pour les gérants. Mais nous croyons avec MM. Chassan et de Grattier, qu'on doit exiger de lui la capacité prescrite par l'art. 980 du Code Napoléon.

Pendant le délai de dix jours accordé à la veuve et aux héritiers pour la présentation du rédacteur responsable, le journal peut-il continuer à paraître? Nous croyons qu'on doit répondre affirmativement en raisonnant par analogie, avec la disposition finale de l'art. 4 de la loi de 1828 (1). La loi ne dit pas que l'écrit périodique doive suspendre sa publication; le journal jouit d'ailleurs par le fait de sa publication antérieure, d'une sorte de possession d'état. Ce sont là des arguments qui, appuyés sur l'analogie de l'art. 4, nous paraissent décisifs (2).

Le gérant spécial dont parle l'art. 12 et le rédacteur responsable doivent être présentés et acceptés dans la forme déjà expliquée pour les mutations survenues dans la gérance des journaux.

L'art. 12 n'est applicable, bien entendu, que dans le cas où la veuve et les héritiers du propriétaire gérant unique, veulent profiter des avantages que cet article leur offre pour continuer l'entreprise sans aucune interruption d'après les errements existants. Il est clair qu'ils peuvent si bon leur semble former une entreprise nouvelle, et, dans ce cas, ils seraient soumis aux règles qui régissent la fondation des journaux (3). Ils peuvent aussi bien, tout en continuant l'entreprise primitive, lui faire subir des changements soit quant à la gérance, soit autrement, pourvu qu'ils remplissent à cet égard les formalités édictées par la loi à raison des mutations survenues.

L'art. 14 de la loi du 27 juillet 1849 prévoit un cas

---

(1) Art. 4 : « ......S'ils (les propriétaires) n'en avaient constitué qu'un « seul (gérant), ils seront tenus de le remplacer dans les quinze jours qui « suivront son décès; faute de la faire, le journal ou écrit périodique *cessera « de paraître*, etc. »

(2) *Sic* Chassan et de Grattier.

(3) Rappelons que sous la législation actuelle la veuve ne pourrait fonder un nouveau journal qu'avec l'autorisation préalable du gouvernement (Voir *supra*, p. 207).

spécial de cessation ou plutôt de suspension des fonctions du gérant et déroge également, pour ce cas, au droit commun de la loi de 1828. Cet art. 14, qui n'est que la reproduction de l'art. 10 de la loi du 9 septembre 1835, est ainsi conçu :

Art. 14 : « En cas de condamnation du gérant pour « crime, délit ou contravention de la presse, la publi- « cation du journal ne pourra avoir lieu pendant toute « la durée des peines d'emprisonnement ou d'interdic- « tion des droits civils ou civiques, que par un autre « gérant remplissant toutes les conditions exigées par « la loi. — *Si le journal n'a qu'un gérant*, les pro- « priétaires auront *un mois* pour en présenter un nou- « veau, et dans l'intervalle ils seront tenus de désigner « un rédacteur responsable. Le cautionnement entier « demeurera affecté à cette responsabilité. »

La plupart des observations que nous avons faites plus haut, sur l'art. 12 de la loi de 1828 sont applicables à l'espèce prévue par l'art. 14 de la loi du 27 juillet 1849. Ainsi, par exemple, le délai d'un mois accordé extraordinairement aux propriétaires par l'art. 14, est un bénéfice qui doit ne leur être acquis qu'à la charge par eux d'en remplir les conditions par le choix provisoire d'un rédacteur responsable. Par conséquent, s'ils ne remplissent pas cette condition, ils doivent être censés avoir renoncé au bénéfice de notre article et s'être volontairement placés sous le droit commun de l'art. 4 de la loi de 1828 (1). — Ce que nous avons dit du rédacteur responsable de l'art. 12 de la loi de 1828 est applicable ici. Remarquons

(1) Voir Rousset, *loc. cit.*, p. 45, note 190.

seulement que la loi de 1849, ne fixe pas de délai pour la présentation de ce rédacteur. Il faut en conclure, selon nous, que si au bout de quinze jours (délai de droit commun fixé par l'art. 4 de la loi de 1828), les propriétaires n'en ont pas désigné, ils seront réputés renoncer au bénéfice de l'art. 14; ils seront de plus en contravention pour publication de journal cautionné sans gérant.—La disposition finale de l'art. 14 ne porte aucune sanction pénale. L'indication d'une peine eût été en effet parfaitement inutile : puisque faute par les propriétaires de remplir les conditions de cet article, ils sont réputés rentrer dans le droit commun, on leur appliquera, s'il y a lieu, les peines édictées par l'art. 4, § 3, de la loi de 1828.

Suivant MM. de Grattier et Chassan, le gérant qui subit seulement la peine de l'emprisonnement n'est privé que du droit de signer le journal. Il conserve pour le reste de ses fonctions l'aptitude que la loi lui a attribuée (1).

La jurisprudence a repoussé cette doctrine, qui, du reste, nous paraît difficile à soutenir. Il a été jugé que si depuis la condamnation qu'un gérant de journal a encourue et sans qu'il ait été remplacé, il continue de sa prison à prendre une part active, soit à la rédaction du journal, soit à la direction de l'entreprise, il se met en contravention avec l'art. 14 de la loi du 27 juillet 1849 (2).

La gérance s'étend non-seulement à la responsabilité

---

(1) Cette opinion a été émise, il est vrai, par MM. Chassan et de Grattier antérieurement à la loi du 27 juillet 1849. Mais, ainsi que nous l'avons dit plus haut, la loi du 9 septembre 1835 contenait une disposition identique à celle dont nous parlons, et cette loi était en vigueur quand les auteurs, dont nous nous permettons ici de critiquer l'opinion, ont publié leurs ouvrages.

(2) Metz, 3 juillet 1850.

politique du journal, établie par les art. 5 et 8, de la loi de 1828, mais aussi aux intérêts commerciaux de l'entreprise.—La gestion des gérants doit être réelle, effective, aussi bien au point de vue commercial qu'au point de vue politique. Les conventions particulières des associés, par lesquelles il serait dérogé à l'égard des gérants aux dispositions de l'article 4 de la loi de 1828, dans le but de les garantir, soit des risques de l'entreprise, soit des condamnations pécuniaires, ne pourraient être opposées aux tiers (1).

Au point de vue commercial, les gérants représentent la société dont ils ont la signature ; ils l'obligent selon les principes du droit commun, et doivent être revêtus des pouvoirs ordinaires des gérants de société commerciale (2).—En s'en référant au droit commun, le législateur a manifesté qu'il n'est pas entré dans son esprit d'exiger que le gérant du journal eût une omnipotence absolue, c'est-à-dire sans contrôle et sans obstacle sur la direction financière et commerciale de l'entreprise. Le droit pour le gérant d'obliger commercialement la société peut donc être soumis à une surveillance, mais le gérant ne doit pas être placé sous la dépendance d'un tiers et doit rester libre d'agir sous sa responsabilité. Ce n'est qu'à cette condition que sa responsabilité commerciale peut être considérée comme sérieuse et non fictive (3). Aussi doit-on approuver la décision de la Cour

(1) De Grattier, *loc. cit.*, t. II, p. 143.— Mais ces conventions n'auraient rien d'illicite en elles-mêmes et seraient valables entre les parties. La discussion de la loi et les paroles du commissaire du gouvernement ne laissent aucun doute à ce sujet.

(2) C. C., 10 juillet 1848. Comp., art. 4 de la loi du 18 juillet 1828.

(3) Voir la discussion de l'art. 4 ; *Moniteur* du 12 juin 1818.

d'Orléans, d'après laquelle l'administration est en droit de refuser un gérant gêné par l'acte social dans le droit d'engager la société (1).

Au point de vue commercial comme au point de vue politique, les fonctions du gérant sont toutes personnelles et s'éteignent avec lui dans sa personne. Aussi est-il évident que les héritiers du gérant n'ont aucun droit pour s'immiscer dans l'administration de la société.

Mais le caractère de gérant, dès qu'il a été imprimé à celui qui en est revêtu par le choix de ses coassociés et par l'acceptation de l'administration, ce caractère s'attache à sa personne, devient en quelque sorte indélébile et ne peut plus être dépouillé sans que l'autorité ait été informée par une déclaration de mutation.

Au point de vue politique, le gérant est le directeur et le surveillant du journal. Il est « une sorte de censeur « que la loi impose aux propriétaires de journaux dans « le double intérêt de l'État et de l'association. En acceptant cette espèce de magistrature dont la volonté de « ses associés l'investit et que la loi reconnaît, il s'oblige « à remplir des devoirs (2). »

Dans l'exercice de ses fonctions politiques, le gérant doit être aussi libre, aussi indépendant que dans l'exercice de ses attributions commerciales. D'où nous concluons que si l'acte social établissait à côté de lui un comité de surveillance pouvant s'opposer à l'insertion des articles qu'il voudrait admettre, le vœu de la loi ne serait pas accompli. Il en serait de même, à plus forte

(1) Orléans, 8 août 1844.

(2) Exposé des motifs de la loi de 1828 ; *Moniteur* du 15 avril 1828.

raison, si la dissolution de la société pouvait être demandée sous prétexte que la ligne politique à suivre divise le comité et le gérant, et si, dans ce cas, d'après l'acte de société, le gérant était exposé à perdre une partie de son apport et sa portion dans les bénéfices accumulés de l'entreprise (1). Dans ces différentes hypothèses, le gérant ne serait pas libre, il ne serait pas en fait le censeur et le directeur d'un journal dont la direction serait, en réalité, dans d'autres mains que les siennes. Une telle gérance n'offrant pas le caractère de sincérité qu'exige la loi, l'administration serait fondée à ne pas l'accueillir (2).

Néanmoins le gérant peut, de lui-même, s'adjoindre soit un comité, soit un ou plusieurs collaborateurs pour l'aider dans l'accomplissement d'une mission que les circonstances rendent trop souvent délicate et difficile. Mais, dans ce cas, la *direction* unique du journal doit toujours lui appartenir.

Que, s'il y a plusieurs gérants, la direction du journal pourra être partagée entre eux, selon leur convenance personnelle, chacun d'eux ayant reçu des copropriétaires et de l'administration le droit de s'en occuper : « Quand il y aura plusieurs gérants, a dit le garde des « sceaux lors de la discussion de la loi de 1828, celui « qui aura le plus d'aptitude pour l'administration di« rigera la partie commerciale ; celui qui, par les habi« tudes de sa vie ou ses talents naturels, sera plus « propre aux combinaisons littéraires ou politiques, di-

(1) Orléans, 8 août 1844.
(2) *Sic* Chassan.

« rigera la rédaction du journal; mais tous deux sont « investis de la confiance de leurs associés, tous deux « auront la signature sociale. Si l'un d'eux s'en sert plus « habituellement, l'autre pourra s'en servir; ils auront « reçu tous deux de leurs commettants cette haute « preuve de confiance qui sera le témoignage éclatant « de leur probité : c'est à ce prix qu'ils obtiendront la « juste récompense du public et de l'État (1). »

Il arrive souvent dans la pratique que le gérant s'adjoint un *rédacteur en chef* qui le seconde et parfois le supplée dans la direction du journal. — Avant le décret de 1852, ces rédacteurs en chef n'étaient point reconnus par la loi. Le décret organique n'en parle que pour soumettre leur nomination à l'agrément de l'autorité (article 1) aussi bien que la nomination des gérants. — Le législateur de 1852 a été, selon nous, mal inspiré en donnant à l'institution des rédacteurs en chef cette sorte de consécration légale. Effectivement, la rédaction en chef, ainsi comprise, fait double emploi avec la gérance. Reconnu par la loi, le rédacteur en chef diminue la responsabilité morale du gérant, sans offrir lui-même de garantie sérieuse; car si sa nomination était autrefois soumise à l'autorisation préalable, sa condition légale n'est définie nulle part et aucun texte ne lui impose les garanties de capacité exigées des gérants. — La nouvelle loi sur la presse a abrogé l'art. 1er du décret de 1852 et aucun de ses articles ne mentionne les rédacteurs en chef. Au point de vue légal, l'existence des rédacteurs en chef est donc redevenue problématique.

(1) *Moniteur* du 11 juin 1828.

Nous croyons que les tribunaux devraient ne jamais la reconnaître, car elle est contraire à l'esprit de la loi de 1828. —Quoi qu'il en soit, la jurisprudence a toléré jusqu'à présent les rédacteurs en chef, et a même, jusqu'à un certain point, réglé les droits respectifs de ces rédacteurs et du gérant (1).

C'est précisément parce que la loi exige que les gérants dirigent *réellement* et *par eux-mêmes* l'entreprise du journal qu'elle a pu, sans injustice, faire peser sur leur tête une lourde responsabilité.

Le principe de cette responsabilité a été cependant bien souvent attaqué au double point de vue de la politique et du droit.

En se plaçant au point de vue politique, on a plus d'une fois soutenu que l'institution des gérants responsables a trahi l'espoir que ses créateurs et ses partisans avaient fondé sur elle, qu'elle a donné naissance à de nombreux abus, qu'elle a été pour les dangers de la presse un remède pire que le mal. — Ecoutez M. de Girardin : « ..... à quoi a servi cette fameuse institution des gérants responsables, sinon à créer au sein des journaux une complication et un simulacre? La responsabilité légale d'un gérant a-t-elle jamais été un obstacle sérieux à l'émission d'une opinion quelle qu'elle fût? A-t-elle empêché de publier des journaux républicains sous la monarchie et des journaux monarchistes sous la république? Un journal a-t-il jamais été empêché de se fonder ou a-t-il jamais cessé de paraître faute de trouver un gérant responsable? Ce qu'un gouvernement a de mieux à

(1) Toulouse, 7 janvier 1835.

faire, c'est de rester complètement étranger et absolument indifférent à l'administration et à la rédaction des journaux, qu'il ne s'en occupe à aucun titre! qu'il les laisse se constituer comme il leur plait et écrire ce qu'ils pensent (1)! »

L'éminent publiciste fait une singulière confusion. A l'en croire, l'institution des gérants responsables aurait eu pour but de mettre un obstacle à la libre expression des opinions; les rédacteurs de la loi de 1828, en obligeant les propriétaires de journaux politiques à désigner un gérant responsable, auraient fondé, sur cette obligation, l'espoir chimérique d'anéantir ce que l'on appelle, sous tous les régimes, la presse de l'opposition. — A coup sûr, si l'institution des gérants avait été destinée, dans l'esprit de ses partisans, à accomplir un tel miracle, le but serait complétement manqué! — Mais ce n'est pas cela que s'est proposé le législateur de 1828. Il a voulu purement et simplement, à une époque où la signature des articles des journaux n'était pas obligatoire, créer une responsabilité réelle pour répondre de ces articles. Il a voulu que la justice sût où frapper, en cas de délit ou de contravention; il a voulu que la répression fût efficace et pour cela il a exigé que cet être collectif, insaisissable, qu'on appelle un journal, fût représenté par quelqu'un. Il a espéré aussi que cette nouvelle garantie, en assurant la justice et l'efficacité de la répression, préviendrait souvent le mal sans entraver la liberté. S'est-il trompé? Ceci est

(1) Ém. de Girardin, *les Droits de la pensée.*

une question de fait. Pour y répondre, il faudrait refaire l'histoire de quarante années.

Au point de vue du droit, l'institution des gérants a été non moins vivement attaquée. On sait que le gérant signataire a la responsabilité générale, absolue de tout ce qui est inséré dans le numéro du journal qu'il a signé, responsabilité qui s'étend à tous les articles sans qu'il y ait lieu de distinguer, s'il a participé à la rédaction, ou s'il y est demeuré étranger, si les articles sont signés par leur auteur ou s'ils ne le sont pas (1). « Il est responsable avant même que l'infraction ait été commise, car c'est une responsabilité légale, un coupable de droit et un accusé en cas de délit qu'on a voulu amener à la justice (2). » Il y a là, disent les adversaires de la gérance des journaux, une violation flagrante des principes de la législation criminelle, car nul n'est responsable que de son propre délit. — Ce reproche est spécieux, mais il ne supporte pas, croyons-nous, un examen approfondi de la question. A notre sens, le gérant n'est nullement un coupable fictif, et sa responsabilité ne déroge en rien au principe de droit criminel d'après lequel les *délits sont personnels*. Quels sont les éléments de ce que les cri-

(1) Loi de 1828, art. 8, § 4 : « Les signataires de chaque feuille ou livraison seront responsables de son contenu et passibles de toutes les peines portées par la loi à raison de la publication des articles ou passages incriminés, sans préjudice de la poursuite contre l'auteur ou les auteurs desdits articles ou passages, comme complices. En conséquence, les poursuites judiciaires pourront être dirigées tant contre les signatures des feuilles ou livraisons que contre l'auteur ou les auteurs des passages incriminés, si ces auteurs peuvent être connus ou mis en cause. »

(2) Chassan, *loc. cit.*, t. I, p. 125.

minalistes nomment l'imputabilité ? Quelles sont les conditions nécessaires pour qu'un délit puisse être mis à la charge de son auteur ? Il faut : 1° que l'agent du délit ait agi avec liberté ; 2° qu'il ait agi avec connaissance de cause. — Or, la personne qui après avoir accepté la direction d'un écrit périodique, qui, après avoir pris qualité de gérant devant l'autorité, laisse imprimer dans son journal un article délictueux, cette personne, ce gérant, qui, de lui-même, s'est offert à l'autorité pour être le *publicateur* du journal, réunit toutes les conditions nécessaires pour que le délit puisse lui être imputé. En effet, où est le délit, si ce n'est dans la publication ? Qui est le publicateur, si ce n'est le gérant ? Ce gérant n'était-il pas libre de ne pas insérer l'article délictueux ? En outre, si le vœu de la loi est rempli, ne devait-il pas être moralement en état d'apprécier la portée de l'acte qu'il accomplissait en insérant l'article incriminé ? En d'autres termes, le gérant n'est-il pas la cause efficiente et éclairée de la publication et, par conséquent, du délit, car la loi ne punit que la *publication* de l'article délictueux ? — L'affirmative ne nous paraît pas douteuse. M. Chassan est donc parfaitement dans le vrai, lorsqu'il soutient que la loi française, par la création des gérants, n'a point établi une chose nouvelle et anormale, et qu'elle s'est bornée à constater un fait existant. « La loi, ajoute l'éminent jurisconsulte, n'a point non plus créé une responsabilité fictive, car par la publication, qui est son fait propre, la culpabilité du gérant est réelle, non pas seulement devant la loi, mais devant la réalité des choses (1). »

---

(1) Chassan, loc. cit., t. I, p. 126. *Sic* Rauter, droit crim. français, t. I, p. 160, 360 et 387 ; de Grattier, loc. cit., t. II, p. 174, etc.

Ici se place une question d'autant plus importante que dans le principe elle peut être fréquemment posée. Dans beaucoup de journaux le gérant est, ainsi que nous l'avons déjà dit, assisté d'un *rédacteur en chef*, sorte de sous-directeur qui, en général, s'occupe plus spécialement de la partie matérielle dans la confection du journal, mais qui souvent aussi prend une part plus ou moins active à la direction politique (1). On s'est demandé si ce rédacteur en chef doit être poursuivi avec le gérant et l'auteur d'un article criminel ou délictueux comme coupable de complicité (2). Selon nous, la question doit être, en principe, résolue négativement.— Les fonctions de rédacteur en chef n'ont en effet rien de légal, rien d'officiel. La loi ne connaît pas le personnage qu'on appelle rédacteur en chef dans le langage de la presse. Aucun texte n'en fait spécialement mention, aucune loi ne définit ses attributions et sa capacité (3). Il ne peut donc évidemment pas être poursuivi uniquement *comme rédacteur en chef*. Mais, d'autre part, on méconnaîtrait les principes en soutenant que la poursuite du gérant,

---

(1) Voir *supra*, p. 273.

(2) Voir Dalloz, *loc. cit.*, p. 664. — Voir aussi dans la *Presse*, n° 3998, (11e année), une excellente discussion de M. E. de Girardin sur cette question, qui s'est élevée au sujet du procès intenté par M. Jules Janin au *Corsaire-Satan*.

(3) Nous avons dit plus haut que l'art. 1er du décret du 17 février désignait incidemment les *rédacteurs en chef* et soumettait leur nomination à l'autorisation préalable. Mais nous croyons qu'on doit attacher peu d'importance à cette mention en quelque sorte accidentelle, sans précédent dans la législation de la presse et qu'aucune loi postérieure n'a reproduite. Notre opinion sur ce point semble d'autant plus fondée que l'art. 1er du décret de février, abrogé par la loi du 11 mai, a disparu de nos Codes.

de l'auteur et de l'imprimeur épuise tous les droits de l'action publique ou de l'action privée et qu'à aucun titre le rédacteur en chef ne saurait être appelé devant les tribunaux. « Il est des cas, dit avec raison M. de Girardin, où le rédacteur en chef peut être poursuivi et condamné. Les lois de la presse n'ont pas limité la complicité en cette matière au gérant, à l'imprimeur et au rédacteur de l'article. C'est là une complicité particulière réglée par des principes spéciaux. Mais l'art. 7 de la loi du 17 mai 1819 réserve expressément l'application des lois qui répriment la complicité de droit commun, c'est-à-dire l'application du Code pénal... Le rédacteur en chef peut être appelé comme le gérant et comme l'auteur devant les tribunaux ; mais il faut qu'on prouve sa complicité la loi pénale à la main. Toute poursuite, toute condamnation *basée sur ses fonctions seules, sur une vague présomption de concours dans le délit à raison de son autorité de fait*, serait une violation flagrante de la loi. » — Cette doctrine, ajoute M. Dalloz, et nous sommes de son avis, paraît fondée sur une saine interprétation de la loi et sur une exacte appréciation de la situation spéciale du rédacteur en chef.

La responsabilité du gérant est-elle de telle nature que le gérant ne puisse invoquer l'excuse tirée de la bonne foi, dans le cas où la loi ne repousse pas cette excuse en principe? Nous croyons qu'il le pourra quelquefois. Ainsi, il sera admis, comme l'imprimeur, à soutenir qu'il a publié *non sciemment* un article répréhensible (1). Effectivement, le fait de la publication d'un article délic-

(1) C. C., 22 avril 1824 ; *tic* Chassan.

tueux lui est toujours imputable, puisqu'il est son propre fait, mais la preuve de ce fait ne suffit pas ; il faut encore, conformément au droit commun, que le gérant ait agi avec intention. Si, conformément à la loi du 16 juillet 1850, l'article est signé par le rédacteur qui l'a écrit, ce rédacteur, étant par conséquent connu, est mis en cause ; le gérant pourra alors établir qu'il n'a pas eu, lui, de mauvaise intention en publiant un article qui, cependant, est délictueux ou criminel. Il pourra démontrer aussi que son intention n'a pas été aussi méchante que celle de l'écrivain qui a composé l'article. Dans ces deux cas, il sera possible que le gérant soit condamné moins sévèrement que le rédacteur ; il pourra même arriver qu'il soit affranchi de toute peine (1), car le délit étant une fois reconnu, la peine ne doit pas être appliquée judaïquement, et la moralité du fait doit être appréciée. Le législateur a voulu rester à cet égard dans le droit commun. Cela ressort clairement de la discussion qui a eu lieu sur l'art. 8 de la loi de 1828, tant à la Chambre des députés qu'à la Chambre des pairs, et notamment du rapport de M. le comte Siméon à cette dernière assemblée (2). C'est d'ailleurs la doctrine consacrée par la jurisprudence (3). — Mais si l'article qui a motivé la poursuite n'est pas signé, soit que ce défaut de signature constitue une contravention à la loi du 16 juillet 1850, soit que l'article soit au nombre de ceux que cette loi

---

(1) Voir en ce sens M. de Grattier, *loc. cit.*

(2) Voir l'extrait des discussions et le rapport de M. Siméon dans les notes de M. Duvergier sur l'art. 8, § 3. (*Collect. des lois et ord.*, année 1828.)

(3) Cour d'assises de Paris, 29 octobre 1831 ; C. d'assises de Mézières, juillet 1839 ; C. C., 30 août 1839 ; C. C., 8 septembre 1837 ; C. C., 26 août 1837.

dispense de la signature du rédacteur, la preuve de l'intention est manifestement contre le gérant. Le gérant, dans ce cas, doit être considéré aussi bien comme l'auteur de l'article que comme le publicateur. Il ne doit pas être écouté en pareille occasion, dit M. Chassan (1), lorsqu'il vient dire qu'il n'a pas lu l'article, qu'il n'a pu en prendre connaissance ou qu'il ne l'a pas compris. — Cependant, le gérant a été admis, dans quelques rares circonstances, à prouver qu'il n'avait pas lu l'article, parce qu'il en avait été empêché par un motif légitime (2). Mais ce point établi ne fait pas disparaître la responsabilité ; il l'atténue seulement. Et encore les tribunaux ne doivent-ils, croyons-nous, admettre une pareille preuve que dans des cas très-rares, sous peine de fausser l'esprit de la loi et de lui faire manquer son but. D'après les principes de la matière, en effet, le gérant ne saurait fonder une excuse ni sur le défaut de participation à l'article incriminé, ni sur l'absence, l'éloignement ou la maladie. Car il est préposé pour surveiller la rédaction de l'écrit juridique, et s'il est obligé de suspendre l'exercice de ses fonctions parce qu'il est absent ou malade, ou pour toute autre raison, son devoir est de ne pas signer le journal.

En résumé, le gérant est responsable (3) de tous les crimes, délits et contraventions commis par le moyen du journal qu'il est chargé de diriger (art. 8, § 4). Il doit, dans

(1) *Loc. cit.*, t. I, p. 120.

(2) Cour d'assises de Paris, 26 février 1836.

(3) Sans préjudice des poursuites qui pourront être dirigées contre les auteurs des articles ; sans préjudice non plus de la responsabilité de l'imprimeur.

le délai de trois jours de toute condamnation définitive pour crime, délit ou contravention de presse, acquitter le montant des condamnations par lui encourues. Le payement est constaté par une quittance délivrée en *duplicata* par le receveur des domaines. Cette quittance doit être, le quatrième jour au plus tard, remise au procureur impérial, qui en donne récépissé. Faute par le gérant d'avoir remis la quittance dans le délai fixé, le journal doit cesser de paraître, sous les peines portées contre tout journal publié sans cautionnement (1). — Il a été jugé qu'il s'agit ici d'une interdiction de paraître momentanée. Le journal ne doit cesser de paraître que jusqu'au jour où la libération de la condamnation aura été opérée (2).

Avant d'étudier les obligations imposées au gérant par les lois sur la police spéciale de la presse périodique, nous rappellerons qu'aux termes de l'ordonnance du 18 novembre 1835, les gérants qui cessaient leurs fonctions devaient en faire la déclaration à l'autorité. L'ordonnance du 18 novembre ayant été abrogée avec la loi de 1835 dont elle réglait l'exécution, on peut soutenir que cette formalité n'est plus en vigueur. Mais néanmoins le gérant qui cesse ses fonctions doit, par mesure de prudence et pour dégager complètement sa responsabilité, faire une déclaration de mutation conformément à l'art. 6 de la loi de 1828 et à l'art. 2 de la loi du 11 mai 1868.

(1) Loi du 16 juillet 1850, art. 6, 7 et 8 ; décret du 17 février, art. 29, 30 et 31. — Comp., Rousset, *loc. cit.*, p. 40, note 167, et p. 182, note 722, et Rolland de Villargues, *loc. cit.*, sur les articles précités.

(2) Orléans, 10 novembre 1850.

SECTION II.

Obligations des gérants : signature en minute; signature des auteurs; dépôt administratif et judiciaire.

Les lois sur la police spéciale de la presse périodique astreignent les gérants à l'accomplissement des formalités suivantes : 1° signature en minute d'un exemplaire de chaque numéro du journal ; 2° signature des auteurs ; 3° dépôt administratif et judiciaire.

Etudions séparément ces différentes formalités.

Signature du gérant. — Aux termes de l'art. 8, § 1er, de la loi de 1828, confirmé par l'art. 7 de la loi du 11 mai, chaque numéro d'un journal politique doit être signé en minute par le propriétaire, s'il est unique ; par l'un des gérants responsables, si l'écrit périodique est publié par une société en nom collectif ou en commandite (1), et par l'un des administrateurs, s'il est publié par une société anonyme.

L'obligation de la signature en minute, combinée avec la formalité du dépôt, a pour but de saisir l'autorité de la pièce RECONNUE par la personne responsable de son contenu (2).

C'est sur le journal imprimé et non sur le manuscrit

---

(1) Ou en participation.

(2) D'après la loi anglaise, les journaux doivent être également signés par le gérant.

que la signature du gérant doit être apposée. Un journal manuscrit se compose d'éléments si nombreux, si différents, souvent si indéchiffrables, que ce ne peut être cet amas confus de pièces inintelligibles que le législateur a voulu soumettre à la signature du gérant (1). Du reste, la question ne peut même plus être soulevée depuis la loi du 11 mai 1868, car l'art. 7 de cette loi en prescrivant le dépôt de quatre exemplaires signés, exclut naturellement l'idée que la signature doive être apposée sur le manuscrit.

La signature donnée en blanc ou par avance par le gérant, sur la feuille qui doit contenir la rédaction du journal, peut-elle être considérée comme équivalant à la signature en minute exigée par notre article? La négative est admise par la jurisprudence (2). D'après un arrêt de la Cour de Cassation, il y aurait contravention, même si après avoir signé la feuille en blanc, le gérant avait vérifié et approuvé les articles imprimés sur la feuille postérieurement à l'apposition de la signature. Cette jurisprudence nous paraît trop rigoureuse et peu conforme à l'esprit de la loi : en effet, le projet de loi présenté en 1835 par le gouvernement, et qui devint plus tard la loi du 9 septembre, frappait d'une forte amende (art. 10) toute signature donnée en blanc. La commission de la Chambre des députés, craignant que cette disposition ne fût *très-gênante et à peu près inexécutable*, proposa de décider que la signature serait donnée jour par jour. Cette modification, proposée par la commission, fut éga-

---

(1) Dalloz, *loc. cit.* ; Sulpicy, *Code de la presse* ; Borie et Bonassies.
(2) C. C., 4 avril 1851 ; C. C., 7 février 1852.

lement combattue dans la discussion, pour le motif qu'il y aurait trop de sévérité à frapper d'une amende de 500 à 3,000 fr. le gérant qui, empêché par une cause légitime, n'aurait pu signer le journal le jour même de sa publication. Ces considérations, développées par MM. Laurence, Etienne et Teste, firent rejeter l'obligation de signer *jour par jour*. Il nous semble qu'il résulte de ce rejet que la signature donnée en blanc ne constitue pas une contravention (1).

Le défaut de signature de la part du gérant ne peut être excusé ni par sa bonne foi, ni par une omission provenant du fait d'un employé qui aurait oublié de lui faire signer la feuille (2); ni par l'absence du gérant qui ignorait alors que son cogérant, à qui la signature avait été dévolue, se trouvait dans telle situation qui l'empêchait de signer valablement le journal (3). C'est la conséquence des principes que nous avons sommairement exposés sur le caractère des contraventions aux lois sur la police spéciale de la presse (4). Mais le cas de force majeure pourrait excuser le gérant (5).

La signature autographe apposée sur la minute du journal est indépendante de la signature imprimée que doivent porter tous les exemplaires. Lorsque la première n'existe pas, la seconde ne peut dans aucun cas fournir un moyen de justification ou d'excuse (6); car la loi

---

(1) Comp., Dalloz, *loc. cit.*, p. 482.
(2) Trib. corr. Seine, 9 août 1834.
(3) Id., 7 septembre 1836.
(4) Voir *supra*, p.
(5) C. C., 16 avril 1841; id., 24 juin même année.
(6) Trib. corr. Seine, 9 août 1834.

exige la double formalité de deux signatures, et en outre, ce n'est que la signature autographe qui détermine celui des gérants qui est individuellement responsable.

Lorsque le numéro d'un journal politique où se trouve un délit ou une contravention est publié sans avoir été signé en minute par un gérant, contre qui le ministère public devra-t-il intenter sa poursuite? Contre le gérant unique si le journal n'a qu'un gérant; contre tous les gérants si les propriétaires du journal en ont désigné plusieurs (1). En effet, l'art. 5 de la loi de 1828 charge tous les gérants de surveiller la rédaction du journal; la responsabilité pèse sur tous et ne se divise que quand l'un d'eux a signé. Cette responsabilité existe donc même quand la publication a eu lieu sans leur signature. S'ils veulent s'en décharger, ils doivent s'opposer à la publication en donnant avis à l'imprimeur de leur opposition et faire leur déclaration à l'autorité conformément à l'article 6 de la loi de 1828 et à l'art. 2 de la loi de 1868, pour constater qu'ils renoncent à la gérance. Faute d'avoir pris ces précautions ils peuvent être réputés avoir participé à la publication et comme tels encourir la responsabilité du numéro publié. « Cette décision semblera peut-être sévère, dit M. Chassan, mais qu'importe si elle est juridique. Sans cette sévérité il serait trop facile d'éluder le but que la loi s'est proposé en créant la responsabilité des gérants. » — Dans le cas que nous venons d'étudier l'imprimeur n'est responsable que comme

(1) *Sic* Chassan, *loc. cit.*, t. I, p. 130; de Grattier, *loc. cit.*, t. II, p. 173. — *Contra*, Douai, 24 mai 1831.

complice et lorsqu'il a agi sciemment. En effet, tant qu'aucune déclaration de mutation n'est survenue relativement à la gérance, le publicateur, aux yeux de l'imprimeur comme aux yeux de la loi, c'est le gérant désigné dans la déclaration antérieurement faite à l'autorité. On ne pourrait donc poursuivre l'imprimeur comme étant l'auteur de la publication. On ne peut dire non plus qu'il a imprimé un écrit sans nom d'auteur, car la déclaration du nom des gérants responsables faite préalablement à la publication, équivaut à la déclaration du nom de l'auteur (1).

La signature donnée par une personne sans qualité, en l'absence du gérant, n'est pas valable et doit être considérée comme non avenue par les juges.

Que si les exemplaires revêtus de la signature autographe du gérant ont été égarés, il a été jugé que cette circonstance ne peut être prise en considération (2).

Quelle est la sanction légale de l'obligation imposée aux gérants de signer en minute un exemplaire du journal ? — La loi du 18 juillet 1828 n'avait prononcé aucune peine contre le gérant qui n'avait pas signé en minute chaque numéro de l'écrit périodique. La loi du 9 septembre 1835 vint combler cette lacune en édictant une peine correctionnelle de 500 à 3,000 fr. d'amende contre le gérant qui publierait le journal sans y apposer sa signature autographe. Mais le décret du 6 mars 1848

(1) Il faut remarquer que dans ce paragraphe nous avons parlé de la responsabilité relative au contenu du journal en cas de défaut de signature *autographe* et non de la responsabilité encourue lorsqu'il y a défaut de signature imprimée.

(2) C. C., 16 avril 1841 ; Caen, 24 juin 1841.

ayant expressément abrogé la loi de 1835, faut-il admettre que les art. 8 de la loi de 1828 et 7 de la loi du 11 mai manquent actuellement de sanction? Nous ne le pensons pas. Le décret du 6 mars 1848 dit expressément, dans son art. 2, que les lois antérieures à la loi du 9 septembre 1835 (abrogée) « seront exécutées dans celles de « leurs dispositions auxquelles il n'a pas été dérogé par « les décrets du gouvernement provisoire. » Or l'art. 6 de la loi du 19 juin 1819 prononçait un emprisonnement de un à six mois, et une amende de 200 à 1,200 fr. pour le cas où un journal serait publié sans être signé par un propriétaire ou éditeur responsable. Cet art. 6 n'a été abrogé que par l'art. 16 de la loi du 9 septembre 1835, lequel a été abrogé à son tour par l'art. 1er du décret du 6 mars 1848. L'art. 2 de ce décret ayant fait revivre les lois antérieures au 9 septembre 1835, dans celles de leur dispositions auxquelles il n'a pas été dérogé par le gouvernement provisoire, on doit, selon nous, appliquer au défaut de signature en minute la pénalité édictée dans l'art. 6 de la loi du 19 juin 1819. C'est l'application des principes généraux du droit d'après lesquels l'abrogation d'une loi fait revivre les lois qu'elle avait elle-même abolies, lorsqu'il y a dans le nouveau texte une disposition expresse sur ce point.

M. Rousset, qui, comme nous, est d'avis que le défaut de signature en minute donne lieu à l'application d'une peine, base son opinion sur d'autres arguments. Selon lui, sans aller chercher la pénalité de la loi de 1819, on peut admettre que l'art. 9 de la loi du 27 juillet 1849 a fait, jusqu'à un certain point, revivre l'art. 16 de la loi abrogée du 9 septembre 1835 auquel cet art. 9 semble se rapporter puisqu'il dit : « Dans le cas de la signature d'un journal par un représentant du peuple, le journal sera considéré comme *non signé*, et, comme tel, puni de la peine de 500 à 3,000 fr., » *de la peine portée contre les journaux non signés*, et cette peine est précisément celle de l'art. 16 de la loi du 9 septembre 1835 (1). — Ce système nous paraît difficile à soutenir. Il attribue à l'art. 9 de la loi du 27 juillet 1849 une portée qu'il n'a certainement pas eue dans l'esprit de ses rédacteurs ; en outre, on peut jusqu'à un certain point contester que cet article soit encore en vigueur (2).

Nous avons déjà vu (3) que le gérant qui subit pour fait de presse une condamnation à l'emprisonnement ou à l'interdiction des droits civils et civiques, devient momentanément incapable d'être gérant (4). Quelle peine faudra-t-il appliquer si le journal est publié néanmoins avec la signature du gérant emprisonné. Il faudra, croyons-nous, distinguer : si le journal a plusieurs gérants, les juges devront considérer le journal comme non signé et appliquer, conformément au principe que nous venons d'exposer, la pénalité de l'art. 6 de la loi du 9 juin 1819. Que si au contraire il n'y a pas d'autre gérant, le journal devra être considéré comme publié sans signa-

---

(1) Rousset, *loc. cit.*, p. 47, note 203.

(2) Il semble cependant que les rédacteurs de la loi du 11 mai aient adopté la doctrine défendue par M. Rousset. On lit en effet dans l'art. 8 de la loi nouvelle : « .....*Le journal sera considéré comme non signé* et la peine de 500 à 3,000 *fr. d'amende* sera prononcée contre les imprimeurs et les propriétaires. »

(3) *Supra*, chapit. III, sect. I.

(4) Loi du 27 juillet 1849.

ture et *sans gérant*, et il faudra se référer, pour la seconde contravention, à l'art 4 de la loi de 1828 (1). MM. Chassan et de Grattier sont d'un avis contraire (2). Dans ce dernier cas, on ne peut dire, d'après eux, que le journal soit censé publié sans gérant responsable. Ces deux auteurs appliquent ici la doctrine qu'ils soutiennent contrairement à la jurisprudence et, croyons-nous, contrairement à l'esprit de la loi, doctrine d'après laquelle le gérant conserverait pendant son emprisonnement son caractère de gérant (3). Selon MM. Chassan et de Grattier la contravention consiste donc seulement pour notre espèce dans la publication sans signature en minute.

Dans le cas d'un journal publié par un seul gérant, si pendant que ce gérant est en prison, le journal parait sous la signature d'une personne autre que le rédacteur responsable dont parle l'art. 14 de la loi du 27 juillet 1849, on doit également, d'après le système de la jurisprudence combattue par MM. Chassan et de Grattier, considérer que le journal parait sans signature et sans *gérant* (4).

Avant d'arriver à l'obligation de la signature des auteurs, disons quelques mots de la signature imprimée du gérant qui doit se trouver au bas de tous les exemplaires d'après l'art. 8, § 3 de la loi du 18 juillet 1828. — Remarquons tout d'abord que l'accomplissement de cette formalité ne rentre pas, à proprement parler, dans les obligations du gérant. Si nous en parlons à cette place,

---

(1) Voir *supra*, p. 271.
(2) Chassan, *loc. cit.*, t. I, p. 617 ; de Grattier, *loc. cit.*, t. II, p. 359.
(3) *Contra*, Metz, 3 juillet 1850.
(4) Caen, 23 janvier 1850.

c'est uniquement pour simplifier notre étude sur les formalités spéciales à la publication des journaux. En réalité, l'apposition de cette signature est à la charge de l'imprimeur, qui est passible, en cas de contravention de 500 fr. d'amende « sans que la révocation du brevet puisse s'ensuivre (1). » L'imprimeur doit en outre indiquer ses noms et demeure sur chaque exemplaire.

La seule question sérieuse que soulève cette matière, la seule dont nous voulions parler ici, c'est celle de savoir s'il est absolument nécessaire que la signature soit imprimée *au bas* du journal (1). L'affirmative ne nous paraît pas douteuse. D'abord le texte de l'art. 8, §3 est formel et porte les mots : AU BAS *de tous les exemplaires*. En outre il résulte de la discussion de cet article à la Chambre des députés, que l'impression de la signature faite en tête du journal ne remplirait pas le vœu de la loi, et à la rigueur donnerait lieu à l'application de la disposition pénale contenue dans l'article, parce qu'un tel mode d'impression diminuerait la responsabilité *morale* sinon la responsabilité *légale* du gérant (3). Du reste, ainsi que le fait observer M. Dalloz (4) il en est à l'égard du journal comme de tout écrit auquel, par la signature, on met le sceau de son approbation. « Nulle homme de sens n'a jamais pensé que la signature qui doit former le lien d'un contrat, d'une obligation par exemple, puisse se trouver indifféremment en tête ou au milieu de l'acte qui sert à

(1) Art. 8, §3.

(2) Sur la question de savoir si le § 3 de l'art. 8 s'applique aux journaux non politiques, voir plus loin, page 302.

(3) Duvergier, *loc. cit.*, p. 228.

(4) Dalloz, *loc. cit.*, p. 485.

les constater (1). » Dans la pratique l'usage s'est introduit de placer la signature imprimée du gérant immédiatement avant les annonces. C'est un abus, car les annonces engagent la responsabilité du gérant (2) et font partie du journal. La signature ne doit donc venir qu'après (3). Mais il n'est pas nécessaire que la signature imprimée se trouve *au bas des exemplaires déposés*, puisque ces exemplaires contiennent en outre la signature autographe du gérant (4).

Terminons en faisant remarquer avec MM. Chassan et de Grattier, que la contravention à l'art. 8, § 3 de la loi de 1828, est commise par cela seul que l'omission de la signature imprimée existe dans un exemplaire du tirage, alors même que cette négligence aurait été réparée sur d'autres exemplaires du même numéro (5).

Signature des auteurs. — En France, la signature obligatoire des articles de journaux, exigée pour la première fois par la loi du 28 germinal an IV, fut implicitement abolie par les lois postérieures. A l'époque de la discussion des lois de septembre, M. Dubois (de la Loire-Inférieure) demanda que l'obligation de signer les articles fût remise en vigueur (6) : « je voudrais, dit l'honorable député, que derrière le gérant responsable des faits généraux, des nouvelles, il y eût la responsa-

(1) *Sic* de Grattier, *loc. cit.*, t. II, p. 173.
(2) Bordeaux, 2 décembre 1840.
(3) *Sic* Chassan, *loc. cit.*, t. I, p. 632.
(4) Bories et Bonassies, v° gérant.
(5) Trib. corr. de la Seine, 11 mars 1836.
(6) Séance du 29 août 1835.

bilité personnelle de chaque écrivain chargé de la polémique; alors vous verriez redescendre dans la presse, avec les véritables talents, la sincérité, les convenances, le respect..... Dans les départements, on connaît les hommes qui font les journaux; il n'est pas possible, comme à Paris, de se cacher derrière un voile, et les hommes sont pesés, appréciés ce qu'ils valent, eux et leurs pages. C'était là la grande source de moralité pour la presse comme pour les citoyens. » — M. de Salvandy, membre de la commission, fit écarter la proposition de M. Dubois : « si nous avions cru, dit-il, devoir exiger que quiconque écrit signât, si nous avions cru qu'on pût ainsi remonter à celui qui a commis la faute, nous aurions admis le système du préopinant..... Nous avons reconnu que l'application n'était pas possible, qu'après les *gérants de paille* viendraient les *écrivains de paille*, qu'après un mensonge, un autre mensonge, et qu'ainsi la loi se trouverait sans efficacité (1). » — Lors du décret du 9 août 1848, MM. Pascal-Duprat et Ledru-Rollin proposèrent encore de substituer la responsabilité individuelle du journaliste à la responsabilité collective du journal (2). Cette proposition fut rejetée. Enfin, lors de la discussion du projet de loi qui devint la loi du 16 juillet 1850 sur timbre et le cautionnement des journaux, MM. de Tinguy et de Laboulie, reprenant avec plus de succès l'idée de M. Dubois, firent adopter un amendement qui devint les art. 3 et 4 de la loi, et d'après lequel la plupart des articles de journaux doivent

---

(1) Séance du 29 août 1835.

(2) Duvergier, *loc. cit.*, année 1848, p. 433.

porter la signature de leur auteur (1). La responsabilité collective du journal et la responsabilité personnelle de l'écrivain se trouvent dont réunies sous l'empire de la législation actuelle.

Les dispositions de la loi de 1850 relatives à la signature obligatoire ont été souvent critiquées. Tout récemment, à propos du nouveau projet de loi sur la presse, la question a été de nouveau soulevée et vivement discutée dans les journaux et ailleurs (2).

Il est certain que la signature obligatoire n'a pas produit les heureux résultats que le législateur de 1850 en avait auguré : la presse n'a pas gagné en dignité et en respect de soi-même. On peut même dire qu'à ce point de vue, la multiplication d'une certaine espèce de journaux l'a fait tomber plus bas que jamais. Les prescriptions de la loi Tinguy, exécutées par les uns sans qu'il en résulte aucun bien, sont devenues illusoires pour les autres sans que le gouvernement veuille ou puisse poursuivre les infractions. La signature discrète des secrétaires de rédaction jette un voile souvent transparent sur le nom des écrivains qui, pour un motif ou pour un autre, veulent publier leurs idées en gardant l'anonyme. Cette signature banale, passée en quelque sorte dans les usages de la presse parisienne, ne justifie-t-elle pas les prévisions de M. de Salvandy?

Ajoutons qu'en Angleterre, au commencement du

---

(1) L'adoption de la proposition de M. de Tinguy n'eut lieu qu'à une majorité peu considérable : 313 voix contre 281.

(2) Voir une brochure de M. Joncières : *A propos du projet de loi sur la presse* (Paris, 1868). L'auteur a fort bien traité la question de la signature des articles et combattu avec d'excellents arguments la loi de 1850.

siècle dernier, alors que la lutte de la presse et du parlement était arrivée au dernier degré de violence, alors que chaque année le parlement, en haine du *gub-street*, comme on appelait ironiquement les journaux, délibérait sur les moyens de réprimer la licence de la presse et de soustraire à sa malignité l'examen des affaires de l'État, il fut question d'exiger que les articles de journaux fussent signés par l'écrivain qui les aurait rédigés. « Il est temps, disait l'auteur de la proposition, que les écrivains déposent leur masque anonyme (*to drop the anonymous mask*) et signent leurs œuvres de leur nom. » — Cette idée, dit M. Cucheval-Clarigny dans son excellente *Histoire de la presse anglaise*, fut repoussée comme n'étant point sérieuse (1).

Quoi qu'il en soit, la loi de 1850 n'étant pas abrogée, nous allons étudier les art. 3 et 4 avec tout le soin que comporte l'importance de la matière,

Ces articles sont ainsi rédigés :

« Art. 3, § 1er. Tout *article* de *discussion politique*, « *philosophique* ou *religieuse*, inséré dans un journal, « devra être *signé* par son *auteur*, sous peine d'une « amende de 500 fr. pour la première contravention, et « 1,000 fr. en cas de récidive.

« § 2. Toute *fausse signature* sera punie d'une amende « de 1,000 fr. et d'un emprisonnement de 6 mois, tant « contre l'*auteur de la fausse signature* que contre l'*au-« teur de l'article et l'éditeur responsable* du journal. »

« Art. 4. Les dispositions de l'article précédent seront

---

(1) Cucheval Clarigny, *Histoire de la presse en Angleterre et aux États-Unis*, 1857.

« applicables à tous les articles, quelle que soit leur « étendue, publiés dans les feuilles *politiques* ou *non* « *politiques*, dans lesquels seront discutés *des actes ou* « *opinions des citoyens, et des intérêts individuels ou* « *collectifs.* »

On a agité un instant la question de savoir si ces dispositions ne sont pas abrogées implicitement par le décret de 1852. La circulaire ministérielle du 30 mars 1852 ne peut laisser aucun doute à cet égard (1).

La première question sérieuse que soulèvent les dispositions précitées, c'est celle de savoir ce qu'il faut entendre par *article* de journal. Sur ce point, les travaux préparatoires de la loi ne peuvent fournir aucun éclaircissement; on y trouve seulement l'intention bien arrêtée de faire de la responsabilité des auteurs une *réalité*. — On s'est demandé ce qui détermine la fin d'un article et le commencement d'un autre. Si plusieurs sujets sont traités par un même écrivain faut-il qu'il appose sa signature toutes les fois qu'il change de sujet, ou bien est-ce la composition typographique, la mise en page du journal, qui doit établir la séparation des articles? — Pour résoudre ces questions, nous croyons qu'il suffit de se bien pénétrer de l'esprit de la loi. Quel est le but que s'est proposé le législateur? Il a voulu que l'autorité ou les personnes intéressées pussent apprendre par la signature quel est l'écrivain qui doit être poursuivi en cas de délit. Or ce but est

---

(1) « .....Et quant à l'art. 36 (du décret), en se bornant à abroger deux dispositions de la loi du 16 juillet 1850, il a implicitement maintenu les autres. »

atteint toutes les fois que la signature est au bas d'une série de paragraphes distincts, tout aussi bien que si chaque paragraphe est signé. Cette théorie a été admise par la jurisprudence. Ainsi, il a été jugé que plusieurs paragraphes publiés par un journal, sous une seule rubrique, peuvent être considérés comme constituant un seul article, bien qu'ils contiennent des nouvelles et faits distincts et qu'ils soient séparés par un tiret; qu'en conséquence, il n'est pas nécessaire que chacun de ces paragraphes soit signé séparément; qu'une seule signature à la fin de l'article satisfait au vœu de la loi (1). Il a été jugé, dans le même esprit, que le but de la loi est atteint quand une seule signature de l'auteur couvre un ensemble d'articles compris sous un seul titre, par exemple sous la rubrique : *chronique locale* (2).

D'après la jurisprudence de la Cour de Cassation, la reproduction dans un journal d'un article emprunté à un autre écrit périodique dont le titre seul est désigné par le second journal sans que le nom de l'auteur de l'article soit mentionné, constitue une contravention à la loi de 1850 (3). « Admettre la doctrine contraire, dit M. Dalloz, ce serait reproduire en très-grande partie la fiction de cet être moral appelé journal; le titre de l'écrit périodique n'est qu'un nom de guerre. C'est le vrai nom qu'il faut avoir (4). » La Cour de Cassation nous paraît néanmoins s'être montrée bien sévère, bien rigoureuse dans l'application de la loi. Peut-être l'arrêt que nous

(1) Trib. corr. de Grenoble, 9 avril 1868.

(2) C. C., 10 mai 1851.

(3) C. C., 17 mai 1851.

(4) Dalloz, *loc. cit.*, p. 479.

venons de citer a-t-il même dépassé le but que le législateur a voulu atteindre : la responsabilité effective et personnelle du journaliste. — La Cour suprême nous paraît avoir mieux compris l'intention de la loi, lorsqu'elle a décidé que la reproduction d'articles non signés empruntés à des journaux étrangers ne saurait être considérée comme une infraction. En effet, les articles de journaux étrangers n'étant pas signés pour la plupart, la doctrine contraire, si elle était admise, créerait pour les journaux français des difficultés, pour ne pas dire des impossibilités sans nombre. D'ailleurs, ce ne serait que dans des cas bien rares qu'il y aurait quelque intérêt à connaître l'auteur d'un article publié dans un journal étranger, puisque cet auteur ne pourrait être poursuivi en France.

On s'est demandé si les petites nouvelles et les *entrefilets* (1) constituent des articles soumis à l'obligation de la signature. Si l'on consulte la pensée de l'auteur de la proposition qui est devenue notre art. 3, la question doit être résolue négativement. « Je ne parle pas, dit « M. de Tinguy dans la discussion de la loi, je ne parle « pas des petites nouvelles, des petits *entrefilets*, alors « même qu'on dirait du mal de vous, de moi, de telle ou « telle personne dans la République. Ce que je veux, « c'est qu'en général, en somme, en bloc, les articles « aient leur responsabilité.... » Il faut reconnaître cependant que la tolérance sur ce point, si elle était pous-

(1) Dans le langage du journalisme, on désigné sous le nom d'entrefilets une nouvelle, une pensée très-peu développée qui se trouve entre deux lignes ou tirets.

sée à l'excès, pourrait fausser complétement l'application de la loi; il y a donc là une question d'appréciation pour les juges qui auront à décider souverainement s'il y a oui ou non contravention (1). Ce pouvoir d'appréciation, si étendu en pareil cas, n'est pas une des moindres objections que l'on puisse élever contre la loi de 1850. N'ouvre-t-il pas la porte à une infinité de contestations, de vexations et de procès?

Il résulte de la discussion de la loi que la signature doit être en toutes lettres au bas de l'article; les initiales ne suffiraient pas. Il a été jugé que la mention, en tête d'un article, du nom de son auteur n'équivaut pas à la signature exigée par l'art. 3 (2). — Peu importe, du reste, que l'auteur soit français ou étranger.

Lorsqu'un article est dû au concours de plusieurs personnes, toutes celles qui ont participé à sa rédaction doivent-elles le signer, ou bien, la signature de l'une d'elles est-elle suffisante? A première vue, il semble plus régulier que tous les auteurs de l'article y apposent leur signature. Mais, d'autre part, il faut remarquer que si l'habitude de cette signature collective entrait dans les usages de la presse, elle diminuerait la responsabilité morale de chacun des rédacteurs et atténuerait la portée de la loi de 1850 (3). — Nous croyons donc, avec M. Dalloz, que les tribunaux ne doivent pas s'attacher à découvrir d'au-

---

(1) Paris, 12 mai 1851; C. C., 10 mai 1851; Paris, 18 janvier 1851; Trib. corr. de la Seine, 20 nov. 1850, C. C., avril 1868.

(2) C. C., 2 juillet 1852. — Voir la note insérée au *Moniteur* le 27 septembre 1852, que nous reproduisons page 306.

(3) Dalloz, *loc. cit.*, p. 480.

tres rédacteurs que les signataires, pourvu bien entendu que la signature soit sincère, et que, par conséquent, l'intérêt public et l'intérêt privé rencontrent un auteur non fictif.

Si une personne fournit les données principales d'un article dont la rédaction est confiée à une autre, qui devra signer l'article ? D'après un arrêt, c'est la personne qui a écrit l'article; celui qui signe un article dont il n'est point l'auteur se rend coupable du délit de fausse signature, encore qu'il aurait fourni les renseignements qui ont servi à la rédaction dudit article (1). Toutefois, ajoute non sans raison M. Dalloz, on devrait décider autrement dans le cas où, soit la pensée de l'article, soit la révision de la rédaction due à un collaborateur, aurait constitué l'élément principal.

Il résulte d'un arrêt récent de la Cour de Cassation que le rédacteur d'un journal qui insère un article de discussion envoyé par un correspondant, contrevient à la loi du 16 juillet 1850 en apposant au bas de cet article sa propre signature, avec la mention : *pour extrait*, s'il n'a fait subir aucune transformation à cet article et s'il s'est borné à y faire des coupures plus ou moins considérables. (2).

L'art. 4 de la loi du 16 juillet 1850 s'applique, sans aucun doute, aux journaux politiques ou non. Le législateur a pris la peine de le dire en termes exprès. Pour l'art. 3 la question peut être controversée. On pourrait

---

(1) C. C., 26 juillet 1851.
(2) C. C., avril 1868.

induire des expressions dont se sert M. Dalloz (1) que, dans la pensée de ce jurisconsulte, l'art. 3 parle seulement des journaux cautionnés. Une telle opinion nous paraît inadmissible. En effet l'art. 3 est ainsi rédigé : « tout article... inséré dans *un journal*...» La généralité de ces termes indique clairement, croyons-nous, que le législateur a entendu parler des journaux quels qu'ils soient (2). En outre, on ne comprendrait guère pourquoi une discussion philosophique ou religieuse devrait être signée dans un journal politique, et serait dispensée de la signature dans une feuille non cautionnée. — Si l'on objecte que l'art. 3 se trouve dans un titre de la loi où il est traité du cautionnement et où, par conséquent, il ne peut être question que de journaux politiques, nous répondrons que l'art. 4 s'appliquant expressément aux journaux politiques et non politiques, prouve bien que le législateur n'a pas entendu que toutes les dispositions du titre soit seulement applicables aux journaux politiques. S'il y a là une légère anomalie, une dérogation aux règles que l'on observe d'habitude dans la rédaction des lois, cela s'explique aisément par la manière dont les art. 3 et 4 ont été introduits accidentellement, en quelque sorte, dans le texte primitif de la loi. — Que si enfin, on objecte que le législateur ayant spécifié que l'art. 4 s'applique aux journaux cautionnés ou non, a prouvé par son silence sur ce point dans l'art. 3 qu'il n'a édicté ledit article que pour atteindre les journaux politiques seuls, cet argument a peu de valeur et ne

(1) Dalloz. *loc. cit.*, p. 380.
(2) *Sic*, Rolland de Villargues, *Code des lois de la presse* (1863), p. 249.

résiste pas à l'examen. Les deux articles en question garantissent chacun des intérêts différents. L'art. 3 est la garantie de l'intérêt public; l'art. 4 est la garantie de l'intérêt privé. Or, il arrivera bien rarement qu'un journal non cautionné, auquel par conséquent les matières politiques ou d'économie sociale sont interdites, puisse se livrer à une des discussions énumérées dans l'art. 3; au contraire il arrive très-fréquemment qu'un journal non cautionné discute les actes ou les opinions des individus. Il est toute une classe de journaux non politiques qui ne vivent en quelque sorte que de ce genre de critique.... Le législateur a donc eu bien raison d'insister dans l'art. 4 sur ce que cet article s'applique aux journaux *politiques ou non*, le doute sur cet article pouvant s'élever bien plus souvent, bien plus facilement que sur l'art. 3, et étant de nature à compromettre des intérêts bien plus nombreux.

Les art. 3 et 4 combinés prescrivent la signature de l'auteur pour tout article contenant la DISCUSSION : 1° d'une question politique; 2° d'une question philosophique; 3° d'une question religieuse; 4° des actes ou opinions des citoyens; 5° des intérêts individuels ou collectifs. En présence de cette longue et obscure énumération, on peut se demander quelle genre de discussion un journal peut se permettre de publier sans signature? La réponse n'est pas en réalité facile à donner. Néanmoins nous croyons que les questions purement littéraires et les questions d'art peuvent être discutées dans un article non signé. Certaines discussions scientifiques doivent être également dispensées de la signature. — Mais un journaliste quelque peu désireux d'éviter les procès, préférera toujours mettre son nom au bas d'un article de discussion quelque inoffensif qu'il puisse paraître. Les termes de la loi sont si vagues, son énumération si élastique, le pouvoir d'appréciation des juges est si illimité en pareille matière, que la plus vulgaire prudence conseille de signer tous les articles dans lesquels une question quelconque est discutée.

Le mot *discussion* dont se sert la loi prête lui-même à la controverse et peut faire naître plus d'un doute. Nous croyons qu'il faut admettre que tout article contient une *discussion* au point de vue qui nous occupe, si l'auteur ne s'est pas borné à un simple récit de fait sans aucune appréciation. Il y aura par conséquent discussion, à notre sens, toutes les fois que l'auteur analysera une question, un acte, une opinion, des intérêts pour exprimer ensuite un avis motivé. Que l'avis soit favorable ou non, que l'auteur blâme ou bien qu'il loue, la signature sera nécessaire pour que l'intention du législateur soit réalisée. Il importe peu du reste, d'après la jurisprudence, que la discussion appartienne en propre au journaliste ou qu'elle émane d'une assemblée (1).

Selon un arrêt de la Cour de Cassation, les articles nécrologiques peuvent, en général, n'être pas signés, comme ne rentrant pas dans la catégorie des articles de discussion (2). Cette jurisprudence nous paraît peu conforme à l'esprit de la loi, qui veut que l'on ne puisse discuter les actes et les opinions des citoyens en gardant l'anonyme. Combien de fois arrivera-t-il, nous le deman-

(1) C. C., 17 mai 1851.
(2) C. C., 11 juillet 1851.

dons, qu'on puisse rédiger un article nécrologique sans apprécier, soit en bien, soit en mal, les actes et les opinions d'un ou de plusieurs citoyens?

Il a été jugé enfin qu'une lettre qui se borne à un simple récit de faits, sans discussion, n'a pas besoin d'être signée par son auteur, alors même qu'elle traite d'objets politiques, philosophiques ou religieux; mais nous avons vu que si le journal, au lieu de reproduire textuellement une telle lettre, n'en donne que le résumé ou l'analyse, il y a lieu alors d'exiger la signature du rédacteur qui a fait ce résumé ou cette analyse (1).

Ces règles d'interprétation de la loi de 1850 ont été résumées dans la note suivante, que le gouvernement crut devoir faire insérer au *Moniteur* du 27 septembre 1850, pour mettre fin aux incertitudes soulevées par l'application de la loi sur les signatures :

« Les dispositions de la loi du 16-23 juillet 1850 sont diversement interprétées par les journaux. Les uns mettent au bas d'un premier article la signature de l'auteur et se dispensent de la mettre au bas des articles suivants. Les autres indiquent en tête de la première colonne les noms et les initiales de leurs principaux rédacteurs et se contentent de mettre les initiales au bas de chaque article. D'autres enfin placent au bas des articles une signature précédée de ces mots : *Pour le comité de rédaction.* — Aucun de ces modes d'exécution ne satisfait aux prescriptions des art. 3 et 4 de la loi précitée... L'exécution de la loi doit être sérieuse, complète, uniforme. — En se servant des termes : *tout article*, le législateur n'a pas entendu dire qu'on signerait le premier article et qu'on se dispenserait de signer les autres. — En se servant des termes : *devra être signé*, il a exigé une signature au bas de l'article et non des initiales dont il faut chercher la traduction dans une autre partie du journal. — Enfin, en se servant des termes : *par son auteur*, il a voulu imposer à l'auteur ou aux auteurs l'obligation de se faire connaître et de répondre individuellement de leur œuvre. Il n'a pas pu entendre que

(1) Trib. corr. Seine, 18 octobre 1850; C. C., avril 1868.

cette individualité pût disparaître derrière la signature de l'éditeur responsable ou d'un fondé de pouvoirs, d'un comité de rédaction. »

Le gérant ou l'éditeur responsable qui publierait sans signature d'auteur, dans son journal, un des articles énumérés dans la loi de 1850, serait passible d'une amende de 500 fr. pour la première contravention, et de 1,000 fr. en cas de récidive. Si l'article était publié avec une fausse signature, la peine serait une amende de 1,000 fr. et un emprisonnement de six mois, tant contre l'auteur de la fausse signature que contre l'auteur véritable de l'article et l'éditeur responsable ou le gérant du journal. (Art. 3.)

D'après plusieurs arrêts de la Cour de Cassation, les infractions aux articles 3 et 4 de la loi de 1850 constituent de simples contraventions auxquelles ne s'applique pas la règle du non-cumul des peines, et en conséquence le prévenu est passible d'autant de peines distinctes qu'il y a d'infractions constatées à sa charge, quoique ces diverses infractions soient comprises dans la même poursuite (1). D'autre part, il a été jugé que la responsabilité pénale d'une fausse signature étant limitée au signataire, à l'auteur et à l'éditeur responsable, les règles de la complicité sont inapplicables à cette infraction. Par conséquent, la responsabilité ne peut être étendue à ceux qui ont, en connaissance de cause, aidé ou assisté les auteurs de l'infraction dans les faits qui l'ont préparée, facilitée ou consommée (2).

(1) Auxerre, 24 mai 1853 ; C. C., 17 mai 1851 ; C. C., 9 août 1851. — *Contra.* C. C., 26 juillet 1855. — On sait que la jurisprudence se partage sur la règle à suivre pour l'application de l'art. 365 du Code d'instruction criminelle.

(2) C. C., 26 juillet 1851.

Quant aux principes qui régissent la responsabilité des auteurs d'articles insérés dans les journaux, nous n'avons pas à en parler, notre travail étant limité à l'étude de la législation sur la police spéciale de la presse périodique. Mais nous ne devons pas passer sous silence l'art. 21 du décret du 17 février et l'art. 9 de la loi du 11 mai, qui se rattachent à la matière que nous venons de traiter. L'art. 21 du décret organique est conçu en ces termes :

« Art. 21, § 1er. La publication de tout article traitant de « matières politiques ou d'économie sociale et émanant « d'un individu condamné à une peine afflictive et infa- « mante ou infamante seulement est interdite. »

« § 2. Les éditeurs, gérants, imprimeurs qui auront « concouru à cette publication seront condamnés soli- « dairement à une amende de 1,000 à 6,000 fr. »

Remarquons que l'art. 21 ne punit pas seulement la publication d'un article *signé* d'une personne condamnée, mais l'insertion d'un article *émanant* de cette personne. D'où M. Dalloz tire cette conclusion : que les gérants sont tenus de s'enquérir des antécédents judiciaires non-seulement des signataires, mais encore des auteurs qui voudraient se cacher sous le voile de la pseudonymie (1).

Ainsi compris, l'art. 21 nous paraît bien rigoureux, car il est évident qu'à de rares exceptions près, le gérant sera en faute sans s'en douter. Les forçats libérés ne sont pas nombreux dans la société, et s'ils y figurent, c'est sous un nom déguisé, avec une personnalité d'emprunt. Le gérant sera donc trompé, comme tout le monde, et malgré

(1) Dalloz, *loc. cit.*, p. 480.

son erreur involontaire et le plus souvent parfaitement excusable, il sera condamné à un minimum de 1,000 fr. d'amende (1)!

Cet art. 21 du décret de février est complété par l'art. 9 de la loi de 1868 :

« Art. 9. La publication, par un journal ou écrit « périodique, d'un article *signé* par une personne *privée* « *de ses droits civils et politiques*, ou à laquelle le ter- « ritoire de la France est interdit, est punie d'une « amende de 1,000 à 5,000 fr , qui sera prononcée contre « les éditeurs ou gérants dudit journal ou écrit pério- « dique. » — Nous ferons observer d'abord qu'il résulte des expressions : *un article signé*, que si l'article émanant d'une des personnes énumérées dans la loi est signé par une autre personne, ce fait une fois constaté, on appliquera non pas la pénalité de notre article, mais celle de l'art. 3 de la loi du 16 juillet 1850, concernant les fausses signatures. — Nous remarquerons aussi que la loi du 11 mai ne distingue pas, comme le fait le décret de 1852, entre les articles politiques et les articles non politiques.

En ce qui concerne les personnes privées de leurs droits civils et politiques, l'art. 9 de la loi nouvelle peut sembler parfaitement justifié. Ainsi que le disait M. Pinard dans l'*Exposé des motifs*, la presse ne peut que gagner en dignité et, par conséquent, en influence, en se séparant de ceux que la justice répressive atteint. Jaloux d'enseigner aux citoyens la nature et la portée de leurs droits, le journal ne saurait avoir pour interprètes

(1) Sauf le bénéfice de l'art. 463, C. pén.

ceux qui les ont perdus (1).—On doit conclure des expressions de la loi, confirmées par le rapport de la commission législative, que pour l'application de l'art. 9, il faut le cumul de la privation des droits civils et politiques, cumul qui ne peut résulter que d'une condamnation criminelle ou correctionnelle (2). Le failli non réhabilité qui n'a pas l'exercice des droits politiques, mais qui a l'exercice de ses droits civils, peut donc signer un article de journal.

En ce qui touche les personnes auxquelles le territoire de la France est interdit, l'art. 9 a été l'objet de critiques sérieuses durant la discussion de la loi (3). — Avant d'examiner la valeur de ces critiques, nous croyons qu'il n'est pas sans intérêt de rappeler qu'antérieurement à la loi nouvelle, on avait prétendu que la publication d'articles rédigés par des exilés était prohibée. « Je vous invite, disait en 1861 M. de Persigny, dans « une circulaire adressée aux préfets, à surveiller avec « soin toutes les tentatives de publications qui seraient « faites au nom de personnes bannies ou exilées du ter- « ritoire. De quelque nature que puissent être ces « publications, sous quelque forme qu'elles se produi- « sent : livres, journaux, brochures, vous devez procéder « sur-le-champ à une saisie administrative, m'en référer « immédiatement et attendre mes instructions. (4) »

La circulaire de Persigny fut attaquée au Corps législatif,

---

(1) Exposé des motifs, p. 19.
(2) Rapport de M. Nogent-Saint-Laurens, p. 31.
(3) Séance du 7 février 1868.
(4) *Moniteur* du 19 mai 1861.

dans la séance du 21 janvier 1864, par M. Jules Simon. Ces attaques n'ont point empêché les rédacteurs de la loi du 11 mai d'y insérer une disposition inspirée par une pensée analogue à celle qui dictait la circulaire que nous venons de citer. — On a cherché à justifier cette disposition : 1° En faisant observer que les personnes auxquelles le territoire de la France est interdit ne peuvent être, en cas de délit, ni poursuivies ni atteintes par la justice française. Or, si l'impunité leur est toujours acquise, pourquoi leur permettre l'attaque? Là où la répression de l'abus n'est pas possible, dit-on, l'exercice du droit n'a plus sa raison d'être. 2° On a soutenu que la signature d'un exilé, toujours apposée au bas du même journal, aurait promptement la signification d'un appel ou d'un programme; qu'elle serait l'acte public presque officiel d'un prétendant, et, par conséquent, une atteinte indirecte aux lois et aux pouvoirs établis (1). — Le premier argument, celui qui se fonde sur l'impunité assurée par l'absence à l'auteur exilé d'un article de journal, nous paraît peu concluant. Ainsi que l'a fait remarquer avec raison un orateur du Corps législatif, si cet argument était sérieux, les rédacteurs de la loi auraient dû, pour ne pas se mettre en contradiction avec eux-mêmes, interdire la signature aux étrangers non résidant en France. Un Anglais, un Allemand, un Belge n'est-il pas soustrait à la justice française, du moment qu'il n'habite pas le territoire français? En outre, il n'est pas juste de dire que la répression ne serait pas possible dans le cas d'un article délictueux signé par un exilé. La loi ne donne-t-elle pas,

(1) Exposé des motifs de la loi du 11 mai, p. 19 et 20.

au ministère public, la faculté de poursuivre le gérant et l'entrepreneur ? Le gérant n'est-il pas, aux yeux de la loi, l'auteur du délit? N'est-on pas deux fois garanti contre cette impunité dont on essaye de faire un argument? — La seconde raison invoquée à l'appui de l'art. 9 paraît beaucoup plus sérieuse, surtout si l'on remarque que les seules personnes auxquelles peut s'appliquer actuellement l'art. 9 sont les princes de la famille de Bourbon. Il ne faut pas perdre de vue que les lois sur la presse sont essentiellement politiques, et que par conséquent, les considérations tirées de la politique doivent exercer une influence décisive sur la rédaction de ces lois. Or, il est incontestable que le nom d'un prétendant chaque jour inséré à la fin d'articles importants pourrait, à la longue, lui créer une sorte de popularité. C'est un danger, ou tout au moins un inconvénient, qu'un gouvernement est en droit d'écarter législativement, et qui suffit, croyons-nous, pour justifier la disposition de l'art. 9.

Dépôt.—Cette matière est régie par l'art. 7 de la loi du 11 mai :

« Art. 7, § 1er. — *Au moment de la publication* de cha-
« que feuille, ou livraison du journal ou écrit pério-
« dique, il sera remis à la préfecture pour les chefs-lieux
« de département, à la sous-préfecture pour ceux d'arron-
« dissement et pour les autres villes à la mairie, *deux*
« *exemplaires signés du gérant responsable* ou de l'un
« d'eux s'il y a plusieurs gérants responsables.

« § 2. — Pareil dépôt sera fait au parquet du procureur

« impérial ou à la mairie dans les villes où il n'y a pas « de tribunal de première instance.

« § 3. — Ces exemplaires sont dispensés du droit de « timbre. »

Cet article prescrit la double formalité du dépôt judiciaire et du dépôt administratif. — Le dépôt administratif existait sous l'empire de la loi du 9 juin 1819 (art. 4). La loi du 17 mars 1822 lui avait substitué le dépôt judiciaire (art. 2). Cette dernière loi avait elle-même été remplacée, en ce qui concerne le dépôt, par l'art. 8, § 2 de la loi de 1828, qui prescrivait également le dépôt judiciaire et qui régla cette formalité jusqu'à la loi de 1868 (1).

L'art. 2 de la loi du 17 mars 1822 exigeait que le premier exemplaire de chaque feuille fût, *à l'instant même de son tirage*, remis au parquet. Le projet de cette loi 1822 portait que le dépôt aurait lieu *avant* la publication. Mais cette rédaction fut modifiée sur la proposition de Benjamin Constant (2). — C'était seulement au *moment de la publication*, que la loi de 1828 exigeait le dépôt. Le dépôt et la publication devaient donc être simultanés et la distribution pouvait commencer en même temps que le dépôt était effectué sans que le dépôt fût néanmoins précédé par la distribution (3). La loi du 11 mai

(1) Le dépôt judiciaire et administratif par le gérant est substitué au dépôt par l'imprimeur, prescrit par l'art. 14 de la loi du 21 octobre 1814, de même que la déclaration prescrite par les lois de 1828 et de 1868 a remplacé la déclaration de l'imprimeur exigée par cette même loi de 1814. Voir ce que nous avons dit à ce sujet à la fin du chap. II.

(2) Duvergier, *loc. cit.*, ann. 1828, p. 227.

(3) Sur le sens juridique du mot *publication*, voir *supra*, ch. II, sect. III

ayant reproduit les expressions *au moment de la publication* n'a rien changé sur ce point. Par conséquent, il faudrait appliquer sous la loi nouvelle de jurisprudence, d'après lequel le dépôt des exemplaires du journal fait le soir, au moment de la publication du supplément, lorsque la première partie du numéro a été distribuée dans la matinée, constitue une contravention à notre art. 7 (1).

Que si une circonstance quelconque, constituant un fait de force majeure, mettait un obstacle à ce que le dépôt fût fait en même temps que la distribution, le gérant qui justifierait de ce cas de force majeure pourrait, selon les circonstances, n'être pas condamné (2).

Durant la discussion de la loi de 1828, M. Firmin Didot avait proposé un amendement d'après lequel le parquet devait être ouvert tous les jours et *toutes les nuits* afin que le dépôt ne pût jamais retarder la distribution. Mais on fit observer que, d'après l'usage du parquet de la Seine, un commissaire de police délégué par le procureur du roi veillait en effet toute la nuit pour recevoir le dépôt des journaux et il ne fut donné aucune suite à l'amendement (3). De cet incident de la discussion, M. Duvergier tire la conclusion que, d'après la pensée du législateur de 1828, toutes les facilités désirables doivent être données aux journaux pour ne pas entraver la distribution qui pendant plusieurs mois de l'année à lieu avant le jour. Les rédacteurs de la loi de 1868 ont été évidemment inspirés par la même pensée.

---

(1) Rouen, 10 février 1842.

(2) Orléans, juillet 1838. — *Sic* Chassan.

(3) Duverger, *loc. cit.*

L'art. 5 de la loi du 9 juin 1819 portait du reste en termes exprès que « la formalité de dépôt ne pourrait ni retarder ni suspendre le départ ou la distribution du journal. »

La loi de 1828 disait formellement qu'il serait donné récépissé du dépôt. La loi nouvelle ne parle point de cette formalité; mais nous pensons qu'on doit la considérer comme toujours en vigueur. Le récépissé sert naturellement à constater le dépôt; d'après MM. Chassan, de Grattier, Dalloz, etc., ce mode de justification n'est pas exclusif de tout autre genre de preuve (1), s'il est établi que le récépissé a été égaré ou s'il est constant que l'autorité judiciaire ou administrative du lieu de publication n'est pas dans l'usage d'en délivrer. Sans cela, il dépendrait du mauvais vouloir ou de la négligence d'un magistrat ou d'un maire d'empêcher le journal de paraître.

Nous venons de voir que la loi du 11 mai prescrit le dépôt administratif et judiciaire. En ce qui concerne le dépôt administratif, quand il s'agit d'une ville où il y a une préfecture ou une sous-préfecture, *deux exemplaires* sont déposés à la préfecture ou à la sous-préfecture. S'il s'agit d'une ville où il n'y a ni préfecture ni sous-préfecture, les deux exemplaires, pour le dépôt administratif, sont envoyés à la mairie. — Pour le dépôt judiciaire, deux exemplaires sont déposés au parquet, partout où il y a un parquet, à la mairie dans les villes où il n'y en a pas. — Donc, lorqu'il s'agira d'une ville qui n'a ni préfecture ou sous-préfecture, ni parquet, les deux dé-

---

(1) Chassan, *loc. cit.*, p. 614; de Grattier, *id.*, p. 171; Dalloz, *id.*, p. 483.

pôts de *deux exemplaires chacun*, seront fait à la mairie. Sur ces quatre exemplaires, deux seront destinés à l'administration, deux au parquet voisin. Le rapport de la commission du Corps législatif a particulièrement insisté sur ces détails qui ne ressortent pas très-clairement du projet de loi (1).

Aux termes de la circulaire ministérielle du 2 juin 1868, les préfets, les sous-préfets et les maires doivent envoyer immédiatement un des exemplaires déposés au ministère de l'intérieur (bureau de la presse départementale).

Par un oubli singulier, il n'est point question de Paris dans l'art. 7 de la loi du 11 mai. Cette lacune est comblée par la circulaire ministérielle du 2 juin 1868, d'après laquelle le dépôt administratif doit être fait à Paris, au ministère de l'intérieur, comme cela se pratique pour les publications non périodiques.

La loi du 11 mai porte que les quatre exemplaires déposés doivent être *signés du gérant*. S'agit-il ici d'une signature autographe? L'affirmative ne nous paraît pas douteuse (2); mais il eut mieux valu que la loi s'expliquât formellement sur ce point, comme le faisait la loi de 1828, laquelle disait en propres termes : « l'exemplaire *signé pour minute* sera, au moment de la publication, déposé, etc. » Ajoutons qu'on ne comprend pas trop la raison de cette obligation nouvelle imposée au gérant par la loi du 11 mai, de signer en minute *quatre* exemplaires du journal.

---

(1) Rapport de la commission, p. 30.

(2) Au moins en ce qui concerne les journaux politiques. Pour les feuilles non cautionnées, V. *infra*.

Pris à la lettre, l'art. 7 de la loi du 11 mai devrait n'être applicable qu'aux journaux politiques, puisqu'il impose le dépôt d'exemplaires signés du *gérant responsable* et que les journaux politiques sont les seuls qui soient astreints à avoir des gérants responsables. Mais l'*Exposé des motifs* de la loi de 1868 dit positivement que les deux classes des journaux sont soumis aux formalités du double dépôt : « Précisément parce que ce « système (celui de la déclaration) n'impose la vérification qu'après la production de la pensée, il doit vouloir cette vérification plus complète et s'attendre « d'ailleurs à bien des hardiesses. Aussi le projet étend- « il à tous les journaux l'obligation du dépôt au parquet « qui ne concernait, jusqu'à ce jour, que les feuilles « politiques... (1). » Ceci ne nous apprend pas si les exemplaires déposés des journaux non politiques doivent être *signés en minute*. C'est une question que nous traiterons tout à l'heure en parlant des journaux non cautionnés (2).

Il a été jugé sous l'empire de la loi de 1828 qu'un journal publié dans deux départements différents avec une suscription distincte, est obligé à un double dépôt.

La formalité du dépôt s'applique aux suppléments de journaux et aux éditions successives de l'écrit périodique si peu importants que soient d'ailleurs les changements apportés à chaque édition. Le gérant, par conséquent, ne saurait se constituer juge de la gravité de ces changements, et l'exception de bonne foi ne saurait être admise

(1) Exposé des motifs, p. 15.
(2) V. *infrà* p. 321 et suiv.

en pareille matière pour justifier le contrevenant (1). Et en effet, rien dans un journal politique ne doit échapper à l'examen et la surveillance du ministère public.

Les exemplaires déposés doivent être en tous points conformes aux exemplaires distribués. C'est par application de ce principe qu'il faut approuver la décision d'après laquelle lorsque dans les exemplaires déposés, l'espace habituellement occupé par le feuilleton est laissé en blanc, aucun des exemplaires distribués ne doit contenir un feuilleton, même si les caractères de ce feuilleton sont maculés de vignettes qui recouvrent l'impression au point de la rendre illisible (2). Dans l'hypothèse inverse, c'est-à-dire s'il y avait dans les exemplaires déposés des articles restés en blanc dans les exemplaires distribués, nous croyons que le ministère public serait fondé à poursuivre le gérant pour violation de l'art. 7 de la loi du 11 mai. Le gérant aurait à s'imputer, dans ce cas comme dans le précédent, de ne pas avoir déposé un exemplaire conforme aux exemplaires distribués (3). Il peut arriver que la suppression d'un article dans les journaux livrés au public soit faite dans une intention tout aussi répréhensible que l'addition d'un feuilleton qui avait été laissé en blanc dans le journal déposé. Par exemple, si par la suppression d'un ou de plusieurs articles, on a mis en saillie dans l'exemplaire distribué un article qui,

---

(1) C. C., 18 avril 1839. *Sic* Chassan et de Grattier.

(2) C. C., 15 octobre 1834. *Sic* Chassan et de Grattier.

(3) *Sic* Chassan, *loc. cit.*, t. I, p. 614, et de Grattier, *id.*, t. II, p. 171.— *Contra*, Dalloz, *loc. cit.*, p. 484; MM. Bories et Bonasies, v° Journaux n°s 119 et suivants.

dans l'exemplaire déposé, se trouvait enfoui au milieu de sujets propres à détourner l'attention de l'autorité.

La loi nouvelle ne fixe aucune pénalité en cas d'infraction à son article 7. Nous sommes donc en droit de penser que les pénalités contenues dans la loi de 1828 (art. 8), en cas de contraventions relatives à la formalité du dépôt, sont toujours en vigueur.— A l'appui de notre opinion on peut tirer argument d'une phrase de l'exposé des motifs qui semble indiquer que les dispositions de la loi de 1828 sont, non pas abrogées, mais complétées par la loi nouvelle. Or, l'art. 8 de la loi de 1828 punit de 500 fr. d'amende *les gérants* qui publieraient un journal sans accomplir la formalité du dépôt. Il est bien entendu que si le journal a plusieurs gérants, et que si d'autre part l'exemplaire non déposé est signé par un seul de ces gérants, c'est contre le signataire seul que la poursuite devra être dirigée. C'est l'application des principes sur lesquels repose la responsabilité des gérants.— Si le numéro publié et non déposé n'est pas signé par un des gérants, il y aura lieu alors de poursuivre les gérants pour la double contravention du défaut de signature et de l'inobservation de la formalité du dépôt. La première infraction sera punie conformément à la loi de 1819, art. 6 (1). La seconde conformément à l'art. 8 de la loi de 1828 (2).

Le dernier paragraphe de l'art. 7 de la loi du 11 mai contient une disposition spéciale qui dispense du timbre les numéros déposés. C'est une mesure fort juste qui

---

(1) Ou conformément à la loi de 1835, remise en vigueur par l'art. 9 de la loi du 27 juillet 1849, d'après M. M. Rousset. Voir *supra*.

(2) Sauf l'application des règles relatives au non cumul des peines.

exempte de l'impôt les non valeurs et qui s'explique d'autant mieux que la loi nouvelle quadruple le nombre des exemplaires déposés.

Rappelons en terminant que du moment que le journal est déposé, il est réputé, aux yeux de la loi, publié et que l'action du ministère public est dès lors ouverte (1).

SECTION III.

Principes de la responsabilité pour les journaux non politiques.

Quelques mots maintenant sur les journaux non politiques. Ainsi que nous l'avons déjà dit en commençant ce chapitre, ces journaux, quoique assujettis à la formalité de la déclaration, n'ont point de gérants reponsables. A cela près, la responsabilité de leur rédaction est régie par des principes analogues à ceux qui s'appliquent aux journaux politiques.

Les journaux non politiques (non cautionnés) n'ont point de gérants responsables, disons-nous. Ainsi que l'a fait remarquer M. le comte Siméon, dans un rapport à la chambre des Pairs sur le projet de loi qui devint la loi de 1828, cela résulte de deux dispositions de cette loi. L'art. 5 voulait que les gérants responsables fussent propriétaires d'une partie du cautionnement; l'exemp-

(1) V. *supra*, chap. II, sect. III.

tion du cautionnement entraîne donc l'exemption du gérant responsable. En outre, le dernier alinéa de l'article 6 n'obligeait les journaux exempts du cautionnement qu'à la déclaration prescrite par les nos 1, 2 et 5 du même article. Le n° 4, dont ils étaient dispensés, voulait qu'on déclarât le nom et la demeure des gérants responsables. Les journaux dont il s'agit n'ont donc point cette déclaration à faire.—Cette argumentation est concluante, et du reste, dans la pratique, les journaux non politiques ne désignent jamais de gérant (1).

De ce que ces journaux sont dispensés de la gérance, on a conclu avec raison, croyons-nous, que sous l'empire de la loi de 1828, ils étaient également dispensés de la signature en minute. En effet, la loi de 1828 exigeait (art. 8), que le journal fût signé en minute par un des *gérants responsables*. Les journaux qui n'ont point de gérants, les journaux non cautionnés, non politiques, n'étaient donc pas astreints à la formalité de la signature autographe. « A la vérité, fait observer M. Duvergier, le même art. 8 dit que l'écrit périodique sera signé par le *propriétaire s'il est unique ;* mais ici le *propriétaire* étant placé sur la même ligne que les *gérants*, doit s'entendre d'un écrit périodique soumis au cautionnement. En effet, si la disposition était générale, il arriverait qu'un écrit périodique non soumis au cautionnement et ayant plusieurs propriétaires ne serait signé par aucun, tandis que l'obligation serait imposée au propriétaire unique, ce

(1) V. *supra*, chapit. II, sect. III, ce que nous avons dit à propos de l'art. 2 de la loi du 11 mai 1868.

qui serait ridicule et contradictoire (1). » Cette opinion, quoiqu'elle ait été adoptée par le parquet de Paris, est combattue par M. Chassan (2). D'après cet auteur, ce n'est pas l'art. 8 de la loi de 1828 qui exige la signature en minute des journaux non politiques, mais l'art. 5 de la loi de 1819. Cet article exigeant la signature du propriétaire ou de l'éditeur responsable, il en résulte que le propriétaire doit signer lorsque le journal appartient à la catégorie de ceux qui n'ont pas d'éditeur responsable (aujourd'hui gérant). Le système de M. Chassan doit être repoussé, selon nous, pour cette raison bien simple que l'art. 5 de la loi de 1819 ne s'appliquait lui-même qu'aux journaux cautionnés. Cela résulte très-clairement de l'enchaînement des idées dans cette loi et de la corrélation qui existe entre les cinq premiers articles. L'article 1er est relatif aux journaux politiques soumis au cautionnement et à la déclaration; l'art. 2, l'art. 3 et l'art. 4 s'appliquent aux mêmes écrits périodiques ; puis vient l'art. 5 : « Au moment de la publication de chaque feuille ou livraison *du journal*.... » Du journal ! de quel journal ? De celui dont il vient d'être parlé dans les articles précédents : du journal soumis au cautionnement (3). MM. Bories et Bonassies font, à l'appui de l'opinion que nous soutenons ici, une réflexion fort juste. C'est que si l'art. 5 de la loi de 1819 n'avait pas été abrogé, sous l'empire de la loi de 1828, le dépôt des jounaux non cautionnés aurait

(1) Duvergier, *loc. cit.*, année 1828, p. 227 ; *sic* de Grattier, Bories et Bonassies.

(2) Chassan, *loc. cit.*, t. I, p. 510.

(3) *Sic* Rousset, *loc. cit.*, p. 47, note 201, et de Grattier, *id.*, t. II, p. 167.

dû être fait à la préfecture, à la sous-préfecture ou à la mairie, tandis que le dépôt des journaux cautionnés aurait dû être fait au parquet (art. 8 de loi de 1828). Une telle anomalie, ajoutent les auteurs, n'indique-t-elle pas une abrogation complète de la disposition de la loi de 1810.— Ces diverses raisons nous paraissent concluantes pour prouver que la signature en minute ne devait pas être exigée pour les journaux non politiques, antérieurement à la loi du 11 mai 1868.—Ce point une fois établi, il nous reste à rechercher si l'art. 7 de la loi nouvelle a dérogé à la législation existante en cette matière.— A première vue, cet article paraîtrait ne concerner que les journaux politiques si, ainsi que nous l'avons déjà vu, l'*Exposé des motifs* ne disait expressément que *l'obligation du dépôt* est imposée par cet article aux deux classes de journaux (1); d'où il résulte que l'art. 7 est général en sa teneure. Mais comme, d'autre part, les feuilles non politiques n'ont point de gérant, ne doit-on pas admettre que les expressions *signé du gérant responsable* s'appliquent seulement aux journaux politiques? que, par conséquent, les exemplaires du journal non cautionné déposés au parquet et à la mairie ne doivent porter d'autre signature que celle imprimée sur les exemplaires distribués au public, lesquels ne sont pas obligatoirement astreints à la formalité d'une signature générale? Pour que la loi nouvelle fût considérée comme dérogeant sur ce point à la législation antérieure, ne faudrait-il pas qu'elle contînt une disposition plus explicite, ou que tout

(1) V. *supra*, p. 317.

au moins la dérogation pût être présumée d'après les travaux préparatoires de la loi? Or, le rédacteur de l'*Exposé des motifs*, sans doute frappé de l'obscurité du texte, a cru devoir signaler la modification relative au dépôt, mais il n'a pas parlé de l'innovation relative à la signature en minute. N'est-ce pas ici le cas d'appliquer la règle : *Qui dicit de uno negat de altero?* N'est-il pas probable aussi que si les rédacteurs de la loi nouvelle avaient entendu exiger que les journaux non politiques fussent signés en minute, ils auraient pris la peine de s'expliquer sur la personne qui, à défaut de gérant, devrait signer ces journaux? Et, en effet, qui aurait le droit de donner cette signature, si la disposition que nous étudions était applicable aux journaux non politiques? Serait-ce un des propriétaires nommés dans la déclaration? Serait-ce le directeur commercial de l'entreprise, en cas que le journal appartînt à une société? Serait-ce au besoin le premier venu, un prête-nom, un garçon de bureau, un homme de paille? Quelles conditions seraient imposées à ce signataire responsable? Quel texte de loi pourrait-on invoquer pour exiger de lui ces conditions?— On voit quelles complications ferait naître l'art. 7 de la loi du 11 mai si l'on admettait qu'il impose aux journaux non politiques l'obligation de la signature en minute. Aussi préférons-nous l'opinion contraire, tout en reconnaissant que la question est des plus délicates et que le texte de la loi est plein d'obscurité et de contradictions (1).

Sur qui doit peser la responsabilité de la rédaction en

(1) *Contra*, M. Hatin, *loc. cit.*, t. II, p. 396.

ce qui concerne les journaux non politiques? — En principe, c'est ici le publicateur qui est responsable parce que c'est la publication qui fait le délit (1). Plusieurs cas pourront se présenter : si le journal est signé par l'un des propriétaires, c'est le propriétaire signataire qui est réputé publicateur responsable. Si le journal n'était pas signé, ce seraient les propriétaires désignés dans la déclaration qui devraient supporter la responsabilité, ou tout au moins, dit M. Chassan, celui d'entre eux qui s'est chargé de la publication du numéro incriminé. « La responsabilité des propriétaires de journaux non politiques, dit l'auteur que nous venons de nommer, se trouve donc soumise aux mêmes accidents que celle des gérants, avec cette différence, toutefois, qu'elle tombe sur le signataire, alors même qu'il ne serait pas propriétaire, parce qu'à l'égard des propriétaires, la responsabilité n'est pas rigoureusement et exclusivement déterminée d'avance par la loi, comme elle l'est à l'égard des gérants (2). »

La jurisprudence a cependant admis que lorsque le signataire (non propriétaire), ne présente pas de garanties sérieuses, on peut faire remonter la responsabilité légale de la publication jusqu'au propriétaire (3). Il en serait de même, s'il était prouvé que le propriétaire a participé à la publication (4).

Nous n'avons pas besoin de dire que les signataires des

(1) Chassan, *loc. cit.*, t. I, p. 133; de Grattier, *id.*, t. II, p. 182.

(2) Chassan, *loc. cit.*, t. I, p. 133.

(3) Paris, 25 avril 1844.

(4) Rouen, 13 juin 1844.

articles publiés dans les journaux non cautionnés peuvent être poursuivis au même titre que les auteurs d'articles insérés dans les journaux politiques.

Rappelons, enfin, que les art. 3 et 4 de la loi du 16 juillet 1850, relatifs à la signature des articles, sont applicables, ainsi que nous croyons l'avoir établi plus haut, aussi bien aux journaux non politiques qu'aux feuilles cautionnées.

CHAPITRE IV.

Cautionnement ; son caractère ; son utilité. — Publications qui y sont soumises ; versement, propriété, taux et affectation du cautionnement.

SECTION Ire.

Définition, caractère et utilité du cautionnement.

Le cautionnement est une somme d'argent que les propriétaires d'un journal *politique* sont tenus de verser au Trésor, avant toute publication, pour garantir l'exécution des condamnations ou le payement des dommages-intérêts qui pourront être prononcés contre le journal auquel le cautionnement appartient.

D'après MM. Chassan et de Grattier, le cautionnement des journaux n'a aucun caractère préventif (1). M. Dalloz repousse cette opinion (2). D'après cet auteur, « il semble difficile de ne pas regarder comme ayant un caractère préventif toute précaution, toute mesure anticipée qui en restreignant la liberté de la presse tend à *prévenir* les délits. » Est-il donc vrai, comme le suppose M. Dalloz, que le cautionnement ait pour but de prévenir les délits?

---

(1) Chassan, *loc. cit.*, t. I, p. 564; de Grattier, *loc. cit.*, t. II, p. 133.
(2) Dalloz, *loc. cit.*, p. 452.

« Quand on demande pourquoi l'établissement d'un journal est soumis à un cautionnement, dit M. Chassan, on devrait se demander aussi pourquoi, dans notre pays, un si grand nombre de professions, qui ne constituent pas des fonctions publiques, sont soumises, non-seulement à la formalité du cautionnement, mais encore à la condition de l'agrément de l'autorité. Il faudrait demander encore pourquoi on exige des conditions d'aptitude de la part de ceux qui veulent embrasser certaines professions. Le cautionnement et la gérance représentent, à l'égard du journal, toutes les conditions diverses imposées à ces nombreuses professions. Comme industrie, un journal est, de même que d'autres industries, soumis à des formalités d'aptitudes et au cautionnement, garanties du mauvais usage de cette industrie. Comme expression d'un droit, son exercice conserve toute sa plénitude d'action, car il n'est soumis à aucun examen ni à aucune autorisation préalables. Cautionnés ou non, les journaux reçoivent et renferment ce qu'on veut y insérer, sans qu'aucune prévention, directe ou indirecte, de la part de l'autorité gêne, à cet égard, les écrivains. » Quoi qu'il en soit, la question de savoir si le cautionnement a ou n'a pas un caractère préventif est à coup sûr très-délicate et peut être l'objet de controverses subtiles.

Nous trouvons la première idée du cautionnement dans un rapport de M. Raynouard, député, sur le projet de loi, devenu la loi du 21 octobre 1814 (1). — En 1816, M. de Chateaubriand reprit l'idée et l'exposa dans sa fameuse brochure *De la monarchie selon la Charte :*

---

(1) V. M. E. de Girardin, *les Droits de la pensée.*

« ..... Quant aux journaux, qui sont l'arme la plus dangereuse, il est d'abord aisé d'en diminuer l'abus en obligeant les propriétaires des feuilles périodiques, comme les notaires et les autres agents publics, à fournir un cautionnement. Ce cautionnement répondrait des amendes, peine la plus juste et la plus facile à appliquer. Je le fixerais au capital que suppose la contribution directe de 1,000 fr., que tout citoyen doit payer pour être élu membre de la Chambre des députés. Voici ma raison : une gazette est une tribune ; de même qu'on exige du député appelé à discuter les affaires, que son intérêt, comme propriétaire, l'attache à la propriété commune, de même le journaliste qui veut s'arroger le droit de parler à la France doit être aussi un homme qui a quelque chose à gagner à l'ordre public et à perdre au bouleversement de la société. Vous seriez, par ce moyen, débarrassé de la foule des papiers publics. Les journalistes en petit nombre qui pourraient fournir ce cautionnement, exposé à perdre la somme consignée, apprendraient à mesurer leurs paroles (1). »

MM. de Serre, Guizot, Royer-Collard, Lally-Tollendal, Molé, Portalis, Siméon, le duc de Broglie, etc., ont soutenu, à différentes époques, le système du cautionnement. Parmi leurs adversaires on peut citer Daunou, Benjamin-Constant, le général Lafayette, MM. de Tracy, Odillon-Barrot, Viennet, de Corcelles, etc.

Reprenons sommairement les principaux arguments que l'on invoque en faveur du cautionnement, et examinons quelques-unes des objections qu'ils soulèvent.

---

(1) Chateaubriand. *Œuvres complètes*, édit. Lavocat (1827), t. XXV, p. 48.

1° Le cautionnement assure le payement des amendes et des dommages-intérêts, et cela non pas seulement dans un but fiscal, mais pour que la répression des contraventions, délits ou crimes commis par voie de presse soit certaine et prompte.

On répond à cela : c'est faire aux journalistes une injure à la fois gratuite et imprudente que de *présumer* ainsi qu'ils abuseront de leur liberté pour enfreindre les lois. Une bonne législation admet sans doute que les crimes et les délits sont possibles, et elle s'applique à les prévoir pour les rendre de plus en plus rares; mais, tout en les prévoyant, elle ne les prévient pas; elle se garde bien de les déclarer probables, habituels, familiers à une profession particulière, expressément désignée. Quant à la possibilité que les journalistes condamnés n'acquittent point les amendes ou les dommages intérêts s'il n'est point déposé de cautionnement, elle repose sur une hypothèse peu vraisemblable d'insolvabilité. Il semble que ce danger soit peu à craindre, quand on songe à ce qu'est un journal. Il y a là une entreprise formée pour plusieurs mois, plusieurs années, pour un temps indéfini. C'est un établissement permanent où se font, chaque jour, des recettes et des dépenses plus ou moins considérables, et qui devra se fermer, se dissoudre à l'instant même, s'il ne s'empresse point de s'acquitter envers la loi. L'intérêt même de l'entreprise n'est-il donc pas là une garantie du recouvrement des amendes (1)?

2° L'obligation de verser un cautionnement restreint le nombre des journaux. Elle débarrasse de ces feuilles

---

(1) V. le discours de M. Daunou à la séance du 1er mai 1819.

éphémères qui tendent à se multiplier durant les jours d'orages politiques, et qui font d'autant plus de mal qu'elles s'adressent, en général, aux plus mauvaises passions.

Réponse : c'est précisément parce que le cautionnement est un obstacle à la multiplication des journaux qu'il faut le faire disparaître de notre législation sur la presse; car, en créant une sorte de monopole de la pensée, il constitue la presse d'une manière immorale et impolitique. Diminuer le nombre des journaux, c'est donner à ceux qui subsistent une puissance politique factice mais redoutable; c'est créer une tribune privilégiée dont l'accès, fermé à ceux qui n'ont pas d'argent, est toujours ouvert aux partis puissants, d'autant plus à craindre qu'ils disposent de plus de ressources. Est-ce ainsi que l'on procède dans les pays libres? Aux États-Unis, en Hollande, en Belgique, en Italie, en Suisse, le cautionnement est inconnu (1). « C'est un axiome de la science politique aux États-Unis, dit M. de Tocqueville, que le seul moyen de neutraliser les effets des journaux c'est d'en multiplier le nombre (2). » Cette vérité, l'opinion publique commence à la comprendre en France. C'est la condamnation du cautionnement.

3° Le cautionnement offre une garantie morale et politique; en effet, il place la presse périodique entre les mains de gens qui, en raison de leur position de fortune, doivent s'intéresser au maintien de l'ordre et peuvent inspirer quelque confiance.

---

(1) En Angleterre, cependant, le cautionnement a été introduit dans la législation de la presse dès 1819.

(2) *De la démocratie en Amérique.*

On répond, par analogie, avec l'argument précédent : que le cautionnement, envisagé à ce point de vue, ne fait que centraliser la presse entre les mains des partis assez riches pour payer cher le droit de défendre leurs prétentions. Imposer un cautionnement aux journaux, ce n'est pas, comme on le dit, chercher une garantie dans la position sociale des journalistes; c'est, au contraire, imposer silence à la vraie opinion publique et donner à des factions ambitieuses le moyen infaillible de faire entendre leur appel. Enfin le droit de publier et d'imprimer ses opinions étant un droit absolu, reconnu par nos constitutions depuis la proclamation des principes de 1789, toute mesure préventive, comme le cautionnement ou l'autorisation préalable, doit être rejetée de nos lois.

Nous n'irons pas plus loin dans cet exposé des raisons qui militent pour ou contre le cautionnement. Il y a là une grave question qui touche plus à la politique qu'au droit pur, et que, par conséquent, nous croyons pouvoir nous dispenser d'approfondir ici. — Ajoutons seulement que le cautionnement est considéré par beaucoup de très-bons esprits comme une nécessité politique, dont on ne pourra s'affranchir sans inconvénient, que quand l'heure sera venue de donner à la presse de notre pays une liberté illimitée (1).

---

(1) Sur l'utilité et la moralité du cautionnement, V. Hatin, *loc. cit.*, et les nombreux extraits de discours et de brochures cités par cet auteur.

SECTION II.

Publications qui sont soumises au cautionnement ; versement, propriété, taux et affectation du cautionnement.

La loi du 9 juin 1819 a appliqué pour la première fois le cautionnement aux journaux français. Nous le retrouvons ensuite dans la loi du 1er juillet 1828, puis dans la loi du 14 décembre 1830 qui en abaisse le taux, puis enfin dans la loi du 9 septembre 1835 qui se montre plus rigoureuse. Tombé un instant en désuétude, en 1848, il est bien vite rétabli par un décret provisoire du 9 août de la même année; la loi définitive du 16 juillet 1850 lui fait subir quelques modifications. Finalement, le décret-loi du 17 février consacre le principe du cautionnement, en élève le taux, prévoit les contraventions et détermine la pénalité dans les art. 3, 4 et 5. Étudions séparément ces trois articles, auxquels la loi de 1868, muette sur le cautionnement, n'a rien changé.

« Art. 3. Les propriétaires de *tout journal ou écrit* « *périodique traitant de matières politiques ou d'économie* « *sociale*, sont tenus, avant sa publication, de verser au « Trésor un cautionnement en numéraire, dont l'intérêt « sera payé au taux réglé pour le cautionnement. »

Cet article supprime une distinction que les lois antérieures avait établie entre les journaux politiques paraissant plus d'une fois par mois, et ceux dont la publication n'est que mensuelle. Sous l'empire des lois du 9 juin 1819, du 18 juillet 1828 et du 14 décembre 1830, ces derniers étaient dispensés du cautionnement. La distinction n'ayant pas été reproduite par le décret de 1852 ne pourrait plus être invoquée.

Nous avons déjà eu occasion d'expliquer le sens qu'il faut donner aux expressions de *matières politiques* et d'*économie sociale*. Il nous suffira donc de renvoyer à ce que nous en avons dit dans notre chapitre premier (1). — Sous la législation actuelle, les journaux qui ne traitent pas de politique ni d'économie sociale, sont en principe, d'après notre art. 3, les seuls qui en France soient dispensés du cautionnement (2). Ce principe reçoit une exception en faveur des journaux imprimés en France en langue étrangère et destinés à être distribués en pays étranger. Cette exception, mentionnée dans l'art. 28 de la loi du 16 juillet 1850, a été implicitement maintenue par le décret de 1852 (3).

Insistons sur un point, qui semble à première vue ne devoir soulever aucune controverse et qui, dans la pratique, a été pourtant l'objet de nombreux procès. Il ressort bien clairement de l'esprit et du texte du décret de 1852 et des lois antérieures, que le législateur, en imposant aux journaux politiques l'obligation du cautionnement, a entendu poser en principe qu'un seul cautionnement ne peut couvrir qu'un seul journal. Mais, pour échapper à la rigueur de la loi, plus d'une fois les propriétaires ou gérants de feuilles périodiques se sont in-

---

(1) V. *supra*, chap. I, sect. II.
(2) V. circul. minist. du 30 mars 1852.
(3) V. Rousset, *loc. cit.*, p. 36 ; *contra*, Rolland de Villargues.

géniés à dissimuler deux entreprises sous l'apparence d'une entreprise unique. De là, les difficultés de cette matière, difficultés que la jurisprudence a du reste singulièrement simplifiées pour l'avenir. — Il a été jugé que l'existence propre et individuelle du journal se constitue principalement par le titre qu'il adopte, mais que l'individualité se reconnaît encore à d'autres signes, tels que la spécialité des matières, les conditions de périodicité, le tarif de l'abonnement, le lieu de publication, le nom de l'imprimeur et celui du gérant. On ne doit pas considérer le lien matériel qui réunit sur une même feuille d'impression une publication nouvelle à une publication déjà existante, ayant un objet et un titre différent, comme suffisant pour n'en faire qu'un seul et même journal, soumis à un même cautionnement, lorsque d'ailleurs la faculté d'une séparation ultérieure de ces publications est reconnue et lorsqu'il résulte des faits constatés que la publication nouvelle n'a été conçue et exécutée que dans la prévision de cette séparation. Cette décision doit être admise, alors même que les deux publications auraient le même gérant, les mêmes bureaux, les mêmes rédacteurs et la même administration, qu'elles s'imprimeraient avec les mêmes presses, qu'elles appartiendraient aux mêmes propriétaires, et que l'abonnement à la publication nouvelle serait subordonné à l'abonnement à la publication ancienne, sans que cette subordination fût réciproque (1).

Il est de toute évidence que les *suppléments* publiés irrégulièrement par les propriétaires des journaux, en

(1) C. C., 18 mars 1843.

raison de l'abondance des matières et que les abonnés reçoivent sans augmentation du prix de l'abonnement, ne doivent pas être considérés comme des publications nouvelles ayant un caractère d'individualité, et ne peuvent par conséquent être soumis à un cautionnement spécial. Mais il peut se faire que le supplément cache en réalité une publication nouvelle, et n'ait du supplément que le nom. A quels signes pourrons-nous donc reconnaître le véritable supplément? La jurisprudence a fixé des caractères sur lesquels il est maintenant difficile de se méprendre. — Un supplément, nous dit d'abord un arrêt très-important de la Cour de Cassation du 27 mai 1843, n'est qu'une addition accidentelle faite sans augmentation du prix de l'abonnement. Conformément à cette doctrine, il faut considérer comme un journal nouveau un prétendu supplément qui doit paraître à jour fixe, qui doit être tiré à un nombre d'exemplaires autre que celui du journal auquel il est censé annexé, qui doit avoir des abonnés différents, qui doit être vendu et distribué séparément (1). — De même, il a été jugé qu'une feuille publiée *isolément*, à jour fixe, et présentant la même étendue et la même distribution de matière que les numéros ordinaires, ne peut être considérée comme un véritable supplément, quoique paraissant sous ce titre, et constitue un nouveau journal soumis au cautionnement (2). — Mais la Cour de Paris a jugé, antérieurement au décret de 1852, que l'imprimeur d'une feuille additionnelle à un journal existant, encore bien qu'elle soit considérée

(1) Paris, 26 décembre 1833.
(2) C. C., 24 avril 1851.

comme constituant un journal nouveau, n'est point tenu de se faire justifier du cautionnement et doit être mis hors de cause (1).

La loi n'ayant limité ni le nombre des exemplaires ni le mode du tirage des journaux, il est permis d'imprimer plusieurs éditions d'un même numéro de journal.

On comprend qu'il peut y avoir là encore une ouverture à la fraude pour réunir plusieurs journaux sous l'apparence d'une publication unique soumise à un seul cautionnement. Il importe donc d'établir dans quelle mesure les différentes éditions d'un même numéro de journal doivent se ressembler entre elles et de spécifier ce qui distingue une nouvelle édition d'un nouveau journal. La jurisprudence nous fournit sur ces deux points des décisions très-nettes. Ainsi il a été jugé qu'une seconde édition doit être principalement la reproduction de la première, sauf les seules additions que comportent les actes, faits et nouvelles qui ont pu se produire depuis cette première édition (2). Il résulte de là que si les éditions subséquentes sont accompagnées de changements dans la périodicité du journal, l'ordre et la nature des matières et la rédaction des articles, elles constituent une publication distincte soumise à l'obligation du cautionnement (3). — Il a été jugé également qu'une feuille publiée comme seconde édition d'un journal avec

---

(1) 26 décembre 1833. — V. Dalloz, *loc. cit.*, p. 458, n° 276. — Cette jurisprudence, fondée sur l'équité, nous paraît devoir être encore appliquée sous l'empire du décret de 1852.

(2) C. C., 27 mai 1843.

(3) C. C., 24 avril 1851, déjà cité, et sur nouveau pourvoi, chambres réunies, 13 avril 1852.

lequel elle présente des différences dans les conditions de périodicité, dans le prix d'abonnement et dans le travail de rédaction, constitue, malgré sa qualification, un journal nouveau. Qu'ainsi lorsque le gérant d'un journal quotidien publie sous le titre de seconde édition, trois fois par semaine, pour un prix inférieur de moitié une seconde feuille qui n'est la reproduction d'aucun des numéros de la première, mais qui se compose d'un choix d'articles publiés dans les divers numéros de celle-ci, articles dont plusieurs se trouvent abrégés et conséquemment remaniés, cette seconde feuille doit être assujettie, comme journal distinct, à un cautionnement particulier (1). — Mais il a été jugé, d'autre part, que lorsque des feuilles publiées dans divers départements ne constituent qu'un seul et même journal, et que les différences signalées entre ces feuilles ne dépassent pas la limite que comporte la faculté d'émettre de secondes éditions du même écrit périodique déposé au parquet, il suffit qu'un seul cautionnement ait été versé, pour qu'il n'y ait pas contravention aux lois sur le cautionnement des journaux (2).

Rappelons que lorsque les propriétaires d'un journal qui cesse momentanément de paraître, en reprennent la publication, ils ne sont pas tenus de verser un nouveau cautionnement, pourvu, dit la jurisprudence, que la cessation momentanée de publication n'ait pas duré trois

(1) C. C., 26 juillet 1831. — Voir, dans le même sens, les arrêts du 11 avril 1851 et du 27 mai 1813 déjà cités. — Dalloz, *loc. cit.*, p. 458 et suiv. — Comp. également l'arrêt de C. C. du 5 décembre 1833.

(2) C. C., 23 nov. 1839.

mois et n'ait pas d'ailleurs été déclarée par le gérant. C'est ce qu'a décidé un arrêt de rejet de la Cour de Cassation le 30 novembre 1863. En pareil cas, il n'y a pas lieu d'admettre, en effet, que les propriétaires de l'ancien journal fondent une nouvelle publication.

L'art. 3 précise à quel moment le cautionnement doit être versé : « avant la publication du journal (1). » En présence des termes très-clairs et très-nets de l'art. 3 du décret de 1852, on ne s'explique guère la circulaire ministérielle du 27 mars 1852 : «... et si la condition du versement *préalable* à la publication n'est pas écrite dans la loi du 17 février, elle subsiste dans toute sa force en vertu des lois antérieures. » Il y a là contradiction évidente entre les termes de la circulaire explicative du décret et le texte même du décret. C'est sans doute le résultat d'une négligence de rédaction. M. Dalloz, induit en erreur par la circulaire du 27 mars, avance donc à tort que le décret de 1852 ne s'explique pas sur l'époque du versement du cautionnement (2). — Quant au sens juridique du mot *publication*, nous renvoyons à ce que nous avons dit sur ce point dans un chapitre précédent (3).

Le cautionnement doit être versé en *numéraire*. Antérieurement à la loi du 9 septembre 1835, le cautionnement devait être fourni en rentes sur l'État. Mais ces

---

(1) Comp. art. 2 de la loi du 18 juillet 1828 : « Le propriétaire ou les propriétaires de tout journal ou écrit périodique seront tenus, *avant sa publication*, de fournir un cautionnement. » Le décret de 1852 a donc reproduit les expressions de la loi de 1828.

(2) Dalloz, *loc. cit.*, p. 401.

(3) Voir *supra*, chap. II, sect. III.

rentes étant insaisissables (1), le législateur de 1835, et postérieurement celui de 1851, ont cru devoir substituer le cautionnement en numéraire au cautionnement en rentes.

Le cautionnement, dit notre article 3, doit être versé *au Trésor*, c'est-à-dire à Paris au ministère des finances, et chez les receveurs des finances dans les départements. Pour les formalités à remplir à l'occasion du versement des cautionnements, il faut se reporter aux ordonnances du 9 juin 1819, du 29 juillet 1828 et du 18 novembre 1835. Il est vrai que, *légalement*, ces ordonnances sont abrogées en tout ou en partie par le fait de l'abrogation totale ou partielle des lois dont elles étaient l'accessoire. Mais d'autres ordonnances n'étant pas venues les remplacer, l'administration continue à suivre les anciens errements (2). — Le caissier central du Trésor et les receveurs des finances doivent délivrer un récépissé de cautionnement ; ce récépissé sert d'abord à justifier auprès de l'administration et du procureur impérial du versement du cautionnement. Il est donné acte de cette justification, puis le récépissé est adressé au ministre des finances pour être converti, conformément à l'arrêté du 24 germinal an VIII, en certificat d'inscription sur les livres du Trésor. C'est au moyen de ce certificat que les propriétaires du journal touchent les intérêts de leur cautionnement. — Si, par le fait d'une circonstance quelconque, il y a lieu de compléter le cautionnement ou de

(1) L. du 8 nivôse an VI, et 18 floréal an VIII.
(2) Rousset, *loc. cit.*, p. 37, note 156.

le remplacer, on remplit les mêmes formalités que pour le cautionnement primitif (ord. de 1835).

Toujours aux termes de l'acticle 3 du décret de février, le Trésor paye les intérêts au taux réglé pour les cautionnements, c'est-à-dire à trois pour cent (1). Les intérêts courent du jour du versement.

Nous arrivons à l'une des plus importantes questions de la matière :

Quels sont les personnes qui doivent être propriétaires du cautionnement ? Les gérants doivent-ils posséder une quote-part du cautionnement affecté au journal qu'ils dirigent ? — Aux termes de l'art. 5 de la loi du 18 juillet 1828, chacun des gérants devait posséder en son propre et privé nom un quart au moins du cautionnement. L'art. 1er de la loi du 14 décembre 1830 vint aggraver cette disposition en exigeant que le gérant responsable fût propriétaire de la totalité Cette exigence ayant, dans la pratique, paru trop rigoureuse, l'art. 15 de la loi du 9 septembre 1835 n'imposa plus au gérant responsable que la propriété du tiers. Mais le décret du 6 mars 1848 a abrogé expressément la loi de 1835. L'art. 2 de ce décret porte que « les lois « antérieures relatives aux délits et contraventions en « matière de presse seront exécutées dans celles de « leurs dispositions auxquelles il n'a pas été dérogé par « les décrets du gouvernement provisoire, *jusqu'à ce « qu'il ait été statué par l'Assemblée nationale constituante.* » Il semblerait donc, au premier abord, que l'on doive remonter à la loi du 14 décembre 1830 pour

(1) Loi du 4 août 1844.

résoudre la question qui nous occupe. Mais, le 16 juillet 1850, l'Assemblée nationale ayant voté une loi spéciale au cautionnement et au timbre, loi qui réglemente à nouveau la matière, nous croyons que c'est ce texte auquel il faut se référer pour savoir si le gérant doit être propriétaire du cautionnement. Or, la loi de 1850 est muette sur ce point important. Le silence de la loi de 1850, rapproché du paragraphe que nous avons souligné de l'art. 2 du décret de 1848, nous paraît concluant. Depuis ce décret, jusqu'à ce que l'Assemblée nationale *ait statué* sur les questions de cautionnement, l'art. 1er de la loi de 1830 devait, selon la rigueur des principes, être seul appliqué. L'Assemblée nationale ayant statué, par la loi de 1850, et n'ayant point, par cette dernière loi, exigé que le gérant fût propriétaire du cautionnement, on doit décider, selon nous, que les gérants de journaux ne sont plus astreints à posséder tout ou partie du cautionnement affecté à la publication dont la la direction leur est confiée. — Le décret organique de 1852 est également muet sur la question de propriété du cautionnement. Ce silence du législateur de 1852 ne donne-t-il pas une nouvelle force à notre opinion? —Sous l'empire du décret du 17 février, les journaux étant soumis à l'autorisation préalable du gouvernement, la question offrait peu d'intérêt, car il est de toute évidence que le gouvernement pouvant mettre à la délivrance de l'autorisation telle condition qu'il lui plaisait d'imposer, était le maître d'obliger les gérants à posséder, en leur propre et privé nom, tout ou partie du cautionnement. Mais depuis la suppression de l'autorisation préalable, la discussion de ce point controversé pourra être de nouveau soulevée, c'est pour cela que nous avons cru devoir insister sur une question qui, par sa nature, se rattache à des intérêts nombreux et respectables. — Ajoutons que, dans la pratique, l'administration n'a point cherché à faire revivre la loi de 1830. — Elle exige cependant que le gérant soit propriétaire d'une part dans le cautionnement, mais elle se fonde sur l'art. 11 du titre 1er de la loi du 16 juillet 1850. Cet article est ainsi conçu : « Les dispositions des lois du « 9 juin 1819 et 18 juillet 1828 qui ne sont pas con« traires à la présente loi continueront à être exécutées. » D'où l'administration tire la conclusion que le gérant doit actuellement être propriétaire du quart du cautionnement en vertu de l'art. 5 de la loi de 1828. Cette déduction ne nous paraît pas juridique et nous semble contraire aux principes généraux en matière d'abrogation. L'art. 5 de la loi de 1828 ayant été abrogé par la loi du 14 décembre 1830 (art. 1er), la disposition précitée de la loi de 1850 n'a point, croyons-nous, la force de la faire revivre (1).

(1) Comme il est admis actuellement, dans la pratique, qu'une partie du cautionnement doit appartenir au gérant, nous croyons devoir citer les arrêts les plus importants qui se réfèrent à cette obligation. — 1° Il a été décidé, sous l'empire de la loi du 9 septembre 1835, que l'art. 15 de cette loi, d'après lequel tout gérant de journal doit posséder en son propre et privé nom, le tiers du cautionnement, exige que cette somme lui appartienne réellement en propriété, et que ladite somme est réputée ne pas lui appartenir en propriété lorsqu'il est constaté, dans l'acte de société passé pour la publication du journal, que cette somme a été versée au nom du gérant par la société envers laquelle il est demeuré débiteur. (Rouen, 8 décembre 1848) — 2° Sous l'empire de la même loi, il a été décidé que la cession, faite à un nouveau gérant par l'ancien, de partie du cautionnement déposé,

Le cautionnement doit être versé par les propriétaires du journal. Mais rien ne s'oppose, à ce que le montant en soit fourni par un bailleur de fonds, auquel on doit accorder alors, suivant nous, un privilége de second ordre, le privilége du premier ordre appartenant à l'État, ainsi que nous le verrons plus loin (1).

En cas que l'un des entrepreneurs du journal, propriétaire d'une partie du cautionnement, se retire de la société, les associés restants doivent compléter le cautionnement, qui se trouve ainsi entamé par la retraite d'un des propriétaires. Depuis la loi du 16 juillet 1850, l'associé qui se retire ne peut plus transférer à ses coassociés sa propriété dans le cautionnement. Quand bien même ce transport serait fait régulièrement et notifié au

---

n'équivaut pas au versement en numéraire qui doit être effectué au Trésor et constaté par le récépissé du receveur des finances; et cela encore bien que cette mutation ait été déclarée par l'ancien et le nouveau gérant, au secrétariat de la préfecture, et reçue sans réclamation. (Toulouse, 1er juin 1837.)— 3° Toujours sous la loi de 1835, il a été jugé que les cautionnements sont personnels à ceux auxquels ils sont imposés par la loi; que le gérant responsable d'un journal ne peut se dispenser de verser en numéraire, au Trésor, le montant du tiers du cautionnement exigé par l'art. 15 de la loi du 9 septembre 1835, bien qu'il justifie de la cession qui lui aurait été faite de cette partie du cautionnement par le précédent propriétaire. (Montpellier, 11 juin 1838)— 4° Il été jugé dans le même sens, encore sous la législation de 1835, que le nouveau gérant ne peut signer le journal tant que l'inscription du cautionnement n'a pas été faite, en son nom, au Trésor. (Riom, 28 décembre 1837, etc.)

(1) Comp., Duvergier, *loc. cit.*, ann. 1828, p. 226; Chassan, *loc. cit.*, p. 600; Dalloz, *loc. cit.*, t. XXXVI, p. 463. — Si l'on admet que le gérant doit être propriétaire du quart du cautionnement, le privilége de deuxième ordre doit être exclu pour le quart qui appartient au gérant. V. Dalloz, *loc. cit.*, p. 463, n° 290

Trésor, le journal serait considéré comme paraissant avec un cautionnement incomplet (1).

L'art. 4 du décret de février a fixé de la manière suivante le taux du cautionnement :

« Art. 4. Pour les départements de la Seine, de « Seine-et-Oise, de Seine-et-Marne et du Rhône, le cau« tionnement est fixé ainsi qu'il suit :

« Si le journal ou écrit périodique parait plus de trois « fois par semaine, soit à jour fixe, soit par livraisons « irrégulières, le cautionnement sera de 50,000 fr.

« Si la publication n'a lieu que trois fois par semaine « ou à des intervalles plus éloignés, le cautionnement « sera de 30,000 fr.

« Dans les villes de 50,000 âmes et au-dessus, le cau« tionnement des journaux ou écrits périodiques parais« sant plus de trois fois par semaine sera de 25,000 fr.

« Il sera de 15,000 fr. dans les autres villes, et, res« pectivement, de moitié de ces deux sommes pour les « journaux ou écrits périodiques paraissant trois fois par « semaine ou à des intervalles plus éloignés. »

Cet article a soulevé deux difficultés.

1° On s'est demandé si un journal politique qui parait régulièrement de deux jours l'un doit être considéré comme paraissant plus de trois fois par semaine. L'affirmative n'est pas douteuse. La publicité semi-quotidienne

(1) Comp. Metz, 3 juillet 1850. — Sous l'empire de la loi du 9 août 1848 (art. 2), on devait admettre une solution contraire. Mais la loi du 16 juillet 1850 ayant abrogé celle du 9 août 1848 et exigeant que les propriétaires qui cèdent tout ou partie de leur entreprise laissent leur cautionnement déposé au Trésor pendant trois mois, la solution que nous venons de donner est la seule admissible. (*Sic* Rousset, *loc. cit.*, p. 40, note 168.)

entraîne en effet, pour une semaine sur deux la publication de quatre numéros, lorsque, par exemple, le journal paraît le dimanche, le mardi, le jeudi et le samedi. — Telle est, du reste, la décision donnée sur cette question par la circulaire ministérielle du 27 mars 1852 (1).

2° Il peut arriver qu'un journal s'imprime dans une ville et que ses propriétaires prétendent le publier dans une autre, afin de réaliser une économie sur le taux du cautionnement et sur les frais du timbre. Il peut se faire, par exemple, qu'un journal imprimé à Paris prétende fixer son domicile dans une ville de moins de 50,000 âmes, et, sous ce prétexte, refuse de fournir le cautionnement imposé aux journaux parisiens. — Le cas s'est récemment présenté, et l'administration a soutenu que le cautionnement exigible était celui de Paris. Cette doctrine nous paraît conforme à la loi. Pour déterminer quel doit être le tarif du cautionnement, il faut rechercher quel est le véritable siége du journal. Or, le lieu du journal, le lieu de publication, est nécessairement le même que le lieu où l'écrit périodique est imprimé, puisque le transport par la poste constitue déjà une publication, et que le journal ne pourrait être transporté de la ville où il a été imprimé au prétendu siége du journal autrement que par la poste (2). Cette décision peut paraître rigoureuse, mais on ne saurait en adopter une autre sans violer le texte de la loi.

---

(1) *Sic* Balbie, *loc. cit.*, t. II, p. 430.

(2) *Contra*, Hatin, *loc. cit.*, t. II, p. 351. — *Sic* circul. minist. du 4 juin 1860.

D'après l'art. 3 de la loi de 1819, le cautionnement est affecté par privilége : 1° aux dépens ; 2° aux dommages-intérêts ; 3° aux amendes que les journaux peuvent encourir, et c'est dans cet ordre, prescrit par la loi de 1819, que le *prélèvement* doit être opéré (1). L'effet du privilége est d'affecter le cautionnement au payement des condamnations encourues en raison du fait de publication, par préférence aux créances antérieures, alors même qu'il y aurait des saisies pratiquées sur le cautionnement. M. de Grattier fait néanmoins remarquer, avec raison croyons-nous, que les priviléges énumérés dans l'art. 2101 du Code Napoléon doivent primer le privilége spécial de l'art. 3 de la loi de 1819 (2).

En cas d'insuffisance du cautionnement, il y a lieu, en vertu du même article, à recours solidaire sur les biens des propriétaires (3) ou éditeurs déclarés responsables (gérants), et sur ceux des auteurs et rédacteurs des articles condamnés. — D'après l'art. 13 de la loi du 18 juillet 1828, les condamnations prononcées soit contre le gérant signataire, soit contre les auteurs des articles incriminés, doivent être prélevées : 1° sur la portion du cautionnement qui appartient en propre au gérant signataire ; 2° sur le reste du cautionnement, sans préjudice, bien entendu, du recours sur les biens des propriétaires gérants ou auteurs s'il y a lieu.

Nous avons déjà vu qu'aux termes du décret de 1852 et

---

(1) L. de 1819, art. 3, § 1.

(2) De Grattier, *loc. cit.*, t. II, p. 9. *Sic*, Pont, continuation de Marcadé (sur les priviléges et hypot., p. 142 et suiv., n° 178).

(3) Il s'agit seulement ici, croyons-nous, des propriétaires dont le nom figure dans la déclaration.

de la loi du 16 juillet 1850, le montant des condamnations personnelles au gérant *doit être acquitté* par lui dans les trois jours du jugement ou de l'arrêt, ou, en cas de pourvoi en cassation, consigné dans le même délai (1). Le système des lois de 1819 et 1828, relatif au payement des amendes par *prélèvement* sur le cautionnement, peut donc sembler abrogé. Il devra être suivi, néanmoins, d'après M. Rousset, dans le cas où le gérant condamné disparaîtrait en abandonnant sa part de cautionnement (2), et en général, croyons-nous, dans tous les cas où les condamnations ne seraient pas acquittées conformément à la législation actuelle.

Il a été jugé, sous l'empire de la loi de 1850, que le cautionnement d'un journal est affecté à la garantie de l'amende encourue par suite du rejet d'un pourvoi en cassation formé par le propriétaire de ce journal contre l'arrêt qui l'a condamné pour délit de presse; que, par suite, ce cautionnement doit être complété ou libéré dans les délais prescrits, sous les peines portées contre tout journal paraissant sans cautionnement ou, ce qui revient au même, avec un cautionnement incomplet (3). M. Dalloz critique cet article, comme étendant le privilége créé par la loi de 1819. « Les condamnations que cette loi a eues en vue, dit M. Dalloz, sont évidemment celles qui peuvent être encourues pour délit de presse. Or, l'amende due par le demandeur en cassation dont le pourvoi est rejeté n'a point ce caractère, puisqu'elle atteint tous les

---

(1) V. *supra*, chapit. II, sect. II.

(2) Rousset, *loc. cit.*, p. 39, note 165.

(3) C. C., 31 mars 1851.

demandeurs, si ce n'est dans les matières criminelles proprement dites. Il n'y a donc là rien de spécial (1). »

L'observation de M. Dalloz est spécieuse ; il est à remarquer cependant que si l'amende dont il parle n'est pas encourue directement *pour* délit de presse, elle est encourue indirectement *à l'occasion* d'un délit de cette nature, ce qui justifie peut-être l'arrêt de la Cour Suprême critiqué par l'éminent jurisconsulte.

Nous rattacherons à ces matières l'art. 5 de la loi du 16 juillet 1850, lequel est ainsi conçu :

« Art. 5. Lorsque le gérant d'un journal ou écrit pério-
« dique paraissant dans les départements autres que ceux
« de la Seine, de Seine-et-Oise et de Seine-et-Marne et
« du Rhône aura été renvoyé devant la Cour d'assises par
« un arrêt de mise en accusation pour crime ou délit de
« presse, si un nouvel arrêt de mise en accusation inter-
« vient contre les gérants de la même publication avant
« la décision de la Cour d'assises, une somme égale
« à la moitié du maximum des amendes édictées par la
« loi, pour le fait nouvellement incriminé, devra être
« consignée dans les trois jours de la notification de
« chaque arrêt, et nonobstant tout pourvoi en cassa-
« tion. En aucun cas, le montant des consignations ne
« pourra dépasser un chiffre égal à celui du caution-
« nement. »

Cet article, dont le but et la portée sont faciles à comprendre, est toujours en vigueur d'après M. Rousset, pour les *crimes* commis par voie de la presse, mais il est évidemment sans application pour les *délits* de presse,

---

(1) Dalloz, *loc. cit.*, t. XXXVI, p. 462.

l'art. 25 du décret organique ayant attribué aux tribunaux correctionnels les délits de presse, dont la connaissance appartenait antérieurement à la Cour d'assises (1). — Aux termes des art. 7 et 8 de la loi du 16 juillet, les consignations dont il est parlé dans l'art. 5 sont constatées par une quittance du receveur des domaines, et cette quittance doit être remise au procureur de la République le quatrième jour au plus tard de la notification de l'arrêt de la Chambre des mises en accusation. Faute de quoi, le journal devrait cesser de paraître, « sous les peines portées contre tout journal publié sans cautionnement. (Art. 8.) » Notons que le législateur renvoyait ici aux peines édictées par l'art. 6 de la loi du 9 juin 1819, la loi du 16 juillet étant antérieure au décret de 1852.

Lorsque les gérants renoncent à leurs fonctions (2) ou les propriétaires à leur entreprise, ils doivent en faire la déclaration à la préfecture de police à Paris, et à la préfecture dans les départements. Il leur en est donné acte. Après un délai de trois mois, à partir du jour où il y a eu réellement cessation soit des fonctions du gérant, soit de la publication du journal, sur le vu de la déclaration et de la demande spéciale qui doit lui être adressée par

---

(1) D'après la circulaire ministérielle du 27 mars 1852, l'art. 5 de la loi de 1850 serait complétement abrogé : « L'art. 5, dit le Garde des sceaux, ordonne la consignation... le changement de juridiction laisse désormais sans application des mesures en harmonie seulement avec la procédure qui aboutissait à la Cour d'assises. Cet article se trouve donc abrogé par voie de conséquence. » La déduction du Garde des sceaux est inexacte en ce qui concerne l'application de notre article aux poursuites pour crime.

(2) Nous nous plaçons ici au point de vue de la pratique administrative, qui exige que le gérant soit propriétaire d'une partie du cautionnement.

l'ayant-droit, le ministre des finances ordonne le remboursement du cautionnement, à moins que, par suite de condamnations ou de poursuites commencées, des oppositions n'aient été faites au Trésor (1). Il a été jugé que ledit cautionnement ne peut servir, jusqu'à l'expiration des trois mois, à la formation du cautionnement d'un gérant nouveau (ou d'une publication nouvelle) (2).

La simple *suspension* de l'entreprise, sans la déclaration ci-dessus mentionnée, ne suffit pas pour justifier les demandes en remboursement.

Dans le cas où les propriétaires du journal ont déclaré suspendre momentanément leur publication, si un arrêt ordonne ensuite que le journal cesse de paraître par le motif que le cautionnement n'est pas complet, le reste de ce cautionnement ne peut pas être remboursé, sans qu'il ait été fait préalablement une déclaration de cessation de publication (3).

Lorsque le journal a été suspendu judiciairement, le cautionnement demeure déposé au Trésor pendant toute la durée de la suspension, sans pouvoir être affecté à une autre destination (4).

Le cautionnement étant sous l'empire des lois actuelles fourni en numéraire, peut être saisi par les créanciers des personnes à qui il appartient, gérants ou simples propriétaires du journal. La loi du 9 septembre 1835 prévoyait ce cas et accordait un délai de quinze jours pour

---

(1) Ord. du 18 novembre 1835, art. 8 ; ord. du 9 juin 1819, art. 7 ; l. du 11 mai 1868, art. 2, § 2.

(2) Toulouse, 1er juin 1837.

(3) V. Chassan, *loc. cit.*, t. I, p. 605.

(4) L. du 18 juillet 1828, art. 13.

obtenir la main-levée de la saisie-arrêt (1). La loi de 1835 étant abrogée par le décret du 6 mars 1848, la législation est muette sur cette hypothèse; c'est une lacune qu'il serait utile de combler.

Nous arrivons maintenant aux contraventions en matière de cautionnement et à l'art. 5 du décret de 1852. Aux termes de cet article, toute publication de journal ou écrit périodique politique sans cautionnement ou sans que le cautionnement soit complété est punie d'une amende de 100 à 2,000 fr. pour chaque numéro publié en contravention et d'un emprisonnement de un mois à deux ans. Celui qui a publié le journal ou écrit périodique et l'imprimeur sont solidairement responsables. Le journal ou écrit périodique doit cesser de paraître.

Nous avons eu plusieurs fois occasion de parler de l'art. 5 du décret de février, car les pénalités qu'il édicte ont été successivement étendues à plusieurs sortes d'infractions. Dans son application spéciale aux contraventions relatives au cautionnement, cet article a été souvent interprété par la jurisprudence, et les décisions judiciaires offrent à cet égard un très-grand intérêt pratique.

D'après la jurisprudence, les contraventions pour publication d'un journal politique sans cautionnement ne pourraient être excusées par la bonne foi, non plus par la tolérance de l'administration pendant un certain temps, cette tolérance ne pouvant constituer pour le gérant, au mépris de la loi, un droit acquis (2).

---

(1) L. du 9 septembre 1835, art. 15, § 2.

(2) Rennes, 24 décembre 1835; Toulouse, 1er juin 1837. — Sauf l'application de circonstances atténuantes.

Il a été jugé que les divers faits de publication d'un journal sans cautionnement constituent, non un délit successif, mais autant de délits de publication dont chacun peut donner lieu à l'application de la loi pénale (1). Cette jurisprudence, qui était admise antérieurement au décret de février, est toujours en vigueur (2). Le décret de 1852 ne dit-il pas en termes formels que la publication sera punie d'une amende.... pour chaque numéro publié en contravention? — L'art. 365 du Code d'inst. crimin. est applicable à cette contravention seulement en ce sens, que le cumul des peines doit être écarté lorsque le délit de publication sans cautionnement existe simultanément avec une autre infraction qui rentre elle-même sous l'application de l'art. 365 (3).

L'interdiction de paraître, contenue dans le dernier paragraphe de notre article, constitue, aux yeux de la jurisprudence, une peine accessoire qui doit être appliquée même au journal non cautionné qui a inséré accidentellement un article politique (4). Ces dernières décisions sont critiquées par M. Dalloz. « Tout en reconnaissant, dit ce jurisconsulte, que la suppression du journal est ici une mesure dont l'exécution doit être ordonnée par les tribunaux, autant parce qu'elle intéresse l'ordre public (son objet étant de faire cesser le scandale d'infractions nouvelles et immédiates) que parce qu'elle se rattache intimement à l'exécution même de la condamnation,

(1) C. C., 3 septembre 1835, et 23 janvier 1836.

(2) Paris, 25 mars 1868; *Sic* trib. correct. de la Seine.

(3) C. C., 23 janvier 1836, 8 mai 1852, etc.; *Sic*, Paris, 25 mars 1868, *contra*, trib. corr. de la Seine.

(4) C. C., 26 juillet 1855; comp. Paris, 25 mars 1868.

nous ne saurions lui reconnaître le caractère de peine accessoire, et, par cela même, nous estimons qu'elle ne doit accompagner la condamnation prononcée contre le gérant et l'imprimeur que dans le cas spécial où elle est destinée à prévenir la continuation d'un état de choses forcément irrégulier. » En raison de cette doctrine, M. Dalloz n'admet pas que l'interdiction de paraître puisse être appliquée à un journal consacré aux arts, aux lettres ou aux sciences, dans le cas de condamnation du rédacteur pour publication accidentelle d'un article politique ou d'économie sociale. Nous ne pouvons mieux faire que de renvoyer à la discussion, très-serrée et très-logique, que M. Dalloz a publié sur ce point délicat (1). Nous remarquerons cependant que la solution adoptée par le savant auteur de la *Jurisprudence générale*, solution à coup sûr très-équitable, peut paraître en opposition avec l'esprit général du décret de 1852.

(1) Dalloz, *loc. cit.*, p. 491, nos 405 et 406.

CONCLUSION.

Les formalités spéciales imposées par la loi pour la publication des journaux sont, ainsi qu'on a pu en juger par le travail précédent, nombreuses et compliquées. Elles tendent toutes à un double but : 1° concilier le principe de la liberté de la presse avec les nécessités politiques et sociales qui obligent le législateur à rendre facile et effective la surveillance des dépositaires de l'autorité sur les publications périodiques; 2° accorder aux citoyens le droit d'exprimer leurs pensées et leurs opinions par voie de presse, tout en assurant l'efficacité de la répression en cas d'abus.

Ce double objet est-il atteint? Ceci est une question qui se rattache trop directement à la politique pour que nous voulions la traiter ici. — Bornons-nous à ajouter qu'il suffit, chaque jour, de parcourir les journaux, pour se convaincre que la législation actuelle sur la presse n'a rien de contraire à la pratique de la liberté.

TABLE.

DROIT FRANÇAIS.

Pages.

NOTIONS PRÉLIMINAIRES.. 161

SECTION Ire

Aperçu des mesures restrictives imposées en France à la liberté de l'imprimerie depuis le XVe siècle jusqu'à la Révolution française. 163

SECTION II.

La presse périodique depuis 1789 jusqu'au second Empire...... 174

CHAPITRE Ier.

Distinction entre la presse ordinaire et la presse périodique ; entre la presse périodique politique et la presse périodique non politique.. 184

SECTION Ire.

Distinction entre la presse ordinaire et la presse périodique... 184

SECTION II.

Distinction entre les journaux politiques et les journaux non politiques.. 188

CHAPITRE II.

Fondation des journaux ; autorisations préalables; conditions d'idonéité imposées aux personnes qui publient des journaux.— Introduction en France des journaux étrangers.—Déclarations préalables et de mutations. — Déclarations contestées ou attaquées........ 199

SECTION Ire.

Fondation des journaux ; autorisations préalables; conditions d'idonéité imposées aux personnes qui publient des journaux. 199

SECTION II.

Introduction en France des journaux étrangers.............. 207

SECTION III.

Pages.

Déclarations préalables et de mutations.................... 212

SECTION IV.

Déclarations contestées ou attaquées........................ 243

Appendice au chapitre II.. 253

CHAPITRE III.

Gérants responsables des journaux politiques; nomination; attributions; conditions d'idonéité; responsabilité; cessation de la gérance. — Obligations des gérants; signature en minute; dépôt administratif et judiciaire; signature des auteurs. — Principes de la responsabilité pour les journaux non politiques.............. 255

SECTION Ire.

Gérants responsables; leur nomination; leurs attributions; conditions d'idonéité qui leur sont imposées; caractère et étendue de leur responsabilité; cessation de la gérance............. 255

SECTION II

Obligations des gérants; signature en minute; signature des auteurs; dépôt administratif et judiciaire.................... 285

SECTION III.

Principes de la responsabilité pour les journaux non politiques. 320

CHAPITRE IV.

Cautionnement; son caractère; son utilité.—Publications qui y sont soumises; versement; propriété; taux et affectation du cautionnement... 327

SECTION Ire.

Définition, caractère et utilité du cautionnement............. 327

SECTION II.

Publications qui sont soumises au cautionnement; versement; propriété; taux et affectation du cautionnement........... 333

CONCLUSION 355

POSITIONS.

DROIT ROMAIN.

I. En matière de diffamation écrite ou verbale, le droit honoraire a consacré la maxime : *Veritas convicii excusat*; mais l'application de cette règle était restreinte au cas où il y avait utilité, dans l'intérêt public, à ce que le *fait* imputé fût révélé (pag. 53 et suiv.)

II. Les constitutions impériales n'ont point modifié cet état de choses, au moins en ce qui concerne la diffamation verbale (pag. 64 et suiv.)

III. Il n'y a pas contradiction entre le paragraphe 4 du titre des Injures aux Institutes de Justinien et la l. 10, D., *De injur. et fam. libel.* (pag. 120 et suiv.)

IV. La loi *Cornelia de injuriis* donnait naissance à un *judicium publicum* (pag. 136 et suiv.)

V. L'exercice de l'action d'injures civile ne pouvait être cumulé avec la poursuite criminelle (p. 146 et suiv.)

VI. Un seul fait délictueux pouvait donner naissance

à l'action d'injures en même temps qu'à d'autres actions pénales dont l'exercice se cumulait en certains cas avec l'exercice de l'action d'injures (pag. 146 et suiv.)

VII. Les actions noxales n'étaient pas arbitraires.

VIII. Même antérieurement à la constitution de Théodose II et Valentinien III, l'*infantia* se prolongeait à Rome jusqu'à sept ans.

IX. Lorsque le défendeur à une action arbitraire se refusait à la restitution ordonnée par le juge, le demandeur pouvait exiger *manu militari* cette restitution toutes les fois qu'elle était possible.

DROIT FRANÇAIS.

LÉGISLATION DE LA PRESSE.

(DROIT PUBLIC ET CONSTITUTIONNEL.)

I. Lorsqu'un journal appartient à une société anonyme, la déclaration préalable prescrite par l'art. 2 de la loi du 11 mai 1868, ne doit pas contenir le nom de tous les associés. — L'administration ne peut pas exiger que les actions soient nominatives, formées par inscriptions sur les livres de la société et transmissibles par transferts, selon l'art. 36 du Code de comm. (pag. 224 et suiv.)

II. L'obligation de la *signature en minute* ne concerne que les journaux politiques, et trouve sa sanction dans l'art. 6 de la loi du 9 juin 1819 (pag. 280 et 321.)

III. En cas de mutations dans la propriété d'un journal dont les copropriétaires fondateurs remplissaient les conditions d'idonéité exigées par l'art. 1er de la loi du 11 mai 1868, les mêmes conditions d'idonéité ne doivent pas être exigées des nouveaux propriétaires, soit qu'il s'agisse d'une transmission de propriété volontaire, soit qu'il s'agisse d'une transmission de propriété par succession *ab intestat* (pag. 233).

IV. L'art. 3 de la loi du 16 juillet 1850, relatif à la signature des articles de journaux, est applicable aux journaux non politiques aussi bien qu'aux feuilles politiques (pag. 302.)

V. Sous l'empire de la législation actuelle, les gérants ne sont plus astreints à l'obligation d'être propriétaires d'une part dans le cautionnement (pag. 341.)

DROIT CIVIL.

I. L'héritier qui veut profiter du délai pour faire inventaire et délibérer conformément à l'art. 795, C. Nap., peut concourir à la nomination d'un gérant de journal sans faire acte d'acceptation et sans prendre qualité d'héritier (pag. 257).

II. Les donations déguisées sous l'apparence de contrats à titre onéreux ne sont pas valables.

III. Lorsque le testament authentique contenant révocation expresse d'un testament antérieur est nul comme testament, mais valable comme acte notarié ordinaire, il entraîne révocation du premier testament.

IV. L'emphythéose n'est pas un droit réel.

V. La propriété du lit des cours d'eaux non navigables ni flottables, appartient aux propriétaires riverains.

DROIT PÉNAL.

I. La responsabilité des gérants de journaux en matière pénale n'a rien de contraire aux principes généraux du droit criminel (pag. 278.)

II Le principe que les lois pénales ont un effet rétroactif lorsque la peine édictée par la loi nouvelle est plus douce que celle de la loi qui était en vigueur lorsque le délit a été commis, ne s'étend ni à la compétence ni à la procédure.

DROIT DES GENS.

I. Un État neutre viole la neutralité en laissant construire dans un de ses ports un navire de guerre au profit d'une des puissances belligérantes.

II. On ne peut pas refuser ses passeports à un ambassadeur, sous prétexte qu'il n'a pas payé les dettes par lui contractées pendant son ambassade.

DROIT ADMINISTRATIF.

Les ministres sont juges du droit commun en matière de contentieux administratif.

Vu par le président de la thèse, doyen de la Faculté,
COLMET-DAAGE.

Permis d'imprimer :

Le Vice-Recteur de l'Académie,
A. MOURIER.

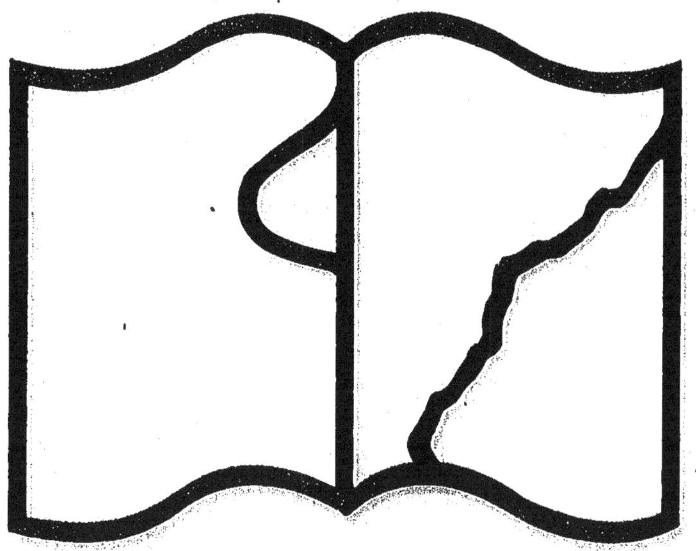

Texte détérioré — reliure défectueuse

NF Z 43-120-11

www.ingramcontent.com/pod-product-compliance
Ingram Content Group UK Ltd.
Pitfield, Milton Keynes, MK11 3LW, UK
UKHW020605230726
13926UKWH00005B/2206